Nacho Ferrer

FÚTBOL:
EL ENTRENADOR DE ÉXITO

CÓMO OBTENER EL MÁXIMO RENDIMIENTO
DE UN EQUIPO DE FÚTBOL

Este libro contiene narraciones basadas en casos reales. En varias de ellas, las fechas y los nombres reales de los clubes y de los jugadores han sido sustituidos por otros ficticios.

Título:	FÚTBOL: EL ENTRENADOR DE ÉXITO. CÓMO OBTENER EL MÁXIMO RENDIMIENTO DE UN EQUIPO DE FÚTBOL
Autor:	IGNACIO FERRER RUIZ
Fotografía de portada:	José Luis Rúa Nácher
Editorial:	WANCEULEN EDITORIAL DEPORTIVA, S.L. c/ Cristo del Desamparo y Abandono, 56 41006 Sevilla (España). Tfno.: 954656661 y 954920298 www.wanceulen.com infoeditorial@wanceulen.com
I.S.B.N.:	978-84-9993-262-0
Dep. Legal:	
©Copyright:	WANCEULEN EDITORIAL DEPORTIVA, S.L.
Primera Edición:	Año 2012
Impreso en España:	Publidisa

Reservados todos los derechos. Queda prohibido reproducir, almacenar en sistemas de recuperación de la información y transmitir parte alguna de esta publicación, cualquiera que sea el medio empleado (electrónico, mecánico, fotocopia, impresión, grabación, etc), sin el permiso de los titulares de los derechos de propiedad intelectual. Cualquier forma de reproducción, distribución, comunicación pública o transformación de esta obra solo puede ser realizada con la autorización de sus titulares, salvo excepción prevista por la ley. Diríjase a CEDRO (Centro Español de Derechos Reprográficos, www.cedro.org) si necesita fotocopiar o escanear algún fragmento de esta obra.

Agradecimientos

A Marcela, porque juntos formamos un equipo de máximo rendimiento.

A mi familia y a mis amigos, por vuestro incondicional apoyo siempre.

A tres fenómenos, Roger, Sebas y Herrero, por subiros a este tren sin pensarlo.

A Jorge, por la confianza que depositaste en mí.

A todos los jugadores a los que he tenido el placer de dirigir, a mis compañeros entrenadores y a tantos y tantos otros, porque todos formáis parte de esta historia y lo que aquí cuento lo he aprendido con o de vosotros.

ÍNDICE

PRÓLOGO 9
INTRODUCCIÓN 11

PARTE 1. CÓMO OBTENER EL MÁXIMO RENDIMIENTO DE UN EQUIPO DE FÚTBOL 17

1. Confección de la plantilla 19
   1.1. ¿Dos jugadores por puesto? 20
   1.2. Captación y selección de jugadores 22
        1.2.1. Modelo Ideal 22
        1.2.2. Descartes de equipos 'mayores' 30
        1.2.3. Representantes de futbolistas 31
        1.2.4. Cuanta más cantidad, más calidad 32
2. Pretemporada 34
   FASE 1 - PLANIFICACIÓN
   2.1. Definición de los conceptos tácticos y de la personalidad del equipo. Pautas recomendables 43
        2.1.1. Sistema de juego 47
        2.1.2. Táctica ofensiva 49
        2.1.3. Táctica defensiva 56
        2.1.4. El papel del portero 62
        2.1.5. Estrategia ofensiva 63
        2.1.6. Estrategia defensiva 66
        2.1.7. Saber competir 70
        2.1.8. Otros conceptos 75
   2.2. Duración y planning 77
   2.3. Objetivos generales 78
   2.4. Normas generales para la plantilla 80
   2.5. Partidos de preparación 83
   FASE 2 – DESARROLLO 87
   2.6. Medios de trabajo y metodología para el desarrollo de entrenamientos 87
        2.6.1. Cuerpo técnico 87
        2.6.2. Material necesario 93
        2.6.3. Metodología en la gestión del entrenamiento 95
   2.7. Psicología: motivación y establecimiento de objetivos 101
   2.8. Preparación física 105
   2.9. Preparación táctica y estrategia 128
   2.10. Entrenamiento de los porteros 182
   2.11. Incorporaciones tardías 193
3. Gestión de la temporada regular 195
   3.1. Metodología para la planificación de entrenamientos 195
        3.1.1. Preparación física 195
        3.1.2. Planificación táctica y técnica 202
               3.1.2.1. Análisis de rivales. Informes. 213

      3.1.3. Entrenamientos específicos (individuales-adicionales) 215
  3.2. Psicología 219
      3.2.1. Nivel de activación 219
            3.2.1.1. Motivación 221
            3.2.1.2. Autoconfianza 223
            3.2.1.3. Estrés 224
      3.2.2. Reuniones individuales y colectivas 225
      3.2.3. Mantener 'enchufados' a los futbolistas que no están jugando 228
      3.2.4. Cuestionarios 229
      3.2.5. Comunicación (Internet) 232
      3.2.6. Padres 232
      3.2.7. Conocer bien lo que pasa en el vestuario 233
      3.2.8. Navidad 234
      3.2.9. Elección del capitán del equipo 235
  3.3. Gestión de la plantilla 238
      3.3.1. Lesiones 243
  3.4. Planteamiento y gestión de los partidos 262
      3.4.1. Repartir roles entre el cuerpo técnico 266
      3.4.2. La intervención del entrenador en el descanso de los partidos 268
  3.5. La importancia del último tramo de la competición. Momento para subir nota. 269
  3.6. Conocimiento de la legislación 270
  3.7. Aspectos que mejorar el año siguiente 271
  3.8. Golpes de timón 271
      3.8.1. Con el agua al cuello (cambiar antes de que nos cambien) 271
      3.8.2. Al rescate (relevando a un compañero) 274

PARTE 2. DEL FÚTBOL AFICIONADO AL FÚTBOL PROFESIONAL 279
1. Terminar 'la carrera' 281
2. Visión estratégica, plan ambicioso y eliminar resistencias a hacer la maleta 282
3. La importancia de las relaciones personales (contactos) 283
4. Cuidar la burocracia y las relaciones dentro del club 284
5. Conocer bien la realidad actual (cambiante) de la profesión 285
6. Crear una imagen única de MIS equipos 285
7. Celebrar los objetivos cumplidos 286
8. Representantes 286
9. Reciclaje constante 287
10. Aprendices de maestros y padrinos 288

APÉNDICES 289
    1. ¿Qué es jugar bien? 291
    2. Modelo de calentamiento adaptado al sistema y al estilo de juego 294
    3. ¡Que jueguen los mejores! 304

BIBLIOGRAFÍA 306

PRÓLOGO

Refrendado por los históricos éxitos de la Selección Nacional Absoluta, el fútbol español ha disparado en los últimos años su prestigio y ha alcanzado el estatus de referente y modelo a seguir en el panorama internacional. Nuestros jugadores son reconocidos y respetados en el extranjero, al igual que los técnicos españoles, quienes, tras décadas reivindicando un lugar entre los mejor considerados, gozan hoy de una extraordinaria reputación dentro y más allá de nuestras fronteras.

Personalmente, siempre he pensado que por la forma como afrontamos los triunfos y los títulos se detecta al verdadero ganador y se desenmascara al efímero y casual:

Este segundo se recrea en el éxito, descuida el futuro y lo afronta usando como único sustento las rentas obtenidas en el pasado, hasta donde éstas puedan alcanzar.

Muy al contrario, el primero se preocupa por identificar claramente las causas que le han conducido a lo más alto y, movido por una ambición y un inconformismo innatos, multiplica después sus esfuerzos por seguir alimentando esos factores que tan buenos resultados le han dado y por añadir o modificar los aspectos susceptibles de mejora.

Con este último afán, indagando en las causas del éxito de nuestro fútbol y centrándonos en el trabajo de cantera, sin duda son las divisiones inferiores de los grandes clubes de España, con sus captadores y entrenadores, las principales responsables de detectar el talento, de formarlo y de desarrollarlo, para continuar aflorando excelentes futbolistas. Estos clubes cuentan con los recursos necesarios, tanto humanos como materiales, para pulir y mejorar a los que habrán de prolongar en los años venideros los éxitos deportivos de este país, en el ámbito de los clubes y en el de las distintas selecciones nacionales.

Sin embargo, cometeríamos un gran error si limitáramos en ellos el mérito y la responsabilidad de la buena salud del fútbol base español, porque ¿qué harían las divisiones inferiores de los equipos más representativos de nuestro fútbol si no contaran con un ámbito de competición regional y nacional lo suficientemente competitivo, sobre todo a partir del segundo año de infantiles? ¿Qué harían si no pudieran ejercitarse frente a rivales que supongan todos los domingos un verdadero reto que superar para sus jóvenes promesas?

Si en España algo se ha hecho bien en las décadas precedentes a los triunfos de la Selección Absoluta, ha sido trabajar el fútbol base de clubes y de Selecciones inferiores, dentro de un marco de competición que ha propiciado un grado de competitividad muy alto desde las edades más tempranas. La acertada y exigente estructura de competición, en la que el joven futbolista español ha ido madurando y formándose poco a poco hasta llegar a la altura de los mejores en esa asignatura que llamamos "saber competir", ha sido una constante desde la base, a lo largo de todos estos años. En ese sentido, la composición por años de nacimiento, el formato de las categorías cadetes y juveniles, y las fórmulas destinadas a facilitar la promoción de los jóvenes talentos al fútbol profesional están resultando determinantes.

No obstante lo anterior, que el grado de dificultad de esas competiciones sea en la práctica lo suficientemente alto depende de factores más complejos. Y entre ellos, uno de los más importantes es el nivel de aptitud de los técnicos, pues ellos son los responsables de seleccionar el perfil de los jugadores que compondrán los equipos y de dar una forma colectiva a los mismos.

No por casualidad, hoy en día el nivel del entrenador español de fútbol aficionado es considerablemente elevado. La mayoría de ellos procede del ámbito universitario y la formación que les brindan las escuelas territoriales es de alta calidad y de alta exigencia. Además, se trata de personas inquietas, que nunca dejan de reciclarse y de aprender, y los modelos que toman como referencia (sus "hermanos mayores", a los que tratan de imitar) con su buen ejemplo les alumbran el camino que deben seguir.

Gracias a la labor de esos técnicos, los conjuntos de divisiones inferiores de los clubes modestos, a pesar de contar con futbolistas de un talento a veces inferior pero con amplias posibilidades de mejora, dedican muchas horas a entrenarse y, cada vez más, los contenidos de las sesiones son de buena calidad. La consecuencia de este esfuerzo es la conformación de equipos bien trabajados en los aspectos táctico, físico, psicológico y técnico, que son capaces de plantar cara a los grandes en las competiciones territoriales o, cuanto menos, de plantearles interesantes dificultades que superar y que, en definitiva, enriquecen y completan la formación de los mejores talentos todas las semanas.

Trascendental es por lo tanto la labor de los técnicos de los clubes menos poderosos del fútbol español. Y trascendental es que continúen formando a los jóvenes jugadores con un mensaje de máxima exigencia y de máxima competitividad.

Necesitamos entrenadores capaces de optimizar el rendimiento de sus equipos, de seguir reduciendo las distancias en las competiciones mediante la correcta gestión de sus plantillas.

En definitiva, esa máxima exigencia que proponemos seguir desarrollando, es positiva para todos. Beneficia al club, porque le permite alcanzar las mejores competiciones de base y, poco a poco, contar con los mejores jugadores de la zona, lo que le hará crecer en un plazo medio; asimismo, beneficia al fútbol nacional, porque propicia que los jugadores de mayor talento se formen en un entorno de alta exigencia; también beneficia a los entrenadores, porque les reta a desarrollar esta profesión en todas sus dimensiones, al máximo nivel, y les sirve de contexto habitual, de coartada, para exigir siempre más a su plantilla; y, por último, beneficia enormemente al futbolista, porque las horas que invierte en el deporte son de alta calidad, de alta exigencia, y le introducen en una filosofía que podrá extrapolar a todos los aspectos de su vida: que cada cosa que haga, debe hacerla a lo más alto de sus posibilidades, con la máxima dedicación, evitando la mediocridad y buscando la máxima eficacia.

Eduardo Caturla

*Presidente del Comité de Entrenadores
de la Real Federación Española de Fútbol*

INTRODUCCIÓN

El fútbol español pone en marcha cada año la voluntad y la ilusión de miles de niños, adolescentes, jóvenes y adultos. Movidos por una pasión difícil de explicar, siempre en torno a un pequeño balón, jugadores y técnicos son capaces de adquirir un grado de compromiso extraordinario con sus compañeros y sus clubes, que les lleva a entrenar tres o cuatro veces por semana, sacrificando voluntariamente una parte de su vida personal.

Su meta suele ser a corto plazo: competir, buscar la victoria y la consecución de los objetivos individuales y colectivos propuestos para ese año. En la práctica totalidad de los casos, subyace también la esperanza de ir superando escalones paulatinamente hasta alcanzar el fútbol profesional.

Formar un equipo de fútbol, entrenar y jugar los domingos es bastante fácil. Lo difícil y, sobre todo, lo complejo, es hacerlo a un alto nivel y obteniendo unos buenos resultados. Pero si contamos con la voluntad de los jugadores y todos los implicados van a dedicar mucho tiempo y a realizar sacrificios, ¿por qué no hacer las cosas lo mejor posible aunque nos encontremos en un ámbito no profesional?

Los jugadores, su talento y su desempeño, conforman la piedra angular de cualquier proyecto. Ellos son los protagonistas de este juego, es algo innegociable. Sin embargo, el papel del entrenador es muy importante para que las cosas salgan bien e imprescindible para que salgan perfectas o casi perfectas. Ellos, con su pasión, sus conocimientos, sus habilidades de comunicación y su trabajo, son los encargados de conseguir que los músicos encajen en la orquesta, que realicen sus mejores interpretaciones personales en cada concierto y que, en conjunto, la partitura suene tal y como el director la había imaginado y concebido en su cabeza previamente.

Por lo tanto, centrándonos en esa búsqueda del máximo rendimiento de un equipo de fútbol, esta obra pone el foco en la figura del técnico, y lo hace de dos formas:

Por una parte, el libro pretende ser una guía de pautas y recomendaciones que ayude a cualquier entrenador a sacar el máximo partido a un equipo que quiera competir y alcanzar objetivos clasificatorios y de alto rendimiento: resultados.

Por otro lado, la obra también aporta ciertos consejos y estrategias para guiar a aquellos técnicos de fútbol aficionado que no vean esta actividad como un fin en sí misma, sino que la conciban como un paso intermedio que les permita llegar algún día al fútbol profesional. Conseguirlo está al alcance de muy pocos y hay que dejar mucho lastre en el camino, que cada cual valorará si merece realmente la pena. No sólo por lo que he vivido personalmente, sino por lo que he visto en otros compañeros, el libro también procurará acotar el camino más corto hacia esa meta. Los buenos resultados deportivos a los que quiere contribuir la primera parte deben unirse a esas pautas recogidas en las últimas páginas, para ampliar en la medida de lo posible el estrecho margen de probabilidad que existe de alcanzar el fútbol del entrenador profesional.

Volviendo a la primera parte, para bien o para mal, la estructura de pirámide aguda de las competiciones territoriales en España da lugar a que se produzca una pronunciada diferencia entre las mejores canteras y las demás. Los futbolistas con más talento quieren jugar en las ligas del máximo nivel, por lo que si un club quiere cultivar su base y ver cómo afloran nuevos valores no tiene más opción que situar y mantener a sus equipos en las categorías más altas de cada edad. Puesto que, como se ha dicho, el contenido de la obra está plenamente enfocado a la obtención de resultados y de rendimiento colectivos, será competencia del lector aplicar un juicio correcto a la hora de discernir entre criterios de **formación** y de **rendimiento**, en el caso de que se produzca algún tipo de conflicto en la implementación real de las propuestas aquí descritas.

Sobre el fútbol formativo existe ya una extensísima bibliografía. Es por ese motivo que el libro se encuentra totalmente focalizado en la búsqueda del rendimiento **colectivo**, sin que ello signifique ni mucho menos un menosprecio por parte del autor hacia el fútbol formativo o a hacia el que tiene como objetivo principal la formación y promoción **individual** de los talentos: muy al contrario, bajo mi criterio, el primero debería ser la apuesta clara y predominante en las primeras etapas del fútbol base en cualquier club y el segundo, la de las canteras de los clubes de élite en cualquier edad.

En las gráficas siguientes, a partir del punto de corte, puede ocurrir que la búsqueda de rendimiento como el objetivo principal entorpezca el aprendizaje natural del jugador, pero no nos engañemos: hay que ser un mal pedagogo y un mal entrenador para que esto suceda. Introducir el elemento competitivo y la búsqueda de la victoria como un factor esencial no debe ser incompatible con el correcto desarrollo de los principios técnicos, tácticos, físicos o psicológicos, sino todo lo contrario: el futbolista desarrolla esta actividad para ganar, eso será lo que le pidan cuando alcance la madurez, y toda su formación debe tener como trasfondo la competición, la competitividad y la obtención de resultados.

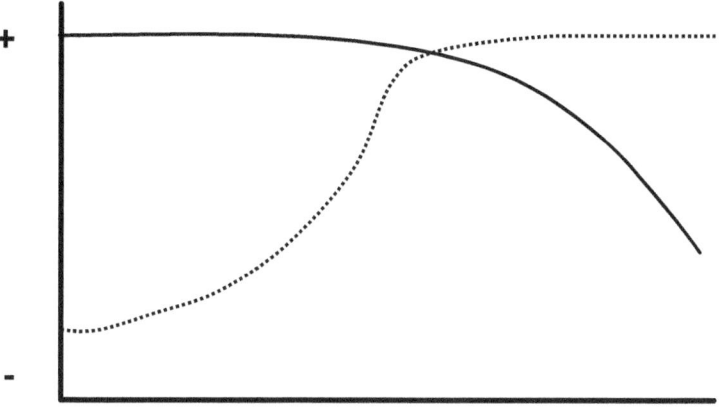

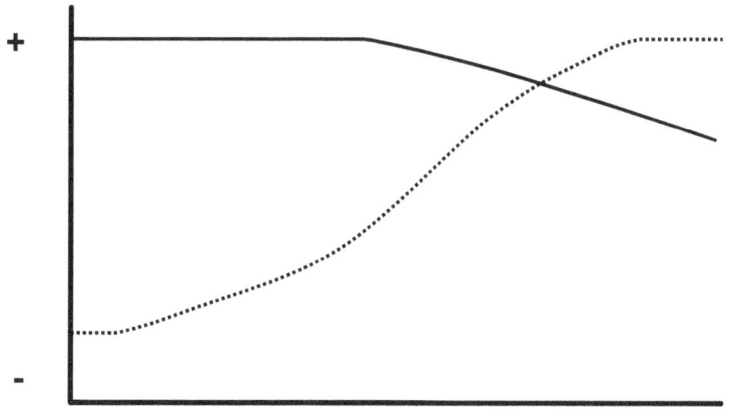

La obra es fruto de los conocimientos que he adquirido y contrastado a lo largo de 20 años de experiencia en el fútbol español, por lo que no pretendo aportar recetas absolutas. El lector encontrará mucha información, parte de la cual será novedosa y útil, otra le servirá como fuente de debate y de cuestionamiento de sus propias ideas, y otra podría ser directamente descartable porque ya la conoce o porque no comulga con ella. Confío en que obtenga el máximo provecho de esta experiencia y que la suerte deportiva le acompañe.

Estaré encantado de debatir ideas y conceptos, así como de responder preguntas e inquietudes en ignaciofruiz@hotmail.com

Parte 1

CÓMO OBTENER EL MÁXIMO RENDIMIENTO DE UN EQUIPO DE FÚTBOL

Para obtener el máximo rendimiento de un equipo de fútbol, hay tres plataformas de enorme importancia sobre las que se asentará el balance del grupo al cabo de la competición. De su buena composición, de la solidez de sus costuras y de su buen desarrollo dependerá en un porcentaje casi total que el colectivo alcance sus objetivos deportivos. Estas tres grandes plataformas son:

1. **CONFECCIÓN DE LA PLANTILLA**
2. **PRETEMPORADA**
3. **GESTIÓN DE LA TEMPORADA REGULAR**

1. CONFECCIÓN DE LA PLANTILLA

Para que un equipo pueda empezar a hablar de sus objetivos clasificatorios, lo primero que debe hacer es mirar con qué plantilla de futbolistas cuenta. Si el rendimiento de un colectivo se maneja, pongamos, entre 0 y 100 puntos, una vez que se conozca la composición del grupo, el margen de maniobra del técnico se verá reducido a unos 30 puntos porque la calidad de la plantilla determinará de entrada en qué intervalo aproximado puede situarse su desempeño (por ejemplo, nunca por debajo de 30, porque hay buenos futbolistas, pero difícilmente por encima de 60, porque hay rivales aún mejores; en este caso, una excelente labor del entrenador podrá situar el rendimiento del grupo alrededor del 60).

> Juan Antonio Corbalán, ex jugador de la Selección Española de baloncesto y medalla de plata en los Juegos Olímpicos de Los Ángeles'84 va más allá y sostiene que un entrenador puede mejorar un equipo deportivo un 15% si realiza una gran labor, mientras que puede llegar a empeorarlo hasta un 90% si su actuación es pésima.

En la práctica, esto implica que un combinado cuyo propósito sea mantener la categoría tal vez esté predestinado desde el principio a perderla si no cuenta con jugadores que den la talla en la competición. El entrenador podrá apurar al máximo el margen de rendimiento del equipo, pero ese nivel seguirá siendo inferior al necesario.

- **Descendido en agosto.**
    En la temporada 2009-2010, la U.D. Centro debutaba en la competitiva Primera División Autonómica Cadete madrileña. El objetivo del club era mantener la categoría y cuando comenzó la liga, la plantilla demostró que poseía un nivel muy inferior al que exigía la competición. El margen de puntos de aquel equipo (midiendo sólo la capacidad de sus jugadores) jamás podría rebasar los 15 ó 20 puntos (sobre un total de 90). Finalmente, logró 10 y la permanencia se situó en 30. Con esos futbolistas, el grupo, que había mantenido casi íntegramente la plantilla del Cadete 'B' de la campaña anterior, estaba irremediablemente descendido en agosto.

Tanto si los objetivos clasificatorios anuales son establecidos de antemano ("hemos descendido, luego este año hay que recuperar la categoría sí o sí"), como si no lo son ("vamos partido a partido y, cuando falten diez jornadas, veremos dónde estamos y hasta dónde podemos llegar")[1], la confección de la plantilla acorde con los objetivos propuestos es dramáticamente vital para que un entrenador pueda completar con éxito la temporada.

1.1 ¿DOS JUGADORES POR PUESTO?

Todo lo anteriormente expuesto se refiere al aspecto cualitativo de la plantilla, pero ¿qué hay del cuantitativo? ¿Cuál es el número ideal de futbolistas dentro de un vestuario de este tipo?

En el fútbol de élite, estamos acostumbrados a ver plantillas de dos o más jugadores por puesto. Se trata de equipos que suelen competir dos veces por semana y que aplican rotaciones sistemáticas en sus alineaciones.

En el ámbito de competición que nos ocupa, el tópico de dos futbolistas por puesto puede ser excesivo y, a la larga, perjudicial para el grupo. Al jugar sólo una vez por semana, no hay motivos para variar demasiado el once inicial de un encuentro a otro, por lo que será muy difícil que encontremos de forma natural el momento de dar entrada a los jugadores con menos calidad del plantel. En un principio, podremos manejar la situación, pero conforme pasen las jornadas, algunos de estos futbolistas no participarán y pueden crear malestar dentro del vestuario o abandonar el equipo (en este caso, se acabó el problema, pero entonces, ¿para qué nos quedamos con ellos en un principio?).

La solución propuesta es contar con tres jugadores para cada dos puestos. En un sistema de referencia 1-4-4-2, esto implicaría:

> Dos porteros
> Tres laterales (para ambas bandas)
> Tres centrales
> Tres medios centro
> Tres medios de banda (para ambos costados)
> Tres delanteros
> Un jugador polivalente y de suficiente calidad como para no descartarle

En total, la plantilla se compondría de 18 futbolistas, lo que supone una cifra excelente para implicar a todos los chavales en los pocos y espaciados partidos de que consta la competición de liga y suficiente como para mantener la competitividad entre ellos.

---

[1] En el Capítulo 2.7 se abordan los pros y los contras de ambas opciones.

Ahora bien, también es evidente que 18 efectivos es un número demasiado bajo, tanto para plantear entrenamientos de buena calidad a lo largo del año, como para hacer frente a las contingencias de la temporada (lesiones y sanciones). Lo ideal sería completar el plantel con otros cuatro jugadores de campo (ahora sí, dos por puesto) e incluso con un portero más (23 futbolistas en total). Pero estos cuatro miembros adicionales procederían del equipo inmediatamente inferior en el escalafón del club y tendrían ficha con él, por lo que nunca estarían parados en la competición y se encontrarían en forma en caso de contar con ellos.

A partir de esta recomendación general, la realidad es la que manda (como siempre) y a nadie se le ocurriría descartar a un lateral o a un delantero que, a pesar de ser el cuarto en orden jerárquico, tiene calidad suficiente, simplemente porque con él rebasamos el número que habíamos prefijado. Debemos buscar el equilibrio numérico dentro de la plantilla y atender a la calidad y a la polivalencia de los jugadores para confeccionarla, pero desaconsejo rotundamente la sobrepoblación del vestuario.

- Lo bueno, si breve...

27 jugadores componían la plantilla del Juvenil B del Distrito Este en el primer partido de liga en la temporada 2007-2008. El motivo era simple: los 27 futbolistas tenían una calidad muy homogénea y, realmente, eran válidos para la competición. La idea inicial (experimental y arriesgada) era gestionar la plantilla aprovechando que la liga constaba de 34 partidos (un poco más de lo habitual en el fútbol de cantera), repartiendo minutos en la medida de lo posible y aprovechando el factor numérico para promover la competitividad entre los jugadores.

Sin embargo, el equipo tenía el objetivo de ascender y es difícil encontrar motivos para cambiar a cinco o seis futbolistas sistemáticamente cuando el grupo viene de ganar y de rendir bien en un encuentro determinado y no concurren circunstancias de cansancio o de acumulación de partidos. Por ese motivo, a pesar de que se realizaron rotaciones, resultó imposible mantener a todos los chavales contentos y, poco a poco, algunos abandonaron el club.

De 27 jugadores que había en un principio, la plantilla terminó con 20 y, de éstos, al menos tres acabaron sumando muy pocos minutos. Al final, las bajas que el cuerpo técnico no quiso dar en pretemporada acabaron produciéndose de una u otra forma, pero más tarde y, posiblemente, de una forma más traumática.

Y la enseñanza no terminó ahí. En el primer tramo de la competición, en el que se llevaron a cabo rotaciones y no hubo un once definido, el rendimiento del grupo se encontró lejos del objetivo marcado (el equipo finalizó la primera vuelta noveno, a ocho puntos del ascenso). Cuando por fin la plantilla terminó de estabilizarse y los técnicos, liberados de la superpoblación del vestuario, sólo manejaron alrededor de quince futbolistas y tuvieron un once más o menos definido, los resultados acompañaron y el ascenso fue posible gracias a los 32 puntos conseguidos de los últimos 42 en juego.

1.2 CAPTACIÓN Y SELECCIÓN DE JUGADORES

Volviendo de nuevo al aspecto cualitativo y de selección de futbolistas, la inmensa mayoría de los clubes no cuenta con un sistema debidamente vertebrado para la captación y la selección de jugadores, en función de las necesidades del equipo. Desgraciadamente, esta tarea forma parte de la labor del entrenador. ¿Por qué? Porque si el míster no tiene un buen grupo, no consigue sus objetivos y, si no los consigue, el único al que le van a pedir responsabilidades es a él. Por este motivo, el técnico tiene la obligación adquirida, si de verdad le importa lo que hace, de procurarse una plantilla en condiciones. Los clubes lo saben y casi todos dejan hacer.

Básicamente, existen cuatro opciones para llevar a cabo este proceso de reclutamiento:

1.2.1 Modelo ideal

En primer lugar, estaría lo que podemos llamar el modelo ideal, en el que el entrenador, gracias a distintos métodos que a continuación mencionaremos, conoce a la perfección no sólo a las diferentes hornadas de jugadores del club donde va a entrenar, sino también la calidad media de la categoría en la que va a competir (de esta forma, tiene la oportunidad de comparar ambos niveles y determinar fortalezas y debilidades, y posee una amplia agenda de futbolistas de todas las edades a la que puede recurrir para suplir las carencias que detecte).

¿Parece ésa la labor más de un secretario técnico que de un entrenador? Exacto, pero, como se ha dicho antes, el entrenador que, parapetado en esa idea y en lo injusto que resulta realizar labores que no le corresponden, aguarde a que le sirvan los jugadores en bandeja, puede esperar sentado: salvo honrosas excepciones, no van a llegar.

El técnico debe dedicar tiempo a ver en vivo y en directo los partidos de sus compañeros de club y la comunicación con ellos ha de ser fluida para recibir más información. El objetivo es conocer con qué jugadores cuenta cada generación y sus características, por lo que todas estas acciones deben ser realizadas de una forma muy activa.

Una buena idea puede ser anotar (en papel o en un documento de ordenador, cada uno a su manera) las plantillas de los distintos equipos del club, colocando a su lado los datos de interés de cada jugador, incluida una puntuación individual del 0 al 5 que ayude a identificar rápidamente lo bueno y lo malo de ese grupo. Obviamente, este documento debe ser actualizado constantemente.

Si esta actividad es realizada de forma concienzuda, el resultado será que el técnico tendrá una clara visión del equipo que le corresponda entrenar con la suficiente antelación como para subsanar a tiempo las debilidades que presente.

> Es importante no tomar como una verdad absoluta las valoraciones individuales que nos transmitan los compañeros, porque cada entrenador es un mundo y lo que para uno no es válido puede ser de gran utilidad para otro. La información debe ser contrastada con los propios ojos y, hasta entonces, sólo debería servir como orientación y referencia.

Si la disposición del míster es realmente activa cuando visiona partidos de distintas categorías (cambiar las pipas y el refresco por la libreta y el bolígrafo), la acumulación de experiencia poco a poco le permitirá conocer el nivel que cada una de las competiciones alberga. De ese modo, cuando el técnico recibe la noticia de que va a entrenar al equipo X en la categoría Y, rápidamente compondrá una idea general de la cota a la que puede aspirar y las demarcaciones que, en su opinión y para su gusto, debe reforzar.

¿Y de dónde sacamos esos jugadores que nos faltan? De nuevo, se trata de obtener el máximo rendimiento del tiempo que dedicamos a visionar encuentros. Libreta en mano, hay que anotar los nombres, edades y datos personales de los futbolistas que nos parecen interesantes, además de añadir una valoración personal del 0 al 5 y algún comentario que nos ayude después a recordar dónde le vimos jugar, para ir confeccionando poco a poco una base de datos (mejor si es informatizada: un simple documento Excel es suficiente) a la que acudir cuando sea necesario. Ni que decir tiene que cuantas más veces veamos a los jugadores en cuestión, más sólida será la opinión que tengamos de ellos (dejarse guiar por la impresión de un solo encuentro es muy peligroso).

- Dos ideas sencillas pero muy efectivas:

1.- En los partidos de nuestros equipos, el primer entrenador debe estar centrado en el encuentro, pero el segundo técnico u otro colaborador puede anotar los nombres y los datos de interés de los jugadores del rival que más nos gusten. Luego, esta información se incorpora a la base de datos general, dividida por años de nacimiento.

2.- Cada pretemporada, se producen descartes, tanto en nuestro propio equipo, como en los de los compañeros. Todos estos nombres deben ser incorporados a la base de datos general, ya que, a pesar de tratarse de descartes, pueden ser jugadores válidos en otro tiempo y circunstancias.

La voz de la experiencia dice que es interesante mantener en la base de datos a futbolistas a los que otorgamos una puntuación reducida (por ejemplo, un 2 sobre 5). Nunca se sabe dónde puede ir a parar uno, y jugadores que en un nivel de competición alto no son válidos, pueden ser pilares en otro más rebajado.

En la temporada 2000-2001, el C.F. Oeste creó desde cero su equipo Juvenil 'C'. Como es habitual, inició su andadura en la división más baja (Segunda Juvenil). Los mejores jugadores nacidos en 1984 no querían competir en esa categoría, así que en ese momento la parte más baja de la agenda, que contenía futbolistas de un nivel más humilde, fue la que mejor funcionó. El objetivo era el ascenso y estos jugadores cumplieron un excelente papel, quedando campeones.

En definitiva: ¿Necesitamos un interior izquierdo nacido en el año 1996? En nuestra base de datos encontraremos varios jugadores con estas características, ordenados por la puntuación que les hemos otorgado y podremos intentar su incorporación a nuestra plantilla (Ver Figura 3 a continuación).

	Nombre	Apellidos	Equipo	Demarcación	Pierna Dominante	Puntuación (1-5)	Año de Nacimiento	Teléfono 1	Teléfono 2	Correo electrónico	Comentario
1	Nacho	Ferrer	C.F. Oeste	Media punta	Izquierda	5	1996	677 77 77	91 55 55 55	l@l.com	Bajo y habilidoso. Trabajador.
2	Nacho	Ferrer	Zona Sur	Delantero	Derecha	4	1996	677 77 77	91 55 55 55	l@l.com	Corpulento. Facilidad para el gol.
3	Nacho	Ferrer	C.D. Norte	Delantero	Derecha	4	1996	677 77 77	91 55 55 55	l@l.com	Muy rápido. Goleador.
4	Nacho	Ferrer	Zona Sur	Medio derecha	Derecha	3	1996	677 77 77	91 55 55 55	l@l.com	Se coloca muy bien. Muy listo.
5	Nacho	Ferrer	Distrito Este	Medio centro	Derecha	3	1996	677 77 77	91 55 55 55	l@l.com	Perfil defensivo.
6	Nacho	Ferrer	C.F. Oeste	Lateral izquierdo	Izquierda	3	1996	677 77 77	91 55 55 55	l@l.com	Muy ofensivo. Sufre a la espalda
7	Nacho	Ferrer	Barrio Alto	Medio derecha	Derecha	3	1996	677 77 77	91 55 55 55	l@l.com	Compensado, ofensivo y defensivo.
8	Nacho	Ferrer	U.D. Centro	Media punta	Derecha	3	1996	677 77 77	91 55 55 55	l@l.com	Mucha calidad. Algo individualista.
9	Nacho	Ferrer	Zona Sur	Lateral izquierdo	Izquierda	2	1996	677 77 77	91 55 55 55	l@l.com	Cumple. Lento pero voluntarioso.
10	Nacho	Ferrer	Zona Sur	Medio izquierdo	Izquierda	2	1996	677 77 77	91 55 55 55	l@l.com	Pequeño. Buen regate.
11	Nacho	Ferrer	C.F. Oeste	Media punta	Derecha	2	1996	677 77 77	91 55 55 55	l@l.com	Muy grande y poco más. Algo torpe.
12	Nacho	Ferrer	C.F. Oeste	Medio izquierdo	Izquierda	2	1996	677 77 77	91 55 55 55	l@l.com	Falto de calidad, pero muy trabajador.
13	Nacho	Ferrer	Barrio Alto	Lateral izquierdo	Izquierda	2	1996	677 77 77	91 55 55 55	l@l.com	Cumple en defensa.
14	Nacho	Ferrer	Distrito Este	Medio derecha	Derecha	2	1996	677 77 77	91 55 55 55	l@l.com	Buen golpeo en largo. Lento.

Ahora bien, llegados a este punto, hay dos aspectos conflictivos que es imposible eludir: por una parte, cómo conseguimos esos datos personales, imprescindibles para contactar con el jugador posteriormente (o su año de nacimiento, totalmente necesario para medir con precisión la verdadera proyección del futbolista); y, por otra parte, cómo llevar a cabo de forma ética esas incorporaciones sin molestar a otros clubes o a otros entrenadores.

> Por supuesto, conocer el año de nacimiento del jugador es una de las primeras cosas que debemos hacer al ojear a un futbolista. En un partido de juveniles de categorías humildes, un pequeño media punta puede mostrar talento y creatividad e inducirnos a pensar que tiene proyección. Pero la historia será muy diferente si se trata de un juvenil de primer año (puede que hayamos encontrado un diamante en bruto) o si es un chaval a punto de dar el paso a la categoría Senior.
>
> En este sentido, en la pretemporada de 2009, un joven jugador llamado Carlos se acercó por iniciativa propia hasta las instalaciones del Barrio Alto para realizar las pruebas de acceso al Cadete 'A' que competiría en Primera División Autonómica. Se presentó como delantero, nacido en 1994. Su aspecto físico era normal para la edad que decía tener. Ese día, el grupo jugaba un partido amistoso contra la Zona Sur, un potente rival. Carlos jugó unos minutos y sobresalió por encima de todos, mostrando una extraordinaria velocidad, un gran cambio de ritmo y un eléctrico regate. Marcó el único gol del partido dejando sentado a medio equipo contrario e invitó a pensar que había un gran talento que pulir en aquel jugador. ¿Por qué íbamos a desconfiar de su edad? En los días posteriores, cuando se le propuso firmar la ficha federativa, el chaval mareó al club con ausencias injustificadas a entrenar y, finalmente, desapareció por completo. ¿El motivo? En realidad había nacido en 1992 y lo que parecía una promesa con unas cualidades por encima de la media no era sino un mediocre futbolista dos años mayor.

Acerca de la primera cuestión, no hay recetas mágicas, sino simple sentido común: entra en juego de forma decisiva la capacidad de relaciones públicas del entrenador (no por única vez, pues como veremos a lo largo de la obra, esta cualidad es fundamental en un técnico para alcanzar numerosos intereses). El míster debe localizar a los padres del jugador en la grada, presentarse e intercambiar los datos de contacto. Asimismo, debe hacerse con las alineaciones y las edades de los jugadores ANTES de que comience el partido (para saber desde el principio de qué año de nacimiento son los futbolistas que destaquen y no perder toda la primera parte intentando 'cazar' números y nombres que ya deberíamos tener). La mejor fuente para ello son los agentes de agencias de representación (quienes, libreta en mano, son imparciales y no tendrán problema en compartir la información que poseen), los padres en la grada o algún jugador no convocado o suplente (los árbitros, con razón, son reacios a proporcionar estos datos, al igual que los delegados de los equipos). Hay que ser activos.

En cuanto al segundo punto conflictivo, empecemos por admitir que el mundo del fútbol aficionado es muy parecido a una jungla. Los entrenadores tocan a los futbolistas de otros clubes por la espalda y pocas veces hay un método medianamente civilizado para hacer las cosas. Los chavales dan la cara ante su club, diciendo que se quieren ir por voluntad propia, cuando tienen una oferta debajo del brazo. Sin dejar de ser prácticos, aquí intentaremos dar las claves para hacer las cosas bien, pero sin ser 'los tontos de la película'.

Tanto si el jugador está retenido por su club de origen (porque ha firmado un contrato de varios años), como si queda libre (es muy recomendable que el entrenador esté al tanto de la legislación vigente en este sentido), el primer paso para incorporar a un futbolista de otro club a nuestras filas debe ser el contacto directo con el chaval. No hay más remedio, porque si el chico no quiere venir, ¿para qué vamos a emplear tiempo y energía? Eso sí, hay que tantearle de forma cuidadosa, pidiéndole que sea prudente e indicándole que tenemos la intención de hablar con su club, por lo que no debe realizar ningún movimiento. Del mismo modo, hay que ser sinceros al expresar nuestro interés por el chaval: ¿estamos hablando de que se incorpore directamente a la plantilla o le ofrecemos un período de prueba porque queremos verle mejor antes de decidir?

Una vez que el jugador esté de acuerdo, el entrenador debe ponerse en contacto con el club de origen (qué bueno sería que este paso lo gestionara nuestro propio club...) y expresarle su interés por el futbolista. Lo ideal es hacerlo de forma sincera y ofrecer desde el principio algo a cambio, por ejemplo, ponerle en contacto con los jugadores que sean descartados en nuestro club y que se ajusten a un perfil que interese a ambas partes. Este paso es bueno incluso si el chaval queda libre porque el objetivo no es otro más que cultivar una buena relación, que siempre será beneficiosa para todos. En este sentido, es importante recordar que los manuales más modernos de negociación recomiendan que se eviten los procesos en los que una parte sale ganando claramente: la negociación perfecta es aquélla en la que todas las partes obtienen un beneficio que consideran justo porque eso posibilitará nuevas y fructíferas relaciones en el futuro.

Pero ¿qué ocurre si el club de origen niega una carta de libertad o un permiso para un jugador? Penetraríamos ya en un terreno pantanoso, en el que entran en juego los criterios subjetivos. Como norma ética general, un futbolista de base no debería ver nunca limitada su libertad para mejorar y firmar por un equipo de una categoría superior. Por lo tanto, en el caso de que un club negara ese derecho, probablemente nos estaría legitimando para romper las negociaciones cordiales e incorporar directamente al jugador (si queda libre) o para que el chaval comience a presionar a su club, exigiendo la carta de libertad.

Ahora bien, si el equipo de origen y el de deseado destino compiten en la misma categoría, es bastante difícil de justificar (desde el punto de vista ético) un comportamiento radical, que puede arrojar beneficios inmediatos, pero ser perjudicial a largo plazo al enturbiar las relaciones con la entidad de la que procede el jugador.

- Intercambio

Una buena idea para gestionar los descartes de nuestros equipos y que nos brinda además la posibilidad de quedar como señores tanto ante los desilusionados chavales que reciben la baja, como ante los equipos en los que tenemos (o podríamos tener en el futuro) jugadores ojeados, consiste en facilitar a los clubes interesados en nuestros descartes una lista con los datos públicos (ojo con la ley de protección de datos) de los futbolistas y a éstos, otra con el contacto de los clubes que han preguntado por perfiles en los que ellos encajan. A partir de ahí, según el interés deportivo y la proximidad geográfica, clubes y jugadores se pondrán de acuerdo teniendo por seguro que hemos facilitado a ambos la posibilidad de escoger.

Esa relación de descartes, por ejemplo, puede ser ofrecida a un club a cambio de que facilite la salida de un jugador interesante para nosotros.

- El 'pardillo de turno'

El entrenador siempre debe cultivar una buena relación con los clubes de su entorno y utilizar unos métodos éticos y legales. Sin embargo, debe evitar ser el 'pardillo de turno'.

En junio de 2009, el Cadete 'A' del Barrio Alto certificó su ascenso y su retorno a la categoría de honor del fútbol madrileño. Como primer refuerzo de la plantilla del año siguiente, el cuerpo técnico puso su mirada en un central de primer año del Distrito Este que destacaba por encima de la media. La forma de proceder consistió en hablar directamente con el secretario técnico de la entidad a la que pertenecía el futbolista y expresarle el interés que existía por él. La operación era interesante para el jugador, puesto que competiría en una categoría más alta (en la mejor), pero la respuesta del club fue tajante: el chico no se movería del Distrito Este. Además, se mostró molesto por la situación y por haber siquiera planteado la cuestión. Pecando de cordialidad y de inocencia, el cuerpo técnico del Barrio Alto no insistió.

Cuando comenzó la pretemporada, el central del Distrito Este había negociado, unilateralmente y de forma menos diplomática pero más efectiva, con el C.F.

Oeste. Finalmente, y como era lógico teniendo en cuenta la proyección del jugador, éste compitió en Primera División Autonómica, pero con una camiseta distinta a la del Barrio Alto.

- ¿Qué es mejorar?

Firmar por un equipo de una categoría superior parece un argumento de un peso casi irrebatible para legitimar a un futbolista a pedir una carta de libertad y cambiar de aires. Sin embargo, no siempre está claro el concepto de mejora y a veces entran en juego factores económicos (inversiones ya realizadas en el jugador). Pondremos dos ejemplos, ambos relacionados con el Zona Sur y el C.F. Oeste.

- En el primero, un futbolista que quedaba libre en junio tuvo la posibilidad de firmar por el club sureño y recalar en su Juvenil de primer año, que militaba en la tercera categoría nacional (Primera División Autonómica). Mientras, en el C.F. Oeste le ofrecían formar parte de su equipo de segundo año, el Juvenil 'B', que competiría en Liga Nacional (la segunda, justo por encima de Autonómica). Es evidente que el Zona Sur, con su primer equipo en Primera División, es una entidad con más prestigio y con más medios que el C.F. Oeste, pero en este caso concreto, ¿realmente ofrecía unas mejores posibilidades al futbolista? Lo relevante del caso es que la línea divisoria no estaba nada clara. Finalmente, el C.F. Oeste convenció al jugador para que se quedara y firmara un nuevo contrato.
- En el segundo ejemplo, entran en juego otros factores, como los derechos de formación y el dinero invertido en un chico. El protagonista es un delantero del C.F. Oeste, por el que el club había apostado e invertido dinero, pagando su abono transporte durante un año (un esfuerzo significativo para una entidad humilde y algo totalmente inusual en estos niveles) y teniendo una especial dedicación y paciencia en la formación del jugador. Como en el caso anterior, el chico tuvo la oportunidad de recalar en el Zona Sur primero y en la cantera de un club de Segunda División, después. En su ficha figuraba un año más de contrato y el club se negó en rotundo a darle la carta de libertad. Ambas ofertas permitirían al chaval competir en la misma categoría que el C.F. Oeste, pero en un entorno de mayor exigencia y con los medios de una cantera de élite. Si el chico hubiera quedado libre o su club no se hubiera gastado dinero en él, tal vez hubiera cambiado de aires. Pero al final, como nadie planteó una forma de compensar al equipo de origen por la inversión que había realizado en el jugador (no se produjo una negociación que satisficiera a todas las partes), el chaval no se movió.

1.2.2 Descartes de equipos 'mayores'

Cada club y, dentro de él, cada categoría, puede fácilmente identificar qué equipos vecinos son sus 'hermanos mayores'. Éstos, situados en mejores competiciones (o en la misma, pero con mayores aspiraciones), suelen tener prioridad a la hora de escoger futbolistas y las listas de descartes que generan constituyen una excelente fuente de jugadores. Para estos equipos mayores, los descartes son chavales que no llegan al nivel exigido, o que sí lo hacen, pero simplemente hay sobrecupo en la plantilla. Para nosotros, pueden constituir excelentes refuerzos.

Obviamente, podemos pedir la lista de bajas a tantos clubes como queramos, pero es un proceso que exige un seguimiento y un gasto de tiempo y de energía. En este sentido, es importante enfocar bien nuestros esfuerzos y seleccionar correctamente los equipos mayores a los que vamos a andar dando la lata para que nos pasen sus listas de descartes porque si lo hacemos mal, puede que no consigamos nuestro objetivo, mientras posibilidades más factibles se nos terminan por escapar. En primer lugar, debe tratarse de un club situado en nuestra zona geográfica o muchos chavales desestimarán nuestras ofertas porque estamos demasiado lejos. Además, el equipo de origen ha de ser lo suficientemente fuerte como para que los descartes que genere nos aporten un salto de calidad, pero no en exceso, pues entonces será difícil que los jugadores nos vean como una opción atractiva.

- Pongamos algún ejemplo:

  El fútbol de la Comunidad de Madrid funciona como una escalera. En el caso de los equipos cadetes, por norma general, los mejores jugadores suelen ir al Real Madrid C.F. o al Club Atlético de Madrid. Sus descartes buscan acomodo en el Rayo Vallecano de Madrid, en el Getafe C.F., en el C.D. Leganés o en otros clubes que, por proximidad geográfica sobre todo, les puedan convencer. Las bajas de Rayo, Getafe y Leganés continúan el ciclo y recalan (ahora sí, en función sobre todo del lugar de residencia) en la R.S.D. Alcalá, el C.D. Coslada, el Unión Adarve, el C.F. Rayo Majadahonda u otros clubes de un nivel similar. Y así, siguiendo la escalera en orden descendente, equipos como el C.F. Pozuelo o el Villanueva del Pardillo F.C. se nutren de los descartes del Rayo Majadahonda.

  En definitiva, cada entrenador debe identificar con éxito al club que mejores descartes puede suministrarle. El objetivo a largo plazo debería ser dar la vuelta a esa relación de 'inferioridad' porque se haya logrado invertir la jerarquía existente, gracias al buen trabajo y a los buenos resultados.

Las relaciones personales y el don de gentes del entrenador vuelven a ser fundamentales en este punto. La fuente más fiable para conseguir la lista de descartes es el técnico del equipo de origen. La relación siempre será de intercambio y es importante ser generoso a la hora de ceder en otros aspectos (por ejemplo, aceptar un partido amistoso que, por planificación, no nos viene bien; o, en un extremo más delicado, facilitar la salida de un buen futbolista de nuestra plantilla, que va a tener la oportunidad de progresar en ese club al que luego voy a pedir una interesante lista de descartes). A quien siempre hace lo posible por dar, es difícil negarle algo cuando lo pide.

Otra vía para conseguir una lista de descartes es a través de contactos dentro de la plantilla de origen, como futbolistas que sí se han quedado. Sin embargo, estas fuentes son menos fiables y más lentas.

> La información es oro y conocer antes que nadie los descartes de un equipo mayor que, por calidad y por cercanía, se adapta perfectamente a nuestro perfil, puede ser decisivo a la hora de confeccionar una buena plantilla. Ahora bien, en la tesitura de firmar a un jugador, en muchas ocasiones tendremos que fiarnos de la palabra del técnico del club de origen o de la de otras referencias que podemos y debemos buscar. En cualquier caso, nunca le hemos visto jugar... Sí, Pepito viene del club X, que es muy bueno, pero ¿será realmente mejor que lo que tengo actualmente? ¿Se ajustará a lo que YO espero y a MI concepción futbolística? Siempre existe la posibilidad de probarle durante un tiempo, pero en muchas ocasiones los jugadores tienen otras ofertas encima de la mesa, que no contemplan el período de prueba, sino la contratación inmediata, por lo que el riesgo de perder al chico es alto y deberemos tomar una decisión con los ojos casi cerrados.
>
> Buscando siempre las mejores prácticas, lo deseable sería que el entrenador conjugara este método de captación de jugadores con el anterior (el que hemos llamado Modelo Ideal). De esta forma, tendría en su base de datos a la mayoría de los futbolistas del club que facilita la lista de descartes y, cuando se produjera una baja, contaría con más información para sopesarlo.
>
> No hay que olvidar que, a la hora de captar el interés de un chaval por venir a nuestro equipo, éste valorará muchísimo que el entrenador le haya visto jugar y le conozca. Eso le dará, al menos de entrada, la confianza de que realmente se cuenta con él. Si el jugador percibe que el técnico no sabe ni si es diestro o zurdo, pensará que estamos tirando a lo primero que se mueve, la desconfianza será muy alta y es posible que se decante por una opción más segura.

1.2.3 Representantes de futbolistas

El fútbol es exagerado por naturaleza y al hablar de representantes de jugadores no concede una excepción. Hoy en día, es difícil encontrar un cadete que no tenga su agente. Aquí no entraremos en el debate de la conveniencia de esta práctica, sino que daremos por hecha esta realidad y jugaremos a partir de ella.

Estemos de acuerdo o no, los representantes son una importante fuente de jugadores. Por ello, dentro de su agenda de relaciones públicas, el entrenador debe incluir a todos los que se crucen en su camino y acudir a ellos siempre que necesite cubrir una vacante en su plantilla. Lo mejor de esta opción es que se trata de una relación de intercambio sin ningún compromiso: al agente le viene bien que le demos opciones donde colocar a sus representados y nosotros no tendremos ninguna obligación de quedarnos con los chavales si no son lo que buscamos.

> OJO con los representantes. Muchos son buena gente, pero hay historias de todos los tipos y colores que invitan a andar con pies de plomo como norma general. En la temporada 2010-2011, dos nuevos futbolistas llegaron de la mano de un agente 'amigo del club' a la U.D. Centro. Aprovechando esa amistad, este señor se las ingenió para firmar a ambos jugadores, engañando tanto al club como a sus representados. Al administrativo responsable de las fichas le dijo que tenía el permiso del director deportivo (la amistad existente indujo a no desconfiar de él), mientras que a los chicos les aseguró que el club contaba con ellos. En agosto, cuando el entrenador del equipo dio la baja a ambos futbolistas (¡que ya habían firmado!) se desató una situación explosiva, con el club en calzoncillos (las dos fichas estaban perfectamente firmadas, debajo del montón), los dos chicos hundidos (no entendían nada), los padres encolerizados (como de costumbre) y el representante jugando a dos bandas, tratando todavía de salir airoso del lío que él había montado.

1.2.4 Cuanta más cantidad, más calidad

Esta cuarta vía para captar futbolistas con los que confeccionar una plantilla competitiva se encuentra al alcance de todos los entrenadores, no requiere tanto tiempo como las anteriores y consiste en realizar una sencilla campaña de comunicación en la que, por todos los medios posibles, se 'vendan' los puntos positivos del equipo, con el fin de persuadir al mayor número de jugadores para que realicen las pruebas de acceso. Cuanta más cantidad de futbolistas, en teoría más calidad encontraremos en el resultado final de la selección.

La campaña de comunicación dependerá de los medios que suelan utilizarse en cada región, pero los tablones de anuncios y los foros, federativos o extraoficiales, son buenos sitios donde publicar un anuncio (por supuesto, gratuito) en el que merece la pena tomarse todo el tiempo del mundo para preparar un buen texto que refleje las ventajas del club (categoría en la que compite, categorías del resto de equipos del club, resultados de años anteriores, objetivos ambiciosos, buenas instalaciones, material de entrenamiento renovado, equipaciones y chándal gratis, cuerpo técnico con segundo entrenador, preparador físico, entrenador de porteros, fisioterapeuta, apuesta por gente joven en el primer equipo...). Sin mentir, se trata de ensalzar todos los puntos positivos y, en la medida de lo posible, obviar los negativos. Además, es importante alentar el boca a boca: que los propios jugadores traigan amigos que quieran probar. Las puertas del club están abiertas.

El impacto y los resultados finales que pueda reportar este método son una verdadera incógnita, por lo que es recomendable utilizar esta vía sólo como un complemento a las estrategias anteriores. Sin embargo, la falta de tiempo por parte del entrenador la convierten en una alternativa socorrida y, en definitiva, bastante rentable, aunque arriesgada y muy sujeta al azar.

- Un afortunado ejemplo que salió muy bien

En la temporada 2009-2010, el Cadete 'A' del Barrio Alto tenía que formar una plantilla competitiva con la que buscar la permanencia en la Primera División Autonómica. Los técnicos carecían de mucha experiencia en la categoría y apenas conocían a los jugadores de esa edad (1994), por lo que centraron sus esfuerzos en la campaña de comunicación. Desde junio hasta agosto, colocaron anuncios en Internet y realizaron un buzoneo en el barrio y en las localidades vecinas. Éste era el texto (válido para los distintos equipos del club, con el fin de sacar el máximo partido al esfuerzo realizado):

"Juega en la máxima categoría: Primera Autonómica"

El Barrio Alto te da la posibilidad de jugar en la máxima categoría del fútbol madrileño (Primera Autonómica) en alevines, infantiles y cadetes. Si has nacido entre 1994 y 1999 y quieres realizar las pruebas de acceso al club, llama al teléfono ----------.

El Barrio Alto dispone de instalaciones y de material de primera calidad, con tres campos de césped artificial en los que se desarrollan los entrenamientos y los partidos en casa.

Todas las categorías cuentan con entrenadores titulados y prestamos una especial atención a los porteros, que realizan un entrenamiento específico a cargo de un preparador especializado. Existen grandes posibilidades de promoción dentro del club: el Juvenil B está en Primera Autonómica, el Juvenil A en División de Honor, el Rayo B *"juega en Preferente y el Primer Equipo es un serio candidato al ascenso a Segunda División B."*

El resultado fue un éxito. Durante el mes de julio, muchos fueron los chavales que llamaron para inscribirse. La mayoría asistió a su cita el primer día de la pretemporada y sólo algunos, los menos, aportaron un salto de calidad al equipo y se quedaron. Pero con ese poco, el objetivo estaba cumplido y, por pura fortuna, se reforzaron demarcaciones clave, un hecho que, a la postre, fue decisivo para materializar la permanencia del club en la categoría. En cualquier caso, confiar por entero la confección de nuestra plantilla a este método es dejar el devenir del equipo en manos del azar.

2. PRETEMPORADA

Para un entrenador que persigue el alto rendimiento de su equipo, la pretemporada ha dejado de ser un período accesorio y poco trascendente, previo a la competición, útil para conocer poco a poco a sus jugadores, para cohesionar al grupo antes del primer encuentro de liga y en el que disputar varios partidos amistosos que suban la moral del plantel con vistas a empezar la liga con buenas sensaciones.

Ahora, la pretemporada es concebida como la oportunidad única e irrepetible de dotar a nuestro equipo con la mejor preparación física, táctica y mental que podamos darle, siempre con el objetivo de que, desde el primer partido de la competición hasta el último, rinda al nivel más alto posible.

La pretemporada debe ser exprimida al máximo. Es el momento, repito, único e irrepetible de otorgar al equipo una personalidad, de decirle quién es, qué queremos de él, de crear hábitos importantísimos durante el resto del año y de enseñarle y practicar todas las herramientas que seamos capaces de poner a su alcance.

- El gran ejemplo del Majadahonda División de Honor 03-04

  La temporada 2003-2004 significó para el C.F. Rayo Majadahonda su debut en tres categorías a las que acababa de ascender: Segunda División B para el primer equipo (esto era más bien un retorno, años después), División de Honor para el Juvenil A y Primera División Autonómica para el Cadete A. Dejando al margen el resultado alcanzado en la composición de las distintas plantillas, el planteamiento de las tres pretemporadas fue muy dispar y arrojó balances igualmente diferentes.

  El Juvenil A encaró la suya cuidando todos los detalles desde el principio: la preparación física fue impecable, se forjó una identidad táctica que cohesionó al grupo dentro del terreno de juego desde la primera jornada y los partidos amistosos fueron de un nivel de exigencia muy alto, lo que permitió que el equipo afrontara el inicio de la liga habiendo adquirido un ritmo de competición más que aceptable.

  Mientras, cada uno a su nivel, primer equipo y Cadete A coincidieron en muchos aspectos que definieron sus pretemporadas: los entrenamientos fueron suaves y poco exigentes, los ejercicios tácticos no estuvieron lo suficientemente enfocados a la competición como para armar una estructura táctica que les permitiera hacer frente a los contrarios en dos categorías muy fuertes y los partidos de preparación fueron muy escasos en la planificación del primer equipo y ante rivales de muy poca entidad en el caso del Cadete A.

Cuando llegó el momento del examen, ya con los puntos en juego, ambos conjuntos emprendieron su vía crucis particular (ver figuras 4 y 5). El nivel de sus plantillas era, de entrada, muy limitado respecto al de la competición, pero las pretemporadas realizadas no hicieron sino empeorar la situación.

Por su parte, el Juvenil A (figura 6) se destacó desde el comienzo como el equipo revelación de la temporada, no llegó a sufrir por mantener la categoría y finalizó clasificado en la mitad de la tabla.

FIGURA 4.
TEMPORADA 2003-2004. C.F. RAYO MAJADAHONDA 'A'. SEGUNDA DIVISIÓN B – GRUPO 2.

CLASIFICACIÓN		PJ	PTOS	PG	PE	PP	GF	GC
1	AT. MADRID B	38	73	22	7	9	54	28
2	R. MADRID B	38	70	21	7	10	55	32
3	MIRANDÉS	38	68	20	8	10	51	35
4	CULTURAL	38	68	20	8	10	52	30
5	BURGOS	38	65	17	14	7	50	33
6	PONFERRADINA	38	60	17	9	12	39	30
7	CONQUENSE	37	57	15	12	10	54	41
8	ZAMORA	38	55	16	7	15	50	40
9	FUENLABRADA	38	54	16	6	16	54	58
10	ALCORCÓN	38	52	12	16	10	34	34
11	TALAVERA	38	51	14	9	15	28	32
12	PALENCIA	38	51	13	12	13	33	35
13	SS REYES	38	50	13	11	14	46	49
14	ZARAGOZA B	38	49	13	10	15	39	38
15	TOMELLOSO	38	48	12	12	14	29	39
16	ALCALÁ	38	44	10	14	14	33	35
17	CASETAS	38	35	7	14	17	32	60
18	TOLEDO	38	35	9	8	21	33	54
19	COMPOSTELA	37	34	8	10	19	33	55
20	MAJADAHONDA	38	16	2	10	26	29	70

JDA	PTOS	PARTIDO		
1	0	MAJADAHONDA	0-3	ALCORCÓN
2	0	ALCALÁ	3-0	MAJADAHONDA
3	0	MAJADAHONDA	0-2	REAL MADRID B
4	0	PALENCIA	2-1	MAJADAHONDA
5	0	SS REYES	2-1	MAJADAHONDA
6	1	MAJADAHONDA	1-1	BURGOS
7	0	PONFERRADINA	2-1	MAJADAHONDA
8	0	MAJADAHONDA	1-2	CONQUENSE
9	1	TOMELLOSO	0-0	MAJADAHONDA
10	0	MAJADAHONDA	1-3	ZARAGOZA B
11	0	FUENLABRADA	5-1	MAJADAHONDA
12	1	MAJADAHONDA	1-1	COMPOSTELA
13	0	ZAMORA	3-1	MAJADAHONDA
14	1	MAJADAHONDA	1-1	AT. MADRID B
15	0	MIRANDÉS	2-1	MAJADAHONDA
16	0	MAJADAHONDA	1-3	CULTURAL
17	0	TALAVERA	1-0	MAJADAHONDA
18	0	MAJADAHONDA	1-2	TOLEDO
19	0	CASETAS	2-1	MAJADAHONDA
20	1	ALCORCÓN	0-0	MAJADAHONDA
21	1	MAJADAHONDA	1-1	ALCALÁ
22	0	REAL MADRID B	2-0	MAJADAHONDA
23	1	MAJADAHONDA	0-0	PALENCIA
24	3	MAJADAHONDA	1-0	SS REYES
25	0	BURGOS	1-0	MAJADAHONDA
26	0	MAJADAHONDA	0-1	PONFERRADINA
27	0	CONQUENSE	2-1	MAJADAHONDA
28	0	MAJADAHONDA	0-1	TOMELLOSO
29	0	ZARAGOZA B	4-1	MAJADAHONDA
30	1	MAJADAHONDA	3-3	FUENLABRADA
31	1	COMPOSTELA	1-1	MAJADAHONDA
32	0	MAJADAHONDA	1-2	ZAMORA
33	0	AT. MADRID B	2-0	MAJADAHONDA
34	0	MAJADAHONDA	2-3	MIRANDÉS
35	0	CULTURAL	3-2	MAJADAHONDA
36	0	MAJADAHONDA	0-3	TALAVERA
37	3	TOLEDO	0-1	MAJADAHONDA
38	1	MAJADAHONDA	1-1	CASETAS

FIGURA 5.
TEMPORADA 2003-2004. C.F. RAYO MAJADAHONDA 'A'. PRIMERA DIVISIÓN AUTONÓMICA CADETE.

CLASIFICACIÓN		PJ	PTOS	PG	PE	PP	GF	GC
1	REAL MADRID	30	76	24	4	2	137	31
2	RAYO VALLECANO	30	72	22	6	2	90	28
3	AT. MADRID	30	64	20	4	6	98	28
4	ADARVE	30	61	18	7	5	87	53
5	AT. MADRILEÑO	30	57	17	6	7	76	57
6	GETAFE	30	51	15	6	9	67	47
7	LEGANÉS	30	47	13	8	9	53	38
8	MOSCARDÓ	30	36	11	3	16	49	73
9	COSLADA	30	33	8	9	13	48	59
10	AFE	30	33	9	6	15	37	65
11	ALCORCÓN	30	31	8	7	15	49	78
12	SANTA ANA	30	30	8	6	16	43	63
13	MÓSTOLES	30	30	7	9	14	43	79
14	FUENLABRADA	30	24	5	9	16	30	53
15	SS REYES	30	18	4	6	20	32	78
16	MAJADAHONDA	30	8	2	2	26	18	127

JDA.	PTOS	PARTIDO		
1	0	MAJADAHONDA	1-3	AT. MADRILEÑO
2	0	MÓSTOLES	6-0	MAJADAHONDA
3	0	MAJADAHONDA	1-6	ALCORCÓN
4	0	LEGANÉS	9-1	MAJADAHONDA
5	0	MAJADAHONDA	0-8	REAL MADRID
6	3	SS REYES	0-1	MAJADAHONDA
7	0	MAJADAHONDA	0-2	MOSCARDÓ
8	0	FUENLABRADA	3-1	MAJADAHONDA
9	0	MAJADAHONDA	0-10	AT. MADRID
10	0	ADARVE	5-0	MAJADAHONDA
11	0	MAJADAHONDA	1-8	SANTA ANA
12	0	RAYO VALLECANO	8-0	MAJADAHONDA
13	1	MAJADAHONDA	1-1	COSLADA
14	0	AFE	5-0	MAJADAHONDA
15	0	MAJADAHONDA	0-3	GETAFE
16	0	AT. MADRILEÑO	2-0	MAJADAHONDA
17	0	MAJADAHONDA	1-2	MÓSTOLES
18	0	ALCORCÓN	2-0	MAJADAHONDA
19	0	MAJADAHONDA	0-3	LEGANÉS
20	0	REAL MADRID	8-2	MAJADAHONDA
21	3	MAJADAHONDA	2-1	SS REYES
22	0	MOSCARDÓ	4-3	MAJADAHONDA
23	0	MAJADAHONDA	1-2	FUENLABRADA
24	0	AT. MADRID	1-0	MAJADAHONDA
25	1	MAJADAHONDA	2-2	ADARVE
26	0	SANTA ANA	3-0	MAJADAHONDA
27	0	MAJADAHONDA	0-8	RAYO VALLECANO
28	0	COSLADA	3-0	MAJADAHONDA
29	0	MAJADAHONDA	0-1	AFE
30	0	GETAFE	8-0	MAJADAHONDA

FIGURA 6.
TEMPORADA 2003-2004. C.F. RAYO MAJADAHONDA 'A'. DIVISIÓN DE HONOR JUVENIL – GRUPO 5.

CLASIFICACIÓN		PJ	PTDS	PG	PE	PP	GF	GC
1	REAL MADRID	30	74	24	2	4	84	25
2	MALLORCA	30	71	23	2	5	96	34
3	RAYO VALLECANO	30	55	16	8	6	62	37
4	ALBACETE	30	55	16	7	7	60	38
5	AT. MADRID	30	55	16	7	7	48	31
6	LAS ROZAS	30	52	15	7	8	58	33
7	MAJADAHONDA	30	47	13	8	9	47	37
8	SAN FRANCISCO	30	40	9	13	8	32	31
9	LEGANÉS	30	35	9	8	13	44	57
10	SAN FEDERICO	30	31	8	7	15	30	47
11	QUINTANAR REY	30	30	9	3	18	30	56
12	GETAFE	30	30	8	6	16	42	61
13	EXTREMADURA	30	29	7	8	15	28	52
14	ALCORCÓN	30	25	6	7	17	27	60
15	CACEREÑO	30	24	6	6	18	32	70
16	TOLEDO	30	13	2	7	21	24	75

JDA	PTOS	PARTIDO		
1	3	ALBACETE	1-2	MAJADAHONDA
2	3	MAJADAHONDA	2-0	LAS ROZAS
3	3	ALCORCÓN	0-2	MAJADAHONDA
4	3	MAJADAHONDA	3-1	MALLORCA
5	3	EXTREMADURA	0-4	MAJADAHONDA
6	3	MAJADAHONDA	4-1	TOLEDO
7	1	LEGANÉS	2-2	MAJADAHONDA
8	1	MAJADAHONDA	1-1	AT. MADRID
9	3	RAYO VALLECANO	0-2	MAJADAHONDA
10	1	MAJADAHONDA	0-0	REAL MADRID
11	1	SAN FRANCISCO	0-0	MAJADAHONDA
12	3	MAJADAHONDA	2-1	GETAFE
13	3	MAJADAHONDA	3-0	QUINTANAR REY
14	3	SAN FEDERICO	1-2	MAJADAHONDA
15	3	MAJADAHONDA	4-0	CACEREÑO
16	3	MAJADAHONDA	1-0	ALBACETE
17	0	LAS ROZAS	1-0	MAJADAHONDA
18	0	MAJADAHONDA	0-1	ALCORCÓN
19	0	MALLORCA	4-1	MAJADAHONDA
20	3	MAJADAHONDA	1-0	EXTREMADURA
21	1	TOLEDO	0-0	MAJADAHONDA
22	0	MAJADAHONDA	1-3	LEGANÉS
23	0	AT. MADRID	2-1	MAJADAHONDA
24	1	MAJADAHONDA	3-3	RAYO VALLECANO
25	0	REAL MADRID	3-0	MAJADAHONDA
26	0	MAJADAHONDA	1-2	SAN FRANCISCO
27	0	GETAFE	4-2	MAJADAHONDA
28	0	QUINTANAR REY	4-1	MAJADAHONDA
29	1	MAJADAHONDA	1-1	SAN FEDERICO
30	1	CACEREÑO	1-1	MAJADAHONDA

- **El ascenso se forjó en agosto**

La pretemporada de 2006 fue decisiva para el devenir del Juvenil 'C' del C.F. Rayo Majadahonda que, con una plantilla entera de primer año, tenía como objetivo único el ascenso de categoría. Competiría en Segunda Juvenil, la división más baja de la Comunidad de Madrid, pero el hándicap de ser todos de primer año resultaba importante. La pretemporada fue larga e intensa, igual (adaptando cargas y tiempos) a la que hubiera realizado un combinado de Liga Nacional o de División de Honor, y los jugadores, muy comprometidos, la aprovecharon al máximo. Mientras, muchos rivales comenzaron a entrenar sólo dos o tres semanas antes del inicio de la competición y afrontaron las primeras jornadas de liga como una prolongación del período de preparación.

El resultado fue que el Juvenil 'C' arrancó con muchísima ventaja y goleó con extrema facilidad a equipos a los que en la segunda vuelta, ya con las fuerzas igualadas, ganó con dificultad o no pudo doblegar. El impulso le duró casi toda la primera ronda (hasta enero): en 13 jornadas sumó 13 victorias. Después, con mucha más dificultad, ganó otros siete partidos consecutivos y certificó el ascenso y el campeonato. A partir de ahí, y demostrando que no era tan superior a sus rivales como indicaban los números, sólo pudo ganar tres partidos más, mientras que empató otros tres y perdió dos. Sirvan los siguientes resultados comparados entre la primera y la segunda vuelta para evidenciar la enorme ventaja que una buena planificación y ejecución de la pretemporada le reportó en el primer tramo de la liga:

Jornada 1 – Robledo C.F. 0-5 Majadahonda C
Jornada 15 – Majadahonda C 2-0 Robledo C.F.

Jornada 2 – Majadahonda C 4-0 U.D. Colmenarejo
Jornada 16 – U.D. Colmenarejo 0-1 Majadahonda C

Jornada 3 – Hoyo de Manzanares 1-3 Majadhaonda C
Jornada 17 – Majadahonda C 3-0 Hoyo de Manzanares

Jornada 4 – Majadahonda C 6-0 Escuela F. Roceña
Jornada 18 – Escuela F. Roceña 0-1 Majadahonda C

Jornada 5 – C.D. Valdemorillo 0-7 Majadahonda C
Jornada 19 – Majadahonda C 3-0 C.D. Valdemorillo

Jornada 6 – Majadahonda C 2-0 Boadilla C.F.
Jornada 20 – Boadilla C.F. 0-6 Majadahonda C

Jornada 7 – Majadahonda C 3-0 At. Villalba
Jornada 21 – At. Villalba 1-1 Majadahonda C

Jornada 8 – Majadahonda C 7-1 Torrelodones C.F. B
Jornada 22 – Torrelodones C.F. B 0-5 Majadahonda

Jornada 9 – C.D. El Escorial 0-3 Majadahonda C
Jornada 23 – Majadahonda C 2-2 C.D. El Escorial

Jornada 10 – Majadahonda 8-0 Moralzarzal C.F.
Jornada 24 – Moralzarzal C.F. 1-8 Majadahonda C

Jornada 11- Rozal Madrid C.F. 0-3 Majadahonda C
Jornada 25 – Majadahonda C 1-1 Rozal Madrid C.F.

Jornada 12 – Majadahonda C 4-0 C.D. Galapagar B
Jornada 26 – C.D. Galapagar B 2-0 Majadahonda C

Jornada 13 – C.D. Puerta de Madrid 0-2 Majadahonda C
Jornada 27 – Majadahonda C 1-2 Puerta de Madrid

Jornada 14 – Majadahonda C 4-0 C.D. Chapinería
Jornada 28 – C.D. Chapinería 0-12 Majadahonda C

No tiremos a la basura las cinco primeras jornadas de liga porque la pretemporada ha sido poco intensa. No vayamos despacio. Cada día de esta fase tiene que ser aprovechado al máximo. Nada garantiza las victorias, pero una buena preparación en ese período puede condicionar de raíz el rendimiento de un equipo en la competición.

A continuación, analizaremos los diferentes elementos que caracterizan a una buena pretemporada.

FASE 1 - PLANIFICACIÓN

2.1. DEFINICIÓN DE LOS CONCEPTOS TÁCTICOS Y DE LA PERSONALIDAD DEL EQUIPO

Antes de que la pretemporada dé comienzo, es necesario haber definido qué filosofía de juego y qué conceptos tácticos tenemos la intención de manejar y transmitir. Hemos de saber qué identidad queremos que asuma el equipo.

Una de las mayores verdades que se manejan dentro del mundo del fútbol es que la personalidad futbolística del grupo debe formularse en función del talento y de las características del plantel de jugadores de que se disponga (siempre en comparación con la categoría) y no al revés. Sería una gran equivocación transmitir nuestra afinidad por el fútbol de toque y de posesión si los chavales de que disponemos denotan un bajo nivel respecto al de la competición porque no sólo no tendremos el balón tal y como queríamos, sino que además estaremos tan abiertos ante los combinados rivales que seremos muy vulnerables en defensa. Hay que ser conscientes de nuestras fortalezas y de nuestras limitaciones, y plantear un sistema de juego y una táctica que optimicen lo bueno que tenemos y en los que las carencias pasen lo más desapercibidas posible.

> La U.D. Centro de Primera División Autonómica Cadete comenzó la temporada 2009-2010 con un planteamiento de posesión del balón y de presión arriba. Fue el concepto que se transmitió a la plantilla desde la pretemporada sin conocer realmente el nivel de una competición que se inauguraba ese mismo año. Pero desde el inicio de la liga se hizo evidente que los futbolistas no tenían la calidad suficiente como para desarrollar con éxito el plan. Jugaban muy abiertos y adelantados contra rivales objetivamente superiores física, técnica y tácticamente. En las cinco primeras jornadas, el equipo recibió 29 goles y quedó herido de raíz para el resto de la temporada.

Por lo tanto, la situación deseable es que este paso de definición de conceptos sea llevado a cabo partiendo del conocimiento de la plantilla (recordemos el 'modelo ideal': ya somos conscientes de las características del grupo del año anterior, del nivel de la competición y hemos fichado 'a la carta' a jugadores que deben concordar con nuestra concepción futbolística).

Sin embargo, lo normal será que no tengamos toda la información que nos gustaría antes del primer entrenamiento. En este caso, hay que huir de los extremos. Es decir, no podemos dejar dos semanas de margen para ver a los chavales y entonces decidir a qué queremos jugar; y tampoco debemos apresurarnos a fijar un estilo de juego sin conocerlos y luego hacerles encajar en él a toda costa.

La solución consistirá en seleccionar una serie de principios que nos dotarán de una identidad desde el primer día y que, pase lo que pase, no variarán en el futuro. Al mismo tiempo, el conocimiento de los jugadores con el devenir de las jornadas y de los entrenamientos nos dará la oportunidad de ir completando ese cuadro de personalidad colectiva. Lógicamente, la cantidad de información de que gocemos de antemano hará que nos movamos más hacia un extremo o hacia el otro.

Ilustrando lo anterior, algunos principios que pueden ser fijados en cualquier caso (siempre a expensas de los gustos y preferencias del entrenador) son, por ejemplo: seriedad y máximo esfuerzo desde que empieza el entrenamiento hasta que termina, ritmo de juego alto en todas las acciones que se realicen con balón, máxima intensidad y agresividad en la presión al poseedor cuando no tenemos la pelota, esfuerzo y sacrificio en los ejercicios físicos, solidaridad entre los compañeros cuando no disfrutamos de la posesión, minimizar a toda costa los 'regalos' en defensa, tocar y moverse como premisa de medio campo para adelante o poseer buenos hábitos de comunicación entre los compañeros (refuerzo positivo siempre, en lugar de reproches). Habría decenas de ejemplos y son conceptos que el entrenador siempre utilizará, sea cual sea la composición de la plantilla, y que, desde el comienzo, dotarán al grupo de una identidad común, incrementando su nivel de motivación, de autoestima, de compromiso y de rendimiento.

En cuanto a los conceptos que tal vez tengan que esperar si no conocemos lo suficiente a nuestros jugadores o el nivel de la competición serán, por ejemplo: ¿presionar arriba o buscar el repliegue en campo propio?, ¿jugar al ataque o al contraataque?, ¿optar por un sistema con dos puntas (porque los hay y son buenos) o con uno solo?, ¿defensa de tres, de cuatro o de cinco?, en los saques de esquina ¿marcaje zonal o al hombre?, ¿volcamos el juego ofensivo en las bandas (porque tenemos jugadores que desequilibran) o es mejor jugar en profundidad sobre los puntas (porque es ahí donde reside nuestro punto fuerte)?, ¿salimos jugando desde atrás (porque contamos con defensas que saben hacerlo) u optamos por jugar directo (porque golpeamos bien desde la retaguardia y tenemos delanteros que saben bajar el balón, aguantarlo y actuar a partir de ahí)?

Para responder a estas últimas cuestiones (y a muchas otras que el entrenador debe plantearse a la hora de determinar cómo va a jugar su equipo esta temporada), hay que conocer mínimamente al grupo. Es posible que podamos responder a varias preguntas y a otras no. Lo importante es tener claro qué sé y qué no sé de mis jugadores y qué voy a enseñarles desde el principio y qué tendrá que esperar un poco más.

- La importancia de saber rectificar

A pesar de conocer la composición de una plantilla y de adaptar a ella nuestro sistema de juego y el planteamiento, las cosas no siempre salen bien y es necesario saber rectificar y cambiar ideas que tal vez hayamos defendido y ensayado durante meses.

En la temporada 2008-2009, el Juvenil 'A' del C.F. Ciudad comenzó la pretemporada con casi 50 futbolistas. El nivel era muy alto (a pesar de haber muchos jugadores de primer año) y el cuerpo técnico conocía a casi todos los chavales (que procedían en su mayoría de los juveniles 'B' y 'C' de la temporada anterior y del Cadete 'A'). Por este motivo, eran conscientes de que el plantel podría aspirar a estar en el grupo de cabeza y, bien trabajado y motivado, al ascenso de categoría. También sabían que contarían con jugadores netamente ofensivos y con varias medias puntas de indudable calidad que no cabrían juntos fácilmente en, por ejemplo, un clásico 1-4-4-2.

De esta forma, los entrenadores diseñaron una pretemporada en la que el equipo se instruyó durante cinco semanas en un sistema 1-4-1-4-1 (con cabida para dos medias puntas y dos jugadores de banda muy creativos) y en una concepción del fútbol basada en la presión arriba (para defender lejos de la portería propia) y en el toque rápido del balón.

La pretemporada se desarrolló bien, pero la liga comenzó con altibajos. El principal problema era que el plantel no terminaba de digerir ese sistema de juego en el que las medias puntas tenían demasiadas obligaciones cuando el equipo defendía cerca de su propia área. Si cumplían, luego no rendían en ataque. Y si no bajaban, el centro del campo quedaba totalmente desamparado.

Cuando sólo habían transcurrido tres jornadas de liga, mediada la semana, los capitanes hablaron con el cuerpo técnico en nombre de la plantilla y expusieron sus dudas: los jugadores no tenían confianza en el sistema de juego que utilizaban. A pesar de que sólo restaba un día de entrenamiento para el siguiente encuentro de liga, los técnicos entendieron que el factor psicológico era más importante que cualquier variable táctica y modificaron su idea inicial: sacrificaron a una de las medias puntas y pasaron a un 1-4-4-2 que se mantuvo hasta el final de la competición, que concluyó con el ascenso de categoría.

En el camino, también quedó la presión arriba como premisa defensiva principal. En este caso, fue la propia categoría la que puso al grupo en su sitio, puesto que muchos rivales practicaban un juego tan directo que ese tipo de planteamiento defensivo no lograba entorpecerles en la zona de iniciación y, sin embargo, dejaba grandes huecos en la retaguardia y en las áreas de rechace.

En definitiva, el equipo terminó jugando un sistema 1-4-4-2 y replegando en campo propio, algo totalmente distinto de lo que había hecho en la pretemporada. Eso sí, siempre mantuvo otros valores tácticos y grupales que desde el comienzo le dotaron de una personalidad definida y que fueron clave para asimilar más rápidamente aquellos cambios tácticos y para alcanzar el ascenso en una larga temporada de 34 jornadas.

- No hacía falta mucha información...

En ocasiones, las circunstancias que rodean a un equipo son tan claras que no es necesario conocer mucho a la plantilla para establecer la mayoría de los conceptos generales que manejará a lo largo del año. Por ejemplo, en la temporada 2010-2011, el Cadete 'A' del Vecindario Norte era un recién ascendido a Primera División Autonómica, cuyo principal y ambicioso objetivo consistía en mantener la categoría, conociendo además el precedente del club dos años antes (último clasificado) y la dureza de una competición que, por norma casi ineludible, devuelve a Preferente a los equipos recién llegados.

De esta forma, el cuerpo técnico fijó un estilo de juego y luego acomodó en él a los futbolistas que iban aterrizando. No es lo más correcto desde el punto de vista teórico, pero es algo parecido a esperar, en el Cadete 'A' del Real Madrid C.F., a ver qué jugadores tenemos para decidir cómo vamos a jugar.

Esta decisión permitió ganar tiempo porque desde el segundo día de pretemporada, el grupo trabajó el mismo sistema y el mismo planteamiento:

Se trató de un 1-4-4-2. Cuando no tenía el balón, para su colocación vertical, el equipo tomaba como referencia la línea del centro del campo. A partir de ahí, la defensa se situaba unos quince metros por detrás, mientras que los delanteros realizaban un marcaje al hombre sobre los dos medios centro rivales. Los puntas no bajaban nunca de medio campo (cuando el esférico pasaba esa zona, quedaban dispuestos para el contraataque) y en los saques de banda se presionaba arriba.

En ataque, el equipo trataba de explotar a sus jugadores de más talento (que los tenía). Si el rival le dejaba, procuraba realizar una salida del balón elaborada, pero no arriesgaba pérdidas y recurría al juego directo si era necesario.

Además, su identidad se basaba en el sacrificio constante cuando no tenía el balón, en la buena preparación física, en el aprovechamiento y la seriedad en las sesiones de entrenamiento y en fomentar un ritmo de juego ofensivo muy alto que permitiera crear fútbol en una categoría en la que el individuo tiene muy poco tiempo para pensar.

La buena plasmación de éstas y de otras ideas, y la excelente labor de los jugadores permitieron al grupo llegar a diciembre con la permanencia virtual debajo del brazo.

Pautas recomendables

Éstas son algunas pautas que, por experiencia, es recomendable decidir en el proceso preliminar de dibujar los rasgos de la personalidad futbolística de nuestro equipo. En muchas de ellas, el lector advertirá que se propone una adaptación de los principios tácticos en función del planteamiento del contrario. El pensamiento más romántico del deporte invita a definir una identidad propia, independiente del contexto y del rival. Aquí se plantea una visión más pragmática, en la que, tomando la inteligencia del futbolista y del entrenador como base, éstos son capaces de leer las connotaciones tácticas que plantea el rival para realizar adaptaciones que permitan, sin renunciar a un estilo propio, ser más eficaces en busca del objetivo final: la victoria.

2.1.1 Sistema de juego

- Definir el sistema de juego principal (por ejemplo, 1-4-4-2).
- Definir un sistema de juego alternativo ofensivo (por ejemplo, 1-3-4-1-2).
- Definir un sistema de juego alternativo defensivo (por ejemplo, 1-4-1-4-1).

- Definir un sistema de juego principal de diez jugadores (por ejemplo, 1-4-3-2)
- Definir un sistema de juego alternativo de diez jugadores ofensivo (por ejemplo, 1-4-2-3).
- Definir un sistema de juego alternativo de diez jugadores defensivo (por ejemplo, 1-4-4-1).
- Definir las variantes posibles (en función de nuestro planteamiento, y de la disposición táctica del rival), que optimizarán el rendimiento de esos sistemas de juego. Esto depende de cada entrenador[2], aquí sólo pondremos algunos ejemplos:
  - Variante defensiva: Si el rival juega con un sistema 1-4-1-4-1 y nosotros utilizamos un 1-4-4-2 con presión arriba, el medio centro del rival creará muchas dudas entre nuestros delanteros y medios centro si no definimos una colocación concreta. Por ejemplo, postulamos como norma que un punta siempre marque a ese medio defensivo, mientras que el otro delantero se ocupará del central más cercano al lateral que tenga el balón.
  - Variante defensiva: Comenzamos jugando con un sistema 1-4-4-2 con repliegue y el rival nos sorprende con un arriesgado 1-3-4-1-2. En condiciones normales, nuestros dos centrales y nuestros dos medios centro (4) se encontrarán muchas veces en inferioridad numérica ante los dos medios rivales, el media punta y los dos delanteros (5). La solución, por ejemplo, será que cuando el equipo no tiene el balón pase a jugar un sistema 1-4-1-4-1, retrasando a uno de sus delanteros para crear igualdad numérica en el centro del campo.

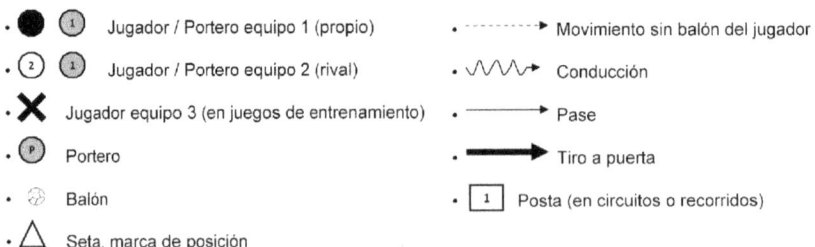

---

[2] La idea es tomar papel y bolígrafo y comparar nuestro planteamiento con otros hipotéticos, para ver qué problemas se plantean y qué soluciones vamos a aplicar.

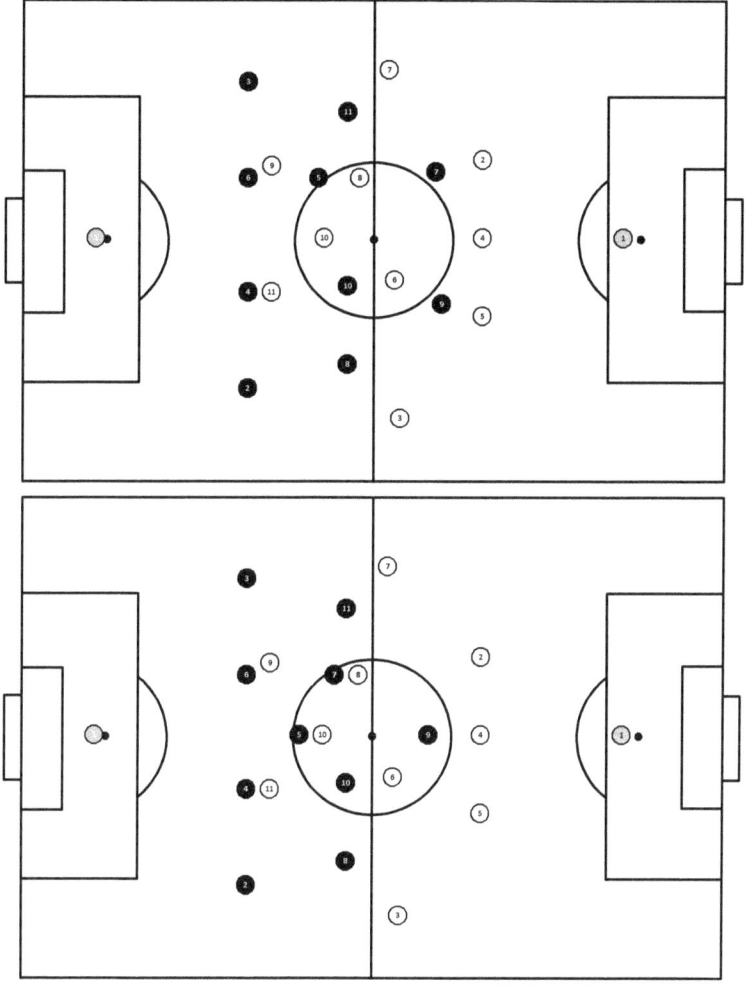

- Variante defensiva: El rival plantea un sistema 1-5-2-1-2 y queremos hacer frente a la superioridad que genera en la parcela central cuando defendemos, partiendo de un 1-4-4-2. Una alternativa podría ser colocar a los cuatro jugadores de nuestro medio campo en un dibujo 1-3, con un medio más retrasado cubriendo al media punta rival. Cuando el adversario ataque por medio de un carrilero, de éste se ocupará el interior correspondiente, mientras que el interior de la banda opuesta a la que utilice el contrario se recogerá mucho hacia el centro, colocándose como 'falso' segundo medio centro.

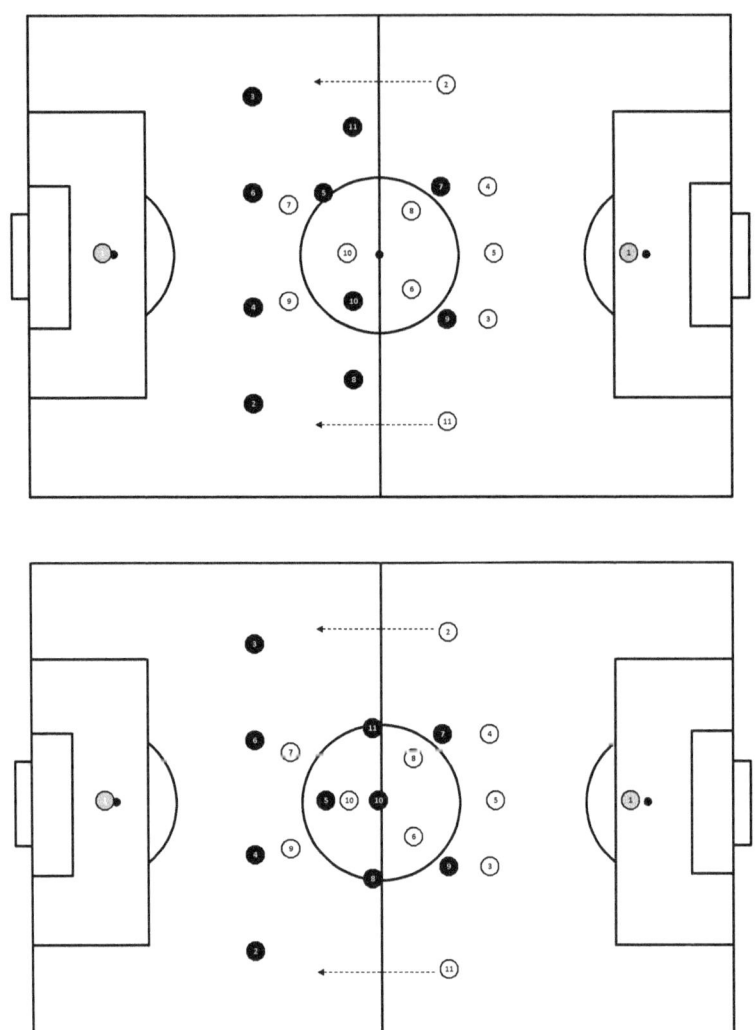

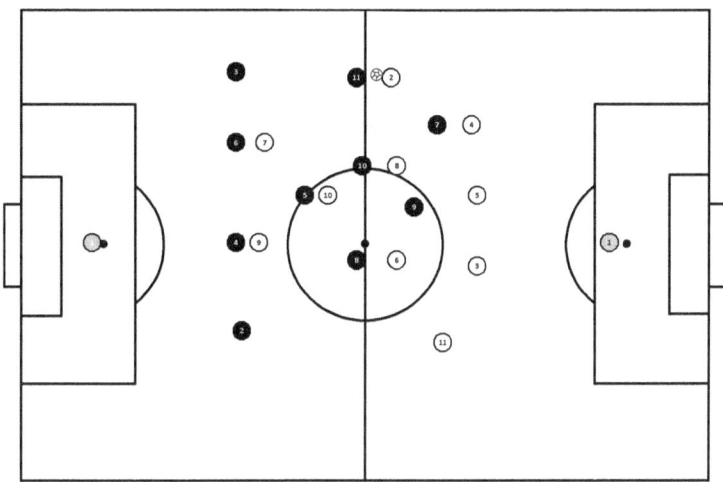

- Variante ofensiva: Ante nuestro 1-4-4-2, el rival juega con un sistema 1-4-4-2 y defiende con sus dos medios centro en paralelo. Si queremos sacar ventaja de esta circunstancia modificando el dibujo ofensivo, una opción puede ser colocar nuestro centro del campo en rombo, con la pareja de medios centro uno por delante del otro, de forma que crearemos dudas al contrario a la hora de defender y de fijar las marcas.

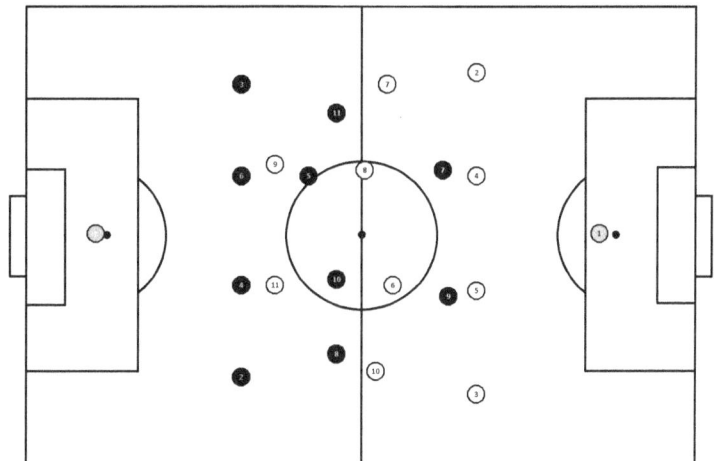

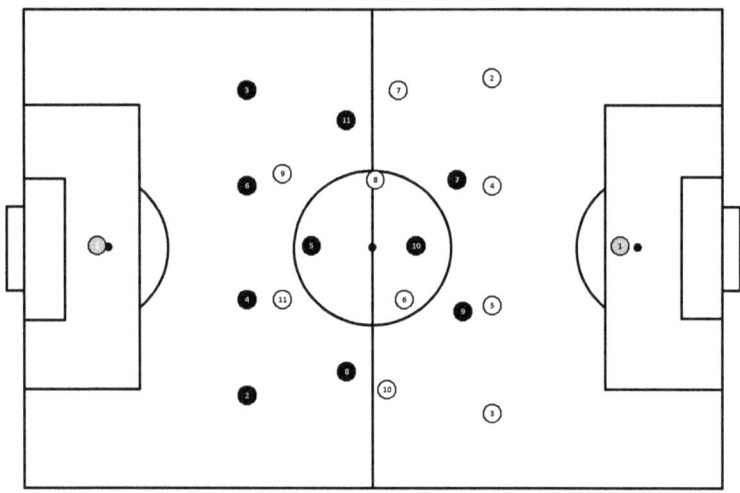

- Variante ofensiva: De nuevo, partimos de un enfrentamiento entre dos sistemas 1-4-4-2. Si el rival está marcando perfectamente a nuestros puntas y éstos apenas logran entrar en juego, podemos buscar un 'desbloqueo de la situación' variando a un 1-4-4-1-1 y colocando un media punta fijo que siempre crea muchas dudas jugando a la espalda de los medios centro rivales y varios metros por delante de la zona natural de marcaje de los centrales.

- Variante ofensiva: En cualquier sistema de juego, si detectamos una fortaleza o una debilidad extremas por parte del rival, podemos variar el sistema de juego para optimizarlo. Por ejemplo, si nos topamos con un lateral muy débil o que está rozando la expulsión, podemos desplazar a un delantero a esa banda, de forma permanente, para que intente desbordarle y generar situaciones de peligro. Si, por el contrario, el lateral se muestra totalmente inexpugnable para nuestros futbolistas de banda, podemos renunciar a ese costado en ataque y dar libertad a nuestro interior para que juegue más centrado cuando tengamos el balón, entre el medio campo y la delantera.

- También es necesario determinar cuáles de estas variantes tácticas deben ser practicadas durante los entrenamientos (lógicamente, las que creamos que más vamos a usar) y cuáles quedarán archivadas en nuestra mente para echar mano de ellas, si llega el momento, reaccionando así con mayor agilidad, durante un partido, ante un problema táctico que ya habíamos previsto. Todos los sistemas de juego, como veremos más adelante, sí deben recibir su tiempo de explicación y de entrenamiento durante la pretemporada.

2.1.2 Táctica ofensiva

- **Definir el estilo de iniciación del juego de ataque preferido**: directo[3], elaborado[4] o rápido[5]. Pero planificar el entrenamiento de los tres, puesto que será la actitud defensiva del rival la que determine cuál es el más indicado en cada situación. Por ejemplo, si el contrario presiona arriba, en todo el campo, no podremos realizar una salida del balón elaborada (asumiríamos un gran riesgo) y deberemos recurrir al juego rápido o al directo (hay que estar preparados para ello). En otro ejemplo, si el rival se repliega descaradamente y nos cede toda la iniciativa, el equipo tiene que ser paciente y recurrir a un juego predominantemente elaborado que le permita 'abrir la lata' (y, para ello, tiene que haberlo entrenado).

- Realizar un **minucioso análisis, una disección, de cada uno de estos estilos de juego**, con el fin de aislar por partes los conceptos que son clave en nuestro equipo para que funcione. Se trata de un punto muy importante y muy personal, puesto que el entrenador debe 'abrir las tripas' de estas formas de juego ofensivo y aislar los conceptos que, para él, resultan fundamentales. Consiste en analizar movimientos sin balón concretos en posiciones determinadas, pautas de coordinación entre futbolistas o patrones de sistematización de acciones técnicas... Estos conceptos se traducirán posteriormente en ejercicios tácticos con los que el míster dotará a su grupo de la personalidad que él desea. Ejemplos:

    - El tipo de juego directo que realice un equipo dependerá de las características de sus delanteros: si cuenta con un punta capaz de disputar y de bajar el balón entre los centrales, podrá buscar golpeos frontales; si dispone de atacantes rápidos pero pequeños, tendrá que recurrir a envíos diagonales, al espacio (no al pie), con el objetivo de que los delanteros se peleen con los laterales (normalmente, de menor estatura que los centrales). Entonces, ¿qué tipo de desmarques realizaremos? ¿Cómo vamos a coordinar el pase con el movimiento sin balón? ¿Qué variantes vamos a manejar para no ser repetitivos y predeci-

---

3 Entendemos por juego directo aquél que en su iniciación está basado en golpeos largos, frontales o diagonales, sobre todo por parte del portero y de los defensas, que buscan la recepción de los delanteros o de los jugadores de banda, con el fin de que el equipo gane la segunda jugada (zona de rechace) para llegar lo más rápidamente posible a las áreas de creación y finalización.

4 En el juego elaborado, el equipo poseedor del balón suele sacar de puerta en corto para después 'masticar' la jugada en la zona de iniciación. Normalmente, el contrario estará replegado (o su presión será poco intensa), presentando una gran acumulación de futbolistas en actitud defensiva en su propio medio campo. El ataque se basa por lo tanto en el movimiento constante y de calidad de los jugadores que se encuentran por delante del balón y en rápidas (importante) circulaciones de derecha a izquierda a cargo de la zaga y de los medios organizadores, con el objetivo de que el rival realice seguidas y agotadoras basculaciones defensivas hasta que cometa errores y aparezcan los espacios. El factor psicológico es el mayor enemigo de esta propuesta, puesto que el equipo asume el peso principal del juego y puede sufrir un importante desgaste mental si no progresa y, por el contrario, sufre contraataques.

5 El juego rápido trata de pasar lo antes posible de la zona de iniciación a la zona de creación, y de ésta a la de finalización. Sin pausa, pero sin prisa, podría decirse. No se salta ninguna zona (como sí hace el juego directo), pero no se entretiene en ninguna de ellas.

bles? El técnico debe prever estas situaciones y, si lo estima conveniente, planificar su entrenamiento.

- En el ataque elaborado y en el rápido, es muy importante el movimiento de los interiores y de los delanteros, para dar a los defensas opciones de salida del balón en largo y en corto. ¿Qué tipo de movimientos? El entrenador debe definirlos sobre el papel para luego ser capaz de explicarlos sobre el campo y de plasmarlos en ejercicios. Además, el técnico tiene que concretar aspectos como si quiere que los medios centro vayan a buscar el esférico muy atrás, hasta dónde pueden bajar a pedirlo los delanteros, si la pelota la sacan los laterales, si los centrales pueden golpear de forma esporádica o de qué forma se escalonan los medios centro para facilitar la salida del balón.

- Definir las pautas básicas de **colocación en las zonas de creación y de finalización**. El juego ofensivo en general debe regirse más por manejo de principios (a elección del futbolista) que por imposiciones marcadas en la pizarra, pero sí es necesario delimitar un orden mínimo que aborde cuestiones como:
  - Definir el papel de los laterales a partir de la zona de creación (¿se incorporan al ataque? ¿de qué forma?).
  - ¿Cuántos jugadores mantendremos por delante y por detrás del balón como norma general?
  - ¿Basaremos nuestro ataque en las bandas o lo haremos en la zona central?
  - ¿Cómo se colocarán los medios centro? ¿Tendremos uno ofensivo y otro defensivo o se incorporarán en función de las circunstancias? Y, si la pelota está en la banda, ¿qué jugadores darán un apoyo por delante del balón y cuáles por detrás? ¿Debe caer el medio centro a la banda? ¿Qué grado de libertad tiene?
  - ¿Los puntas tienen permiso para caer a los costados o deben fijar su posición en el centro, para buscar el remate? ¿Dependerá esto del futbolista concreto que juegue (de sus características)?

- Definir los **principios ofensivos generales** que queremos que nuestro equipo maneje en las **zonas de iniciación, creación y finalización** y que nuestro cuerpo técnico debe repetir desde el primer día para que se ejecuten. Por ejemplo: pensar muy rápido y no retener el balón, pasar y moverse, un toque mejor que dos (fomentar las paredes) y dos mejor que tres, buscar amplitud, tocar de cara siempre que sea necesario (un pase hacia atrás puede ser la mejor forma de seguir hacia delante), encarar o intentar el uno contra uno cerca del área rival, o buscar cambios de orientación y cambios de ritmo.

- Un capítulo especial en este apartado merece el movimiento sin balón, fundamental para que cualquier equipo funcione ofensivamente. Hay que incidir en los apoyos, en los desmarques, en la creación, ocupación y aprovechamiento de espacios, y en los movimientos específicos de cada posición que podemos enseñar a partir de nuestra propia experiencia.

- **Principios ofensivos específicos de la zona de finalización**. Hay que definir los conceptos que consideremos más importantes dentro de la zona de finalización para que el equipo los asuma desde el primer día. Por ejemplo: automatizar la secuencia 'tiro – ir al rechace', aprender a decidir entre la acción de disparo o la de pase según la jugada (táctica del tiro a puerta), establecer la colocación general para la entrada al remate cuando se produce un centro desde la banda o definir los movimientos sin balón específicos de esta zona que estimamos fundamentales, como podrían ser la ruptura del fuera de juego, los desmarques o los movimientos de creación, ocupación y aprovechamiento de espacios. Es recomendable que todos los jugadores intervengan en la mayoría de estos ejercicios, porque cualquier futbolista de cualquier demarcación puede verse implicado en una situación de finalización y su acierto o su fallo pueden decidir un partido.

- Definir el estilo de juego de **contraataque** preferido. En función del planteamiento defensivo que escojamos (ver siguiente apartado), los contragolpes se iniciarán más cerca de la portería rival (si hemos presionado arriba) o más lejos (si hemos replegado). Es necesario definir los conceptos tácticos y las pautas que nuestro equipo manejará cuando ejecute sus contraataques. Por ejemplo: contragolpe directo (pase largo a los delanteros), amplitud (buscaremos a los jugadores de banda, que se incorporarán rápidamente a la acción), número de efectivos que se suman a la jugada y principios generales del contraataque, como la velocidad de las transiciones defensa-ataque, realizar pocos pases, evitar los 1x1, la profundidad ofensiva o los cambios de orientación.

- **Saber competir (cuando tenemos el balón)**. Definir los conceptos que el entrenador estima vitales para dotar al equipo de un carácter práctico y competitivo. Es lo que se llama 'el otro fútbol', que da puntos a lo largo de la competición. Ofensivamente, podríamos poner varios ejemplos: no realizar acciones de riesgo en ciertas zonas del campo o en circunstancias inapropiadas (el típico regate en defensa o el intento de un control en el lugar en el que procedía un despeje), manejar los tiempos de saque de un balón parado (tanto para hacerlo rápido, como para ralentizarlo) o provocar el uno contra uno frente a rivales amonestados con tarjeta amarilla. También entraría en este punto la clásica disyuntiva cuando un jugador recibe el cuero estando de espaldas a la portería contraria: ¿intenta girar o protege el balón y toca de cara? Normalmente, los futbolistas optan por la primera opción, independientemente de la zona del campo en la que se encuentren y asumiendo por lo tanto grandes riesgos sin que el premio en caso de tener éxito sea importante. El entrenador puede enseñar a sus jugadores a reservar estas acciones de más riesgo para zonas cercanas al área, mientras que reducirá las pérdidas en medio campo si consigue que elijan la protección y el toque de cara cuando se encuentren del centro para atrás.

2.1.3 Táctica defensiva

- Definir el **planteamiento defensivo preferido**. Por ejemplo: repliegue intensivo.

- Definir otros **planteamientos defensivos alternativos** que vamos a practicar y a manejar durante la competición. Por ejemplo: repliegue medio o presión de los puntas.

    Para ilustrar los dos puntos anteriores, un equipo puede tener varios planteamientos defensivos ensayados y elegir el más idóneo en función de las características ofensivas del rival o de las circunstancias del partido.

    En el primer caso, por ejemplo, teniendo en cuenta la forma de juego del contrario, si éste suele arriesgar en la salida del balón, una buena opción sería realizar una presión arriba que intentara sacar partido de esa circunstancia; por el contrario, si el rival utiliza el juego directo constantemente, la defensa deberá retrasar su posición y el centro del campo cubrirá las zonas de rechace, mientras que los puntas pueden guardar el equilibrio, respetando la distancia entre líneas, o pueden descolgarse conscientemente para taponar en la medida de lo posible los golpeos de los defensas.

    Pero si atendemos al devenir del encuentro o a las características que lo rodean (segundo caso), puede que, a pesar de que nuestra seña de identidad habitual sea el repliegue, en un determinado momento necesitemos un gol de forma ineludible, por lo que arriesgaremos con una fuerte presión arriba, independientemente del tipo de juego que esté practicando el contrario.

    Es interesante definir unos nombres en clave para estos distintos planteamientos defensivos. Imaginemos que queremos sorprender al rival presionándole arriba a partir del minuto 20 de partido y no tenemos más remedio que decir a nuestros jugadores: "chavales, ¡presionamos arriba!". Obviamente, perderemos el factor sorpresa. Podemos identificar la presión arriba como '1' y el repliegue, como '2' (o con cualquier otro código). Dar y entender la orden será muy fácil y la haremos imperceptible para el contrario.

- Lento cambio de planes en Valdebebas

Hay que ser especialmente cuidadosos con los cambios de planteamiento defensivo que se ordenan en medio de un partido porque pueden generar desajustes temporales que ocasionen un disgusto. En la temporada 2008-2009, el Juvenil B del C.F. Rayo Majadahonda se enfrentó al Real Madrid 'B' en la Ciudad Real Madrid, en Valdebebas. El planteamiento defensivo fue atrevido e incluso temerario, porque quisimos presionar al rival arriba del todo, para obstaculizar de raíz su salida del balón, siempre elaborada.

Se trata de una idea que deja de tener sentido cuando la distancia de nivel entre ambos equipos supera unos límites y es demasiado grande, como fue el caso. En sólo cinco minutos, el ritmo del partido era tan alto que parecía que se había jugado ya media hora y el Majadahonda se había fundido físicamente.

Entonces, desde el banquillo se dio la orden de pasar a un planteamiento de repliegue, que permitiera recobrar el aliento. Sin embargo, este tipo de órdenes se introducen en el terreno de juego por la zona cercana al banquillo y tardan unos instantes en llegar a la parte más alejada del campo. De esta forma, el interior izquierdo fue el último en recibir la consigna y salió a presionar un saque de meta, mientras que el resto del equipo no le acompañó. Eso generó un gran espacio en ese costado, que el Real Madrid aprovechó a la perfección para tejer la jugada que generó el 1-0.

Lo recomendable es elegir bien el momento de anunciar el cambio de táctica y procurar informar, en primer lugar, a las demarcaciones que son más importantes para que esa variación tenga éxito. En el ejemplo anterior, si el interior izquierdo hubiera estado al tanto, no hubiera salido a presionar y, si él no lo hubiera hecho, el resto del equipo no se habría movido, aunque no hubiera sabido por qué.

En este sentido, es interesante que los propios jugadores sean conscientes de la importancia de esas pautas a la hora de transmitir la información. De este modo, si el capitán recibe una orden, la comunicará primero a los compañeros más afectados por la misma y no perderá el tiempo en hablar antes con los más cercanos. Seguirá un criterio de prioridad y no uno de proximidad.

- **Conceptos defensivos individuales**. Definir los conceptos defensivos, técnicos y tácticos, que el entrenador considera clave para el óptimo rendimiento defensivo de cada jugador, de forma individual. Por ejemplo: la anticipación (concentración, pensar y actitud activa), la finta defensiva, máxima agresividad siempre que encima a un contrario, voluntad permanente de no dejar pensar al contrario poseedor del esférico, espíritu de sacrificio individual, optimización de la técnica de entrada y de carga, optimización de la técnica y la táctica del salto y la defensa del balón aéreo, o la colocación óptima en la zona de rechace. Serán premisas importantes para el cuerpo técnico, y repetidas constantemente en entrenamientos y partidos.

- **Conceptos defensivos por líneas**. Definir los conceptos tácticos defensivos que el entrenador considera clave para el óptimo rendimiento defensivo de cada una de las líneas, por separado. Por ejemplo:
  - Defensa:
    › Concentración, agresividad y contundencia.
    › Basculaciones (rápidas y correctas), coberturas, permutas, pautas para abandonar la zona para perseguir a un contrario y los desdoblamientos defensivos consiguientes. Todo lo anterior, en función de lo adelantada que esté la línea defensiva.
    › Especial atención a la espalda de los laterales.
    › Mantenimiento de la línea (achique y repliegue).
    › Voz de mando.
    › Fuera de juego (¿hay árbitros asistentes?).
    › Vigilancia ofensiva (prevención del contraataque).
    › Defensa del juego aéreo (coordinación, coberturas y permutas).
    › Adaptaciones ante distintas formas de ataque del rival (tanto sistemas de juego, como tácticas ofensivas).
  - Medio campo:
    › Escalonamiento como norma general.
    › Medios centro: presión-cobertura. Uno presiona al poseedor del balón y el compañero guarda su espalda (cobertura).
    › Línea diagonal cuando el esférico está en una banda. El medio de la banda contraria se recoge hacia el interior del centro del campo para crear superioridad en esa zona.
    › Si el rival alcanza posiciones de centro y remate, hay que definir la forma como el centro del campo ayudará a la defensa. Hay quien opta por colocar al interior de la banda contraria como falso lateral, para permitir que el 'verdadero' bascule hasta la parte central del campo, mientras que otra opción consiste en que un medio centro se incruste en el centro de la defensa, de forma que el lateral no tenga que bascular.
    › Defensa del juego aéreo y defensa de las zonas de rechace.
    › Adaptaciones ante distintas formas de ataque del rival (tanto sistemas de juego, como tácticas ofensivas).

- Delanteros:
    > Actitud y compromiso defensivos. Concienciación de su importancia como primera línea de defensa del equipo.
    > Delimitación de sus obligaciones. Hasta dónde deben defender (a muerte) y a partir de dónde quedan limitados a la vigilancia defensiva y al contraataque.
    > Desdoblamientos defensivos. Cuándo y cómo deben asumir el papel de un compañero (con todas las consecuencias y hasta el final) porque éste ha quedado excluido de la jugada.
    > La importancia de los cambios de ritmo defensivos para sorprender al rival.
    > Exigirles que sean inteligentes en el juego defensivo (y que piensen y sean activos), así como lo quieren ser en el ofensivo.
    > Vigilancia defensiva: deben evitar que el rival juegue para atrás; deben cortar su retirada.
- **Conceptos defensivos del bloque**. Definir los conceptos tácticos defensivos que el entrenador considera clave para el óptimo rendimiento defensivo del colectivo. Por ejemplo:
  - Según el planteamiento del equipo, hay que inculcar una predisposición especial a los jugadores para llevarlo a cabo con éxito, además de algunos conceptos tácticos específicos:
    > En el caso de la presión arriba, el futbolista necesita una actitud muy concreta:
      1. Capacidad para seleccionar (conforme a lo entrenado) los puntos de presión convenidos.
      2. Creer en lo que se está haciendo. El jugador debe estar convencido de que el equipo va a robar el balón de esta forma y de que los compañeros le van a acompañar en la presión. No debe haber dudas.
      3. Partiendo de lo anterior, tiene que manifestarse un alto nivel de agresividad.
      4. No mirar atrás. El futbolista no puede albergar dudas sobre si su espalda está cubierta o no.
      5. Deben repetirse a sí mismos la frase 'si me despisto, arruino el esfuerzo de todo el equipo'. Efectivamente, presionar arriba supone un gran desgaste para los jugadores y el fallo de un compañero hace que el rival encuentre huecos a través de los cuales supera el planteamiento y tira por tierra el trabajo colectivo.

6. No entrar de golpe (hay que evitar que el rival logre superioridad numérica mediante el regate).
7. El jugador debe ser consciente de que no presiona para robar él mismo el balón. Se trata de anular los espacios y las opciones de pase en torno al poseedor para que, de una forma u otra, su equipo termine por perder la pelota.
8. Por último, el grupo debe conocer y estar dispuesto a manejar (sacrificio) un plan B, por si la presión falla. En ese caso, el repliegue debe ser comprometido (por rapidez y por número de efectivos).

› Si hablamos de un planteamiento de repliegue, habrá que preparar al futbolista psicológicamente:
1. Disciplina y sacrificio para volver al punto de partida convenido cuando se pierde la pelota (rápida y solidaria transición ataque-defensa).
2. Mentalidad paciente y dispuesta a ceder el control del balón al rival durante un tiempo indefinido.
3. Replegar no significa ser blandos ni renunciar a la presión. Ésta se efectúa, pero en otro punto del campo. Cuando el contrario llegue a esa zona determinada para la presión, hay que ahogar su juego. Si la zona de presión se encuentra más cerca de nuestra portería, con mayor motivo debe ser asfixiante. Como suele decirse, hay que 'morder' a partir de la zona estipulada.

Hay futbolistas que, debido a su personalidad, son más indicados e incluso muestran una mejor actitud para un tipo de planteamiento defensivo concreto. Por el contrario, los hay que se adaptan especialmente mal a otro. Es importante detectar lo antes posible esa predisposición natural de cada miembro de nuestra plantilla porque jugadores clave en un esquema determinado pueden encontrar muchos problemas para llevar a cabo misiones defensivas concretas.

Por ejemplo, imaginemos un futbolista con una gran calidad al que, pensando en la parcela ofensiva, hemos situado cerca de la banda porque allí rinde bien cuando tenemos el balón. Normalmente, practicamos un planteamiento de repliegue y este jugador se siente cómodo defendiendo en su medio campo, arropado por sus compañeros. Pero, de cara a un partido determinado, variamos la táctica defensiva y decidimos presionar arriba. Mantenemos a este futbolista porque su rendimiento es bueno en general, pero pasamos por alto que es un chaval que, porque no sabe o porque no cree en ella, presiona muy mal arriba del todo: va sin convicción, sin agresividad, llega tarde y permite que el poseedor del balón piense. Un individuo de este tipo puede arruinar de raíz toda la táctica colectiva del equipo.

La solución no tiene por qué ser desterrarle desde el principio de la alineación titular. Más bien, en primer lugar debemos hacer un esfuerzo para detectar esa carencia y, en segundo, trabajar durante la pretemporada para enseñarle a automatizar una serie de movimientos y de comportamientos que le permitan al menos 'cumplir' en la presión arriba y seguir explotando sus cualidades en el resto de facetas del juego.

- Definir la forma de realizar las **transiciones ataque-defensa** y los conceptos clave que, en este sentido, repetiremos una y otra vez para que los chavales los asimilen. En función del planteamiento defensivo general, los futbolistas replegarán hasta una determinada zona del campo cuando pierdan la posesión del balón. Es necesario definir de qué forma se realizará ese repliegue y de qué manera ganaremos tiempo (temporización) para lograrlo. Además, acerca de los conceptos clave, deberemos incidir, por ejemplo, en: sacrificio, comunicación, rapidez o coordinación. Y no hay que olvidar la gran importancia de recurrir a una falta lo más lejos posible para cortar de raíz un contraataque.

- Definir el **posicionamiento general para las zonas de rechace**. Como si se tratara de un sistema de juego, las zonas de rechace pueden ser definidas y practicadas del mismo modo. Se trata de establecer: 'si el balón cae aquí, ¿dónde debemos colocar a los jugadores para cubrir la zona de rechace y dónde debemos intentar mandar ese esférico para que siga siendo nuestro?'. Lo importante de una disputa aérea o de un balón dividido no es quién lo gana en primera instancia, sino quién se hace con él de forma definitiva (quién gana la zona de rechace). Es importante automatizar los movimientos de los jugadores para que, cuando se produzca la disputa de una pelota dividida, estemos bien colocados y el futbolista implicado en la lucha sepa sin mirar dónde estarán colocados sus compañeros.

- **Saber competir (cuando no tenemos la posesión)**. Defensivamente, manejaríamos por ejemplo: la gestión de las faltas y de las tarjetas, cortar a tiempo y de forma eficaz las jugadas de contraataque del rival, no dar la espalda a una falta a favor del contrario o favorecer su saque rápido (dejando el esférico muerto, por ejemplo), la contundencia en acciones defensivas puntuales (despejar en lugar de intentar controlar un balón peligroso), entrar fuerte a todos los balones divididos o no dejarse sorprender por saques rápidos del contrario o por acciones de estrategia que tratan de explotar nuestra falta de concentración en un momento dado.

2.1.4 El papel del portero

Al margen del planteamiento ofensivo y defensivo del grupo, el portero desempeña un rol específico y fundamental dentro de cualquier equipo, por lo que es aconsejable que dediquemos tiempo a pensar qué esperamos de los jugadores que ocupen esta posición. Ejemplos:

Juego ofensivo:

- **Saques**. Ya sea a balón parado o en movimiento, el portero es el responsable de decidir cómo iniciará el juego ofensivo nuestro equipo en un porcentaje altísimo de las acciones de ataque. Por este motivo, es necesario definir cómo le orientaremos a la hora de realizar sus saques, manejando diferentes variables:
    > ¿Saque rápido para buscar el contraataque o pausar el juego demorando el lanzamiento? (Es importante que sepa leer el planteamiento defensivo del rival y las condiciones actuales del partido).
    > ¿Saque largo o corto?
    > Si se opta por el saque largo, ¿dirigido al centro o a las bandas? (¿con qué tipo de delanteros contamos?)

Juego defensivo:

- **Líder de la defensa**. El portero debe involucrarse en los ejercicios que realice la defensa. Debe entender, lo antes y lo mejor posible, cómo se comporta el equipo cuando no tiene el balón y debe ayudar a sus compañeros, hablándoles, a llevar el planteamiento a cabo, aprovechando su visión panorámica. Es más importante que el portero entienda su rol y la responsabilidad que puede llegar a tener en el buen funcionamiento del engranaje defensivo del grupo, que el tópico habitual de que se pase hablando (muchas veces sin ton ni son) todo el partido.
- Estrategia defensiva:
    > Responsabilidad. Si él es el máximo responsable de la organización de la estrategia defensiva, es aconsejable remarcar este punto (no tiene por qué serlo necesariamente, pues también podría asumir este rol un defensa o el capitán del equipo).
    > Barrera lateral. Pautas que manejará para evitar el saque rápido del contrario (colocar a alguien delante del balón con rapidez).
    > Barrera frontal. No es lo mismo colocar una barrera cuando hay posibilidades de que el lanzador pueda buscar el tiro directo que

cuando intuimos un centro al área (atendiendo a su pierna de golpeo y a su posición respecto al balón). Si la falta tiene como resultado un pase al área y colocamos a nuestros jugadores más altos en la barrera, probablemente quedaremos desguarnecidos en la defensa del balón aéreo.

> Marcajes. Proveerle con las pautas que queremos que maneje para la distribución de los marcajes. Por ejemplo, los más altos con los más altos o un marcaje especial a un rival.
> Hombres libres. Dónde colocar a los jugadores que puedan sobrar en las marcas.
> Zonas de rechace. Concienciarle sobre la importancia de las zonas de rechace y darle las pautas necesarias para protegerlas.

2.1.5 Estrategia ofensiva

Bien es sabido que del éxito de la estrategia ofensiva proviene un alto porcentaje de los puntos logrados a lo largo de una temporada. En muchas ocasiones, un equipo que es muy superior a otro, domina el encuentro y genera muchas oportunidades de gol, pero es el balón parado el medio a través del que consigue plasmar esa superioridad. En el extremo opuesto, un conjunto acorralado por otro netamente mejor tal vez sólo pueda encomendarse a las jugadas de estrategia para arañar un resultado positivo.

Éstas son las recomendaciones generales en lo que concierne al diseño de la estrategia ofensiva del equipo:

- **Poco y bueno**. La experiencia dice que es mejor tener tres jugadas bien ensayadas y aprendidas (y que salen) que no diez, con multitud de señas y variables, casi imposibles de recordar (y menos aún de llevar a la práctica).
- **Para todas las acciones**. Hay que prever la estrategia ofensiva que realizaremos en saques de esquina y en faltas laterales, pero también en los lanzamientos de banda (e incluso los saques de centro y otros).
  - Saques de banda. En este caso concreto, deberíamos prever qué haremos en un lanzamiento de banda, en función de si se produce en la zona de iniciación, creación o finalización porque, obviamente, son situaciones totalmente distintas.
- **Sumando los dos puntos anteriores**, lo aconsejable es diseñar dos o tres jugadas para cada situación de balón parado, siempre en función de su importancia (tal vez, cuatro saques de esquina y sólo un lanzamiento de banda en la zona de iniciación).

- **Dedicar tiempo para seleccionar al lanzador**. Antes de dedicar horas al entrenamiento de las jugadas de estrategia, es imperativo determinar qué futbolista es el indicado para botar cada una de las acciones. Sin duda, es un aspecto clave al que deberemos otorgar prioridad en la pretemporada. ¿Quiénes tienen el mayor talento dentro de la plantilla para ejecutar cada uno de los saques?
- **Acciones de diez jugadores**. Diseñar situaciones de estrategia ofensiva no consiste sólo en delimitar el posicionamiento y los movimientos de los futbolistas implicados directamente, sino que hay que prever la colocación y el rol de los once jugadores, aunque sea para tener claro que serán ellos quienes realicen las vigilancias ofensivas.
- **Protocolo claro sobre el orden y el lanzador**. Por último, es recomendable definir un protocolo muy claro sobre qué jugada se va a ejecutar en un momento dado y quién va a poner en movimiento el balón en cada caso (jerarquía).
- Recomendaciones específicas:
  - <u>Estrategia abierta</u>. Las jugadas de estrategia no siempre consisten en trazar todos los movimientos y la trayectoria exacta que debe seguir la pelota. En muchas ocasiones, pueden pautar únicamente los movimientos sin balón, aportando varias opciones al lanzador. Eso implica, además, que la jugada será imprevisible para el contrario y que, de una sola acción, se derivarán muchas variables espontáneas.
  - En los saques de banda cerca del área rival, algo tan sencillo como lograr <u>que el lanzador vuelva a recibir</u>, habilitándolo para colocar un centro al área puede resultar una jugada muy interesante. Por una parte, la mayoría de los equipos defienden muy mal estas situaciones y nadie se ocupa del futbolista que ha sacado, y, por otra parte, ¿no firmaríamos de antemano el poder colgar un buen centro al área, casi sin oposición, por un jugador especialista en este tipo de golpeos (no tiene por qué sacar el lateral, sino que puede hacerlo quien más nos convenga)? A partir de ahí, habrá que apurar las opciones de acabar en gol colocando a nuestros mejores rematadores en el área y cubriendo bien la zona de rechace.
  - Como continuación del punto anterior, <u>el futbolista que saca de banda también es una buena opción para realizar un golpeo en largo</u> (tras haberle sido devuelta la pelota) cuando nos encontramos presionados en un saque de banda ofensivo en la zona de iniciación. El juego directo suele ser el mejor recurso para solucionar este tipo de lanzamientos, si es que el rival decide presionar arriba.

- En los saques de falta lateral y en los lanzamientos de esquina, la experiencia dice que lo más importante para tener éxito (gol) no es afinar al máximo las jugadas trazadas con escuadra y cartabón, sino contar realmente con buenos rematadores y con un mejor lanzador. Si los tenemos, la probabilidad de acabar en remate y en gol es alta, aunque (siendo extremistas) no ensayemos nada de nada. Esto es la piedra angular de la estrategia ofensiva y nos puede ahorrar mucho tiempo y esfuerzo. Por este motivo, como ya se ha dicho, durante la pretemporada hay que dedicar tiempo a identificar a los mejores lanzadores del equipo y a los mejores rematadores.

    Después de muchas horas practicando todo tipo de jugadas de estrategia sin demasiado éxito en los partidos de competición, el entrenador del primer equipo del Distrito Este de la temporada 2006-2007 decidió dar libertad a su lanzador y a sus rematadores para sacar los córners y las faltas como quisieran, a partir de unas pautas muy simples de organización. Sin complejas acciones que recordar, los futbolistas pudieron centrarse sólo en desplegar su talento (que era mucho). El promedio de eficacia en este tipo de jugadas mejoró enormemente y el equipo obtuvo su beneficio en forma de goles y de puntos.

- Igualmente, en los saques de falta frontales, el golpeo directo, si contamos con un especialista, puede ser la mejor jugada de estrategia, evitando acciones previas que nos hagan perder eficacia.

- En los saques de falta con barrera, hay que tener en cuenta el número de jugadores que el rival coloca en ésta con el fin de evitar que se produzca una situación de inferioridad numérica en una hipotética contra. Por ejemplo, si el contrario no deja a ningún delantero arriba (defiende con once), puede que nos parezca razonable cerrar con sólo dos defensas. Pero si el rival sitúa a cuatro futbolistas en la barrera y nosotros tenemos un lanzador y otros siete compañeros por delante del balón (cinco al remate y dos al rechace), estamos abriendo la posibilidad de que el rival contraataque en un 4x3 si la pelota se estrella en la barrera. Son situaciones en las que el entrenador está pendiente de la jugada ofensiva y es difícil advertir este tipo de circunstancias.

- Es recomendable definir qué hacemos con las faltas muy lejanas. Los equipos suelen dejarlas a la improvisación y los chavales no saben si tienen que colgarlas al área (¿se incorporan los centrales?) o si han de circular en defensa. Se trata, simplemente, de haberlo definido previamente.

- También se suele dejar a la improvisación, jugadas tan poco frecuentes, pero peligrosas para el rival, como <u>libres indirectos o balones a tierra señalados dentro del área contraria</u>. Unas pautas muy sencillas y fáciles de recordar (a lo mejor no hacen falta hasta meses después de haberlas explicado) pueden facilitar el aprovechamiento de estas situaciones e incluso dar lugar a la conquista de puntos.

- En ocasiones, por circunstancias puntuales, es necesario idear <u>estrategias en situaciones inusuales</u>. Por ejemplo, si no contamos con un portero o con un defensa capaz de golpear en largo con la suficiente potencia, tal vez deberemos idear varias jugadas de estrategia ofensiva de saque de meta para poner el balón en movimiento con el mayor éxito posible. También valdría el ejemplo extremo de un equipo que no tenga en sus filas a un lanzador fiable de penaltis: la solución podría pasar por planear una jugada de estrategia que aumente las posibilidades de acabar en gol.

- A veces, <u>el planteamiento defensivo del contrario condiciona la estrategia ofensiva que habíamos previsto</u>. Por ejemplo, en un lanzamiento de esquina, teníamos planeado cerrar con dos futbolistas en defensa, pero nos encontramos con que el rival deja tres atacantes. Otro hipotético caso sería que nuestra jugada estuviera basada en un marcaje al hombre por parte del contrario, pero nos sorprende con otro de tipo zonal que despoja de sentido a nuestro plan. Es aconsejable prever estas situaciones y pensar cómo responderíamos ante ellas.

2.1.6 Estrategia defensiva

- En primer lugar, se trata de definir las siguientes dos variables para todas las acciones a balón parado que pueden darse en un partido:
  - **Colocación y rol defensivo** (y ofensivo, en la fase de contraataque) de los futbolistas.
    - › Variantes en función del comportamiento del rival. Por ejemplo, en un saque de esquina, determinar cómo actuaremos si el contrario saca en corto y no en largo.
  - **Tipo de marcaje** que utilizaremos.
    - › Posibles variantes en el tipo de marcaje, en función de las características del adversario. Por ejemplo, si cuenta con un jugador extremadamente grande y alto, tal vez tengamos que marcarle con dos defensores (uno por delante y otro por detrás).

- Además, es importante dotar a nuestros chavales con una **identidad muy agresiva y eficaz en la defensa de los balones parados**. Se trata del talón de Aquiles más generalizado en la mayoría de los conjuntos, por lo que un equipo que defienda bien este tipo de jugadas, ganará muchos enteros en la competición. A modo de ejemplo, éstos son algunos conceptos que podríamos manejar y repetir constantemente a nuestros futbolistas:
  - En la marca (entre portería y jugador), la mirada debe centrarse en el balón, mientras que al adversario lo seguiremos mediante un firme contacto físico, que mantendremos con el brazo extendido, sin agarrarle.
  - La posición del cuerpo siempre debe ser lateral respecto a la portería, pero frontal tomando como referencia el balón.
  - Los dos puntos anteriores nos permitirán tomar al esférico como prioridad, sin perder la marca del contrario (en la mayoría de los casos, el defensor se preocupa sobre todo por perseguir al rival y, cuando llega el momento de saltar, se encuentra en clara desventaja porque ha perdido de vista la pelota).
  - Hay que añadir grandes dosis de concentración, comunicación, agresividad y contundencia, además de un dominio individual del juego aéreo que requiere aplicación y sacrificio en los entrenamientos.
- **Protocolo claro para fijar las marcas**. Es muy importante definir igualmente un buen protocolo para fijar las marcas de la forma más rápida y eficaz posible (nunca demos por hecho que los más altos marcarán a los rivales más altos por iniciativa propia: alguien tendrá que poner orden dentro del área).
- Otras recomendaciones en el diseño de la estrategia defensiva:
  - En los saques de banda defensivos, es recomendable:
    - Presionarlos siempre (y bien), incluso muy lejos de la portería propia, ya que constituyen un auténtico problema para el equipo que debe ejecutarlos y es fácil sacar un beneficio de ellos.
    - Prever la marca del jugador que saca. Como veíamos en la estrategia ofensiva, la devolución sobre él es una muy buena opción para salir de la presión del contrario.
  - En los saques de falta lateral, es recomendable planear la colocación de un futbolista 'a la corta', algo que no siempre se hace.
  - En los lanzamientos de falta con barrera, los jugadores que la conforman deben ser conscientes del importante papel defensivo y ofensivo

que juegan, una vez que el balón les haya sobrepasado: tienen la obligación de sumarse a la disputa en la zona de rechace y constituyen la fuerza principal de contraataque si el equipo recupera el balón (ni siquiera es necesario dejar delanteros expresamente descolgados porque éstos procedentes de la barrera llegan desde atrás, sorprendiendo al contrario).

- En los lanzamientos de esquina, cuando planeemos la defensa del saque corto del rival, hay que tener en cuenta que este tipo de jugadas involucran, al menos, a dos jugadores contrarios, por lo que tenemos que movilizar como mínimo a otros dos defensores (y no a uno, como se hace muchas veces).

- Gran parte de las estrategias ofensivas recurren al uso de bloqueos. Es necesario, por lo tanto, entrenar la forma de defender este tipo de jugadas.

  › Explicaremos una de las fórmulas válidas para anular un bloqueo ofensivo del contrario: El defensor A marca al delantero A y el defensor B hace lo propio con el delantero B. En la jugada de ejemplo, el delantero A bloquea al defensor B para liberar a su compañero (delantero B). El defensor A debe reaccionar rápido y dejar de perseguir al delantero A para centrarse en la marca del delantero B. Se trata de un intercambio de marcas. La clave es que los defensas tengan una actitud activa y que hayan entrenado este tipo de jugadas para detectarlas lo antes posible, con el fin de intercambiar las marcas a tiempo.

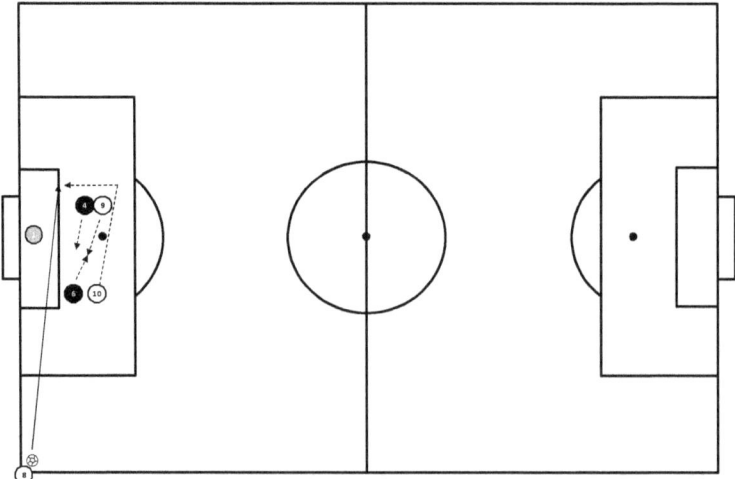

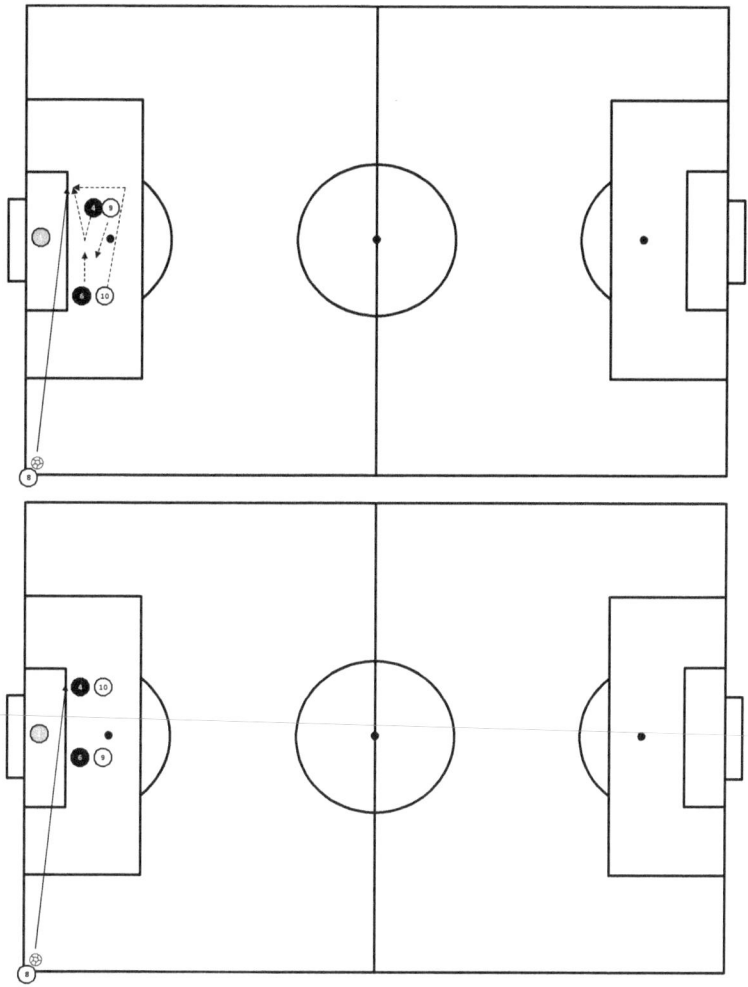

2.1.7. Saber competir

Competir es pasar de la teoría de los entrenamientos a la práctica de los partidos en los que hay puntos en juego. Muchos son los futbolistas y los equipos que aúnan talento e inteligencia táctica y que son capaces de plasmar todo su potencial en entrenamientos y encuentros amistosos. Sin embargo, la competición arroja tantas variantes y tan decisivas que, si no son bien manejadas, pueden arruinar el rendimiento del grupo.

Por este motivo, cada entrenador debe analizar qué conceptos son para él ineludibles a la hora de que sus jugadores plasmen el domingo todo lo que han ensayado durante la semana.

Ya hemos visto varios ejemplos al hablar de las tácticas ofensiva y defensiva, pero hay muchos otros, que son generales y que abordaremos ahora:

- Aunque pueda parecer extraño, muchos deportistas no poseen de forma innata una **mentalidad ganadora** y, por el contrario, son conformistas y poco ambiciosos. Esto es un auténtico cáncer para un equipo. Y aunque por fortuna no tuviéramos ese problema, el exceso de hambre de victoria nunca será negativo. Por ello, es necesario dotar al futbolista de una mentalidad competitiva y ganadora. En el mayor número posible de ejercicios durante los entrenamientos, y en los mensajes que transmitamos a la plantilla, la competitividad debe estar presente y hay que procurar que ningún jugador sea conformista: todos deben buscar la victoria en esos ensayos. Hay que cultivar el hambre de ganar día a día. Luego, se verá reflejado en el campo.

- **Leer los partidos**. Cada encuentro y cada momento del mismo requieren ser tratados de formas distintas. No podemos pensar que jugaremos igual en el minuto 1 de partido, con 0-0, o en el minuto 95, con 1-0 a favor y con diez jugadores. Que el grupo, en general, y cada uno de sus integrantes, en particular, sepan leer el encuentro y actuar en consonancia con lo que requiere la situación puede darnos puntos a lo largo de la temporada y, sobre todo, puede evitar que los perdamos. Nuestro equipo debe saber cómo **'cerrar los partidos'** que tiene ganados. No se trata de colgar a los once futbolistas del larguero, pero sí consiste en que sean conscientes de que vamos ganando 0-1 y que restan sólo diez minutos: no es el momento de que el lateral derecho coja el balón y arranque desde su posición, en conducción, en dirección al centro del campo, abandonando su sitio y dejando su espalda totalmente descubierta. Tal vez sea más pertinente mantener a toda costa el orden y tratar de jugar fácil, abortando las pérdidas innecesarias y, sobre todo, evitando dar facilidades al rival.

  Para entrenar este aspecto de forma colectiva y general, la competición y el análisis de los fallos y aciertos cometidos durante la misma son la mejor fórmula para que el jugador aprenda y acumule experiencia. Pero también podemos intentar anticiparnos en la medida de lo posible planteando ejercicios en los que se manifiesten este tipo de situaciones. Simplemente marcando los tiempos de un partido de entrenamiento (y no jugándolo de forma lineal e intemporal de principio a fin) e incidiendo en circunstancias como el marcador, el minuto de juego o las zonas del campo en las que se puede arriesgar más o menos, estaremos aportando experiencia al grupo para manejar con inteligencia los encuentros reales.

- **Jugadores 'cabezotas'**. Como continuación al punto anterior, hay futbolistas que, al margen de que alberguen más o menos talento, poseen una formación muy académica o una mentalidad muy plana y poco pragmática. Esto se manifiesta porque no saben leer el momento por el que atraviesa el partido o su propio equipo y actuar en consecuencia. Ellos tienen una idea definida de cómo se debe jugar al fútbol (y puede que lo hagan muy bien), pero son incapaces de salirse de ese guión y de adaptarse a las circunstancias puntuales (marcador, minuto de juego, momento físico o psicológico suyo propio, del equipo o del rival, situación del terreno de juego...). Esto representa un hándicap importante para el futbolista y para el grupo, si su rol es importante en el colectivo o si hay varios compañeros de estas características. Es necesario detectar a los chavales que necesiten una atención especial en este sentido y prestársela para intentar reconducir su camino.

- Talento sin canalizar

  Para ilustrar este concepto, pondremos el ejemplo de un medio centro organizador de físico mediano y con una gran calidad técnica y táctica (ofensiva). Formado en la cantera de un club de élite, desde pequeño le inculcaron el gusto por el fútbol de toque y elaborado. Al cabo de unos años, tuvo que buscar un destino fuera y, siempre con su concepción del juego como seña de identidad, se convirtió en un organizador clave en otros clubes de un nivel medio dentro de la Comunidad de Madrid.

  Sin embargo, su evolución se estancó y el futbolista no supo enriquecer su perfil. Al cabo de los años, continuaba jugando igual que en sus comienzos, pero lo hacía en cualquier contexto de partido, resultado y circunstancia. Fuera como fuera el encuentro, quedara un minuto de juego o 45, estuviera su equipo con diez jugadores, se encontrara rodeado de compañeros de gran calidad o absolutamente negados en esa parcela, él continuaba pidiendo siempre el balón a los centrales para salir tocando desde atrás.

  Se había quedado anclado y parecía convencido de que los que estaban en el lugar erróneo eran todos los demás y no él mismo. Pero la realidad era que se había convertido en un futbolista poco pragmático y totalmente lineal, con una flexibilidad casi nula para interpretar el momento del encuentro y adaptarse a él. En definitiva, se trataba de un jugador con unas grandes cualidades, capaz de marcar la diferencia y de resolver partidos él solo, pero con un concepto equivocado de la competición, porque su objetivo no era el mismo que el del resto del colectivo (ganar), sino ser fiel a su filosofía del fútbol por encima de todo.

- **Adaptaciones puntuales**. También como prolongación de los puntos anteriores, hay que destacar hábitos concretos que el entrenador puede inculcar a la plantilla, sobre comportamientos tácticos, de posicionamiento o de estrategia, y que estarían reservados para determinados momentos y resultados del partido. Por ejemplo, si el equipo va ganando y quedan pocos minutos para el final, tal vez el técnico quiera que los saques de banda en campo contrario no sean ejecutados por los laterales, sino por los interiores (para dejar fija atrás a la línea de cuatro); o que, en jugadas a balón parado ofensivas, los centrales ya no se incorporen al ataque para no descolocar a la zaga. En este apartado también entrarían otras artimañas menos decorosas (pero reales), relacionadas con la pérdida deliberada de tiempo.

- Como bien sabemos, en todas las competiciones hay **determinados campos** que se convierten en **especialmente duros** desde el punto de vista psicológico. Conscientes de su inferioridad (o simplemente como una estrategia definida), los rivales recurren al 'juego subterráneo' (como las patadas o los insultos) para amedrentar al contrario y sacarle del encuentro. Nuestros jugadores deben estar preparados para librar una '**batalla psicológica**' sin que esto les cueste perder la concentración en el plano estrictamente deportivo o terminar con un rosario de expulsiones. No basta con ser un ganador nato o con tener inteligencia para adaptar nuestro fútbol al devenir del encuentro. También hay que poseer un temperamento lo suficientemente agresivo como para no encogernos frente a un rival intimidatorio, pero lo bastante templado como para no caer en provocaciones. La competición y su análisis son imprescindibles para ayudar al jugador a ir moldeando su carácter, pero debemos anticiparnos con charlas previas, conociendo a los rivales (y detectando a los más conflictivos), con medidas sancionadoras para evitar las expulsiones o con la visualización de vídeos del fútbol profesional que nos ayuden a ilustrar lo que queremos transmitir.

- **El papel del árbitro**. Otro aspecto que debemos cuidar especialmente es la relación de nuestros futbolistas con el árbitro. Como personas que son, los colegiados tienen sus códigos. Y sus comportamientos se rigen muchas veces por los estímulos que reciben de los jugadores. Por ejemplo, si un chaval sufre una falta dentro del área, pero no cae al suelo, no grita y no lo reclama, es muy probable que el árbitro no señale un penalti que puede valer puntos. Por el contrario, si ese jugador exagera todas las caídas y protesta todas las decisiones que no le favorecen, el colegiado puede tomarla con él amonestándole o dejando de señalar infracciones porque ya no sabe si le están engañando o no.

El árbitro es una variable más que el jugador debe aprender a manejar dentro del campo. Tiene que hacerlo con inteligencia, consciente de los beneficios que puede lograr, pero sin pasarse de listo.

En este sentido, en cada partido, el futbolista debe identificar lo más rápidamente posible el tipo de colegiado que tiene delante y actuar, siempre con inteligencia, en función de ello. Éstas son algunas de las muchas

cuestiones que debe descifrar el jugador tan pronto como pueda, para obrar en consecuencia:
   - ¿Árbitro dialogante o tarjetero?
   - ¿Pita en función de quién grita o realmente tiene un criterio definido?
   - ¿Hace caso de las protestas o no sirve de nada formularlas?
   - ¿Es permisivo con el fuera de juego o tiene el 'silbato rápido' cuando hay un balón en profundidad?
   - ¿Detiene el juego con facilidad (lo pita todo) o deja seguir (y es más permisivo)?
   - ¿Puedo adelantar el balón respecto al punto donde se ha cometido una falta o es escrupuloso en ese sentido y es mejor no enfadarle con estas tonterías?
   - ¿Cuál es la actitud del contrario respecto al árbitro? (Hay que intentar que el rival no gane la iniciativa en este sentido).

- **Gestionar correctamente los minutos clave del partido.** A lo largo de un encuentro, hay momentos puntuales que, por norma general, resultan especialmente peligrosos para el equipo y que, por lo tanto, deben ser jugados siempre con una especial concentración. Son situaciones en las que, por diversas circunstancias, el rival tiene motivos para apretarnos de forma considerable y nosotros podemos caer en la relajación o, al menos, no prestar al juego el nivel de tensión necesario. El equipo que logra controlar estos momentos 'calientes' tiene mucho ganado. Por ejemplo:
   - Primeros y últimos minutos de cada tiempo.
   - Minutos posteriores a la consecución de un gol (normalmente, a favor de nuestro equipo).
   - Minutos posteriores a alguna circunstancia que reactive el partido a favor del rival cuando éste se mostraba plano (por ejemplo, una expulsión en nuestras filas o una clara ocasión a favor del contrario).
   - El jugador debe afrontar esos minutos clave de cada uno de los partidos de la competición siendo consciente de su importancia y con la máxima concentración.

- **Saber gestionar un mal día.** Es prácticamente imposible que un futbolista consiga una regularidad perfecta a lo largo de un año de competición y los días buenos se alternarán con los malos y con los regulares. Algo tan obvio no es siempre fácil de asimilar por parte del jugador, quien puede no encajar de forma adecuada su bajo rendimiento en un momento determinado y venirse, ahora sí, definitivamente abajo. El futbolista que sabe competir de forma ideal (y al que debemos intentar que se parezcan los nuestros) es lo suficientemente maduro en este sentido como para asimilar rápidamente sus virtudes y sus limitaciones en un partido concreto; a partir de ahí, en lugar de lamentarse por lo que no le sale bien, se centrará en los aspectos que sí puede llevar a cabo con la solvencia de siempre y tratará de elevar su rendimiento global lo máximo posible. Luego, cuando el juego haya terminado, analizará con calma y con paciencia su situación para intentar recuperar su nivel lo antes posible, pero durante el encuentro no hay tiempo para mirar hacia atrás (cuántas veces hemos visto cómo un futbolista se desmorona por completo después de fallar una oportunidad clarísima o un penalti...).

En el aspecto más práctico, nuestros jugadores deberían saber fraccionar su actuación dentro del campo. De esta forma, si el aspecto ofensivo, por ejemplo, no va bien, tendrán la obligación de centrarse todavía más en el defensivo. Así, un mal día en una parcela no servirá de excusa para no cumplir en otra y, tal vez, a partir de una buena labor en un aspecto concreto, podrá recuperar la confianza y mejorar allí donde había empezado peor.

2.1.8. Otros conceptos

En este apartado, estarían incluidos el resto de aspectos que resultan imprescindibles para crear una identidad de equipo de alto rendimiento. Pondremos algunos ejemplos, pero es cada entrenador el que debe analizar si hay otros que no ha recogido en los puntos anteriores y que, para él, son importantes:

- **Máximo esfuerzo y compromiso en los entrenamientos**. Se trata de una premisa ineludible para cualquier equipo. Aunque el técnico abogue por entrenamientos divertidos y en los que prime el balón, el fondo nunca ha de estar reñido con la forma, que siempre debería ser el aprovechamiento máximo de cada minuto de la sesión.
- **Ambiente del grupo**. La cohesión del vestuario suele ser fundamental para alcanzar los objetivos deportivos propuestos. El carácter de los chavales y las relaciones que establezcan entre sí determinarán la base del ambiente en el grupo, pero el entrenador (y, como veremos, el segundo entrenador) puede influir para optimizarlo. Es bueno que el técnico se detenga en este punto cuando planifique el año, con el fin de detectar de antemano posibles carencias (porque conoce a los jugadores) y para reflexionar y tener claro qué modelo de vestuario le gustaría moldear y qué herramientas puede utilizar para conseguirlo.
- **Hábitos de comunicación** dentro del terreno de juego. ¿Cómo queremos que los futbolistas se hablen y se traten entre sí dentro del campo?

Estos hábitos se pueden definir y entrenar, y llegan a ser decisivos en momentos de crisis. Si se establecen cuando todo va bien, pueden evitar malos modos y disputas internas en situaciones de tensión o de resultados adversos. El refuerzo positivo es una práctica de incalculable valor para el grupo.

- **Normas extradeportivas**. Se trataría de cuidar la imagen del equipo fuera del terreno de juego, como una manera de continuar formando una identidad de grupo que contribuya a mejorar el rendimiento dentro de él. Por ejemplo, la exigencia de puntualidad en entrenamientos y convocatorias, implantar la obligación de cuidar la uniformidad antes y después de los partidos o la prohibición absoluta de dañar la imagen del colectivo con disputas dialécticas por parte de futbolistas y familiares con los integrantes del contrario o con el árbitro son códigos que marcarán positivamente al grupo y lo centrarán en la faz más constructiva del deporte.

- **Acercarse a lo profesional**. Todo aquello que podamos incluir en la dinámica del equipo y que lo haga parecerse a uno profesional hará que los jugadores también se sientan como profesionales y, por lo tanto, estén dispuestos a realizar más sacrificios y muestren un mayor compromiso. Debemos empezar por nosotros mismos. El entrenador tiene que dar ejemplo y, con eso, tendrá mucho ganado. A partir de ahí, muchas cosas no dependerán de nosotros, sino del club, pero podemos hacer fuerza para intentar conseguir alguna o tirar de ingenio y de imaginación. Por ejemplo: contar con equipaciones de calidad y con material abundante y bueno, tener un cuerpo técnico amplio (con fisioterapeuta, encargado de material...), desplazamientos en autobús, utilización de nuevas tecnologías en las reuniones colectivas (vídeos, presentaciones de Power Point...), entrenar a una hora distinta al resto de compañeros que nos permita disponer de más instalaciones (vestuario, campos...), involucrar al presidente o al director deportivo para que refuercen nuestros mensajes cuando sea necesario y motiven al grupo, o dar relevancia a la actualidad del equipo publicando información en una página web o en revisas locales.

  La mayoría de estas iniciativas son costosas en sí mismas, pero las relaciones humanas abren muchas puertas y si el entrenador y su entorno se mueven bien, pueden conseguir colaboraciones que acerquen algunos de estos accesorios de forma gratuita.

- **Reglas de juego**. El conocimiento general del reglamento y, sobre todo, de determinadas circunstancias puntuales, por parte de los jugadores, les puede ayudar a sacar un importante beneficio en la competición. El técnico debe reflexionar sobre esta cuestión y plantearse qué aspectos del reglamento quiere tratar de forma específica en entrenamientos y en reuniones colectivas previas al inicio de la liga. Por ejemplo:

- Sobre todo, las novedades del reglamento que entren en vigor en esta temporada. Si el jugador las conoce y las maneja, habrá menos lugar para las sorpresas en las primeras jornadas.
- Qué expresiones puede o no puede utilizar el futbolista dentro de un terreno de juego y en qué circunstancias constituyen una falta y cuándo no (el clásico 'mía', 'voy' o 'deja').
- Los protocolos para sacar una falta en la que se pide distancia. Cómo evitar las tarjetas o cómo provocar las del contrario (sin que salga el tiro por la culata y terminemos amonestados). En el mismo sentido, pero desde el punto de vista contrario, cómo evitar el saque rápido del rival sin incurrir en falta.
- Qué dice el reglamento (y cuál es la práctica real) sobre quién y cómo puede dirigirse al árbitro dentro del terreno de juego. Los privilegios reales del capitán en este sentido (que no son tantos).
- Cualquier otra norma que pueda reportarnos ventaja o cuyo desconocimiento tenga la posibilidad de acarrear consecuencias negativas.

    El técnico, de forma innata e inconsciente, ya sabe en general cuál es su concepción del fútbol. Eso puede inducir a creer que este paso de plasmación de ideas es innecesario, por lo que conviene recordar que este método que proponemos nos invita a pensar en aspectos que, de otro modo, nunca habríamos contemplado (son demasiadas variantes, no nos engañemos, para gestionarlas sólo de memoria), y que haber realizado un proceso previo de reflexión permitirá que nuestros conceptos sean más sólidos y que los defendamos y los manejemos mucho mejor sobre el terreno de juego. Porque no procederán de la improvisación, sino que sabremos perfectamente por qué hacemos las cosas. No se trata de acudir al campo con un vasto manual de conceptos, sino sólo de haberlos reflexionado previamente para manejarlos con soltura y de poder revisarlos y cuestionarlos en cualquier momento, en caso de necesidad.

2.2 DURACIÓN DE LA PRETEMPORADA Y PLANNING

La duración ideal de una pretemporada siempre se ha situado teóricamente en torno a los 40 días, es decir, unas seis semanas. Según mi experiencia, esta cifra es muy acertada, ya que es suficiente para poner al equipo a tono en todos los aspectos y no llega a ser demasiado larga como para agotar mentalmente a los jugadores.

Esas seis semanas estarían divididas en:

- Una dedicada casi exclusivamente a la prevención de lesiones y al acondicionamiento físico general. Siendo prácticos, las vacaciones de los chavales hacen muy difícil que la pretemporada pueda comenzar seis semanas antes del inicio de la competición, por lo que estos primeros siete días pueden ser realizados de forma individual por el jugador[6]. Estaríamos hablando de unas cuatro o cinco jornadas de entrenamiento por tres de descanso.
- Cuatro semanas de auténtica pretemporada, lo que podríamos llamar el 'núcleo duro'. Cada semana estaría compuesta por cinco días de entrenamiento, uno de partido y otro de descanso.
- Una semana de competición. Serían los días previos al primer partido de liga y, como veremos más adelante constituyen una unidad independiente de la pretemporada. Es la primera semana de competición del año.

Como se repetirá en los capítulos próximos, durante el 'núcleo duro de la pretemporada', necesitaremos unas tres horas al día para poner a tono a los futbolistas en todos los aspectos. Lo ideal sería dividir las sesiones en dos (mañana y tarde), con el fin de no prolongar demasiado cada entrenamiento. Sin embargo, si no es posible, podemos condensar todo el trabajo en una sola sesión diaria.

> En las figuras 7 y 8, veremos dos ejemplos de planning de pretemporada: en el primero están contempladas las dobles sesiones y cada una durará alrededor de una hora y media, mientras que en el segundo sólo hay un entrenamiento por día (de unas dos horas y media). La diferencia de tiempos totales (tres horas frente a dos y media) se debe a que en las dobles sesiones es necesario realizar el calentamiento y la vuelta a la calma tanto por la mañana, como por la tarde. Es la única divergencia porque, en ambos casos, la cantidad de trabajo realizado en total será la misma.

Se trata de un modelo de pretemporada exigente, tanto desde el punto de vista físico, como psicológico, pero una buena distribución del trabajo hará que los jugadores lleguen en perfectas condiciones al comienzo de la competición.

Es recomendable que los partidos de preparación que persigan un objetivo más táctico que físico cuenten con un día previo de descanso. De esta for-

---

[6] Ampliaremos este punto en el apartado 2.8

ma, veremos a los futbolistas más frescos y podrán desarrollar mejor todo lo que han ensayado.

2.3 OBJETIVOS GENERALES

Los conceptos más importantes que el entrenador debe definir antes de que dé comienzo la pretemporada son los recogidos en el apartado 2.1. Sin embargo, hay otros, de carácter mucho más general, que nos servirán como guía a lo largo del año y como referencia para medir nuestro trabajo, cuando éste termine.

Se trata de una serie de metas generales que afectan a todos los aspectos del equipo y responden a la simple pregunta de qué queremos conseguir (en clasificación, en formación, en proyección de futbolistas, en el aspecto personal...). Algunos de estos objetivos serán impuestos por el club (y serán los más importantes), pero podemos añadir tantos como estimemos necesario e incluso ser más ambiciosos en los que ya nos vienen dados, si creemos que se quedan cortos.

FIGURA 7. EJEMPLO PLANIFICACIÓN DE PRETEMPORADA DOBLE SESIÓN.

LUNES	MARTES	MIÉRCOLES	JUEVES	VIERNES	SÁBADO	DOMINGO
4 ENTRENAMIENTO INDIVIDUAL	5 ENTRENAMIENTO INDIVIDUAL	6 DESCANSO	7 ENTRENAMIENTO INDIVIDUAL	8 ENTRENAMIENTO INDIVIDUAL	9 ENTRENAMIENTO INDIVIDUAL	10 DESCANSO
11 PRESENTACIÓN 20:00	12 MAÑANA 10:00 TARDE 20:00	13 MAÑANA 10:00 TARDE 20:00	14 MAÑANA 10:00 TARDE 20:00	15 MAÑANA 10:00 TARDE 20:00	16 DESCANSO	17 AMISTOSO 1
18 MAÑANA 10:00 TARDE 20:00	19 MAÑANA 10:00 TARDE 20:00	20 AMISTOSO 2	21 MAÑANA 10:00 TARDE 20:00	22 MAÑANA 10:00 TARDE 20:00	23 DESCANSO	24 AMISTOSO 3
25 MAÑANA 10:00 TARDE 20:00	26 MAÑANA 10:00 TARDE 20:00	27 AMISTOSO 4	28 ENTRENAMIENTO 10:00	29 ENTRENAMIENTO 10:00	30 DESCANSO	31 AMISTOSO 5
1 ENTRENAMIENTO 10:00	2 ENTRENAMIENTO 10:00	3 ENTRENAMIENTO 10:00	4 ENTRENAMIENTO 10:00	5 ENTRENAMIENTO 10:00	6 DESCANSO	7 AMISTOSO 6
8 ENTRENAMIENTO 16:00	9 DESCANSO	10 ENTRENAMIENTO 16:00	11 ENTRENAMIENTO 16:00	12 ENTRENAMIENTO 16:00	13 LIGA (JORNADA 1)	14

FIGURA 8. EJEMPLO PLANIFICACIÓN DE PRETEMPORADA UNA SESIÓN.

LUNES	MARTES	MIÉRCOLES	JUEVES	VIERNES	SÁBADO	DOMINGO
4 ENTRENAMIENTO INDIVIDUAL	5 ENTRENAMIENTO INDIVIDUAL	6 DESCANSO	7 ENTRENAMIENTO INDIVIDUAL	8 ENTRENAMIENTO INDIVIDUAL	9 ENTRENAMIENTO INDIVIDUAL	10 DESCANSO
11 PRESENTACIÓN 20:00	28 ENTRENAMIENTO 10:00	28 ENTRENAMIENTO 10:00	28 ENTRENAMIENTO 10:00	28 ENTRENAMIENTO 10:00	16 DESCANSO	17 AMISTOSO 1
28 ENTRENAMIENTO 10:00	28 ENTRENAMIENTO 10:00	20 AMISTOSO 2	28 ENTRENAMIENTO 10:00	28 ENTRENAMIENTO 10:00	23 DESCANSO	24 AMISTOSO 3
28 ENTRENAMIENTO 10:00	28 ENTRENAMIENTO 10:00	27 AMISTOSO 4	28 ENTRENAMIENTO 10:00	29 ENTRENAMIENTO 10:00	30 DESCANSO	31 AMISTOSO 5
1 ENTRENAMIENTO 10:00	2 ENTRENAMIENTO 10:00	3 ENTRENAMIENTO 10:00	4 ENTRENAMIENTO 10:00	5 ENTRENAMIENTO 10:00	6 DESCANSO	7 AMISTOSO 6
8 ENTRENAMIENTO 16:00	9 DESCANSO	10 ENTRENAMIENTO 16:00	11 ENTRENAMIENTO 16:00	12 ENTRENAMIENTO 16:00	13 LIGA (JORNADA 1)	14

A estos principios generales también es recomendable añadir una serie de reglas internas del club que nos recuerden en todo momento el lugar que nuestro equipo ocupa dentro de la estructura general de la entidad. De esta forma, nos ayudaremos a nosotros mismos a combatir la tendencia natural de cada entrenador de hacer de su grupo el centro del universo, descuidando en ocasiones las obligaciones que tenemos para con otros equipos del club. Si éste no nos aporta esas normas, mayor motivo para preguntarlas y plasmarlas en papel, de modo que no haya dudas en el transcurso del año.

He aquí un ejemplo. Son los objetivos y las normas propuestos para el Juvenil de Liga Nacional del C.F. Oeste, en la temporada 2008-2009.

- **OBJETIVOS**

Selección de jugadores:
- Preferentemente, futbolistas nacidos en 1991 de un nivel suficiente como para jugar este año en Liga Nacional y la temporada próxima subir en bloque (en la medida de lo posible) a División de Honor.
- Jugadores de 1992 MUY DESTACADOS.

Formación de jugadores:
- Entrenar al máximo nivel de exigencia, táctica y físicamente.
- Trabajar al jugador psicológicamente en un entorno competitivo y de disciplina.
- Optimizar la progresión técnica natural del futbolista.
- Cultura: intentar que los jugadores se identifiquen lo máximo posible con el club.

Proyección de jugadores:
- Lograr que un porcentaje cercano al 100% esté en condiciones de integrar el División de Honor el año siguiente, puesto que el paso de Liga Nacional a División de Honor es muy factible.

Clasificación:
1. Permanencia (puntuación estimada para asegurarla al 99%: 38 puntos).
2. Entre los ocho primeros.
3. Entre los seis primeros.
4. Entre los cinco primeros.
5. Entre los cuatro primeros.

- **NORMAS DE FUNCIONAMIENTO**

Relación con el resto de equipos del club:
- El Juvenil B está al servicio del Juvenil A, tanto para tener fichas de jugadores que entrenen con el Juvenil A y puedan jugar con el B, como para surtirle de futbolistas, si lo necesita.

- El Juvenil C está al servicio del Juvenil B, tanto para tener fichas de jugadores que entrenen con el Juvenil B y puedan jugar con el C, como para surtirle de futbolistas, si lo necesita.

Esquema de prioridades del cuerpo técnico:

1. <u>Burocracia</u> y relaciones con el personal del club.
2. Confección de la <u>plantilla</u>. Escoger a los mejores.
3. <u>Psicología</u> y cohesión del grupo.
4. Entrenamiento <u>táctico</u>.
5. Entrenamiento <u>físico</u>.
6. Entrenamiento <u>técnico</u>.

2.4. NORMAS GENERALES PARA LA PLANTILLA

Al margen de las normas de comportamiento que el club pueda dictar y de aquéllas que, aunque no estén escritas, se encuentran asimiladas por sentido común, es recomendable que el cuerpo técnico elabore antes del comienzo de la pretemporada una relación específica de normas básicas de funcionamiento del equipo que despejen dudas sobre asuntos organizativos muy básicos.

Hay multitud de puntos que pueden ser tratados en este documento, que sería entregado al jugador como una guía de bienvenida al grupo. Por ejemplo: la uniformidad en la vestimenta y el material deportivo que queremos que traigan, los horarios y las reglas de puntualidad en entrenamientos y en citaciones, el protocolo para firmar las convocatorias a los partidos (para evitar las firmas masivas, por ejemplo[7]), el tipo de relación con los padres, las normas en los desplazamientos para encuentros que se disputen a domicilio, o la obligatoriedad (o no) de la ducha tras los partidos.

Asimismo, es aconsejable tomar como base las reglas que de por sí ya tenga establecidas el club (sería incongruente llevarles la contraria) y es una buena oportunidad para incluir normas que ayuden a la integración del grupo, como la celebración sistemática de cumpleaños, aunque hay entrenadores que prefieren comunicar este tipo de reglas de forma oral, para no desproveerlas de su carácter informal al ponerlas por escrito en un documento 'serio'.

El texto debe limitarse a asuntos básicos de organización y de funcionamiento, y lo más importante es que se trate de normas claras y simples. Hay que evitar ser demasiado meticuloso (no se puede, y no se debe, controlarlo y regularlo todo) y también hay que huir de las normas complejas que incluyan complicados métodos de sanción. Al quedar por escrito, debemos ser

---

[7] Me refiero a que un solo futbolista firme por varios (o por todos) sus compañeros.

muy cuidadosos con lo que ponemos y es mejor pecar por ser superficiales antes que pillarnos los dedos.

Si no es el primer año que el técnico entrena a esa generación del club, este documento puede ser una buena forma de contribuir a la integración de las nuevas incorporaciones.

Por último, en el supuesto de que el grupo vaya a contar con muchos jugadores a prueba, una buena idea podría ser entregar unas normas provisionales para la pretemporada (por ejemplo, grapadas junto al planning de entrenamientos) y, una vez esté definida la plantilla, otras definitivas para la temporada regular.

2.5. PARTIDOS DE PREPARACIÓN

Los encuentros amistosos de pretemporada constituyen una herramienta fundamental dentro de este período de preparación. Por una parte, permiten poner en práctica, de forma progresiva, los principios entrenados hasta ese momento y otorgan la posibilidad de detectar errores y carencias antes de que haya puntos en juego. Y, por otra parte y sobre todo, son imprescindibles para que el grupo adquiera adecuadamente el ritmo de competición que deberá mantener en la liga desde el primer partido.

Por este motivo, es muy importante planificar cuidadosamente el calendario de amistosos, atendiendo a la categoría de los contrarios y al número de minutos que queremos que disputen los jugadores.

Empezando por el último extremo (la cantidad) seis o siete partidos de preparación pueden ser suficientes para distribuir minutos entre todos los integrantes de la plantilla. Y en cuanto a la forma de realizar ese reparto, sólo un apunte: un jugador no debería disputar en la jornada inaugural de la competición su primer encuentro completo, sino que, previamente, todos los futbolistas tendrían que haberlo hecho en pretemporada.

El porcentaje de minutos que jugará cada integrante del grupo es un asunto muy personal del entrenador, pero apostar descaradamente desde el principio por una cifra reducida de jugadores puede ser muy peligroso y es más aconsejable cultivar al mayor número posible de chavales.

> - Cuatro bajas a doce horas del debut
>
> El cuerpo técnico del Cadete A del Barrio Alto de la temporada 2009-2010 llegó al día previo al inicio de la competición (viernes) con un once titular muy definido en la cabeza. Sin embargo, varios jugadores recién incorporados al club no habían pasado el reconocimiento médico y, en lo que fue un gran error de todos, nadie se había percatado de ello. Aunque se intentó tramitar las fichas con

diligencia, fue imposible y cuatro futbolistas del equipo inicial fueron bajas de ultimísima hora, estando en perfectas condiciones físicas.

Al día siguiente, los compañeros que los reemplazaron demostraron estar al mismo nivel de competición y el Barrio Alto se impuso por 0-1 en un campo difícil. La inversión que había supuesto el reparto de minutos en pretemporada y la especial atención que se prestó durante el período de preparación a estos jugadores que no partían como titulares retornó en forma de puntos y permitió que un importante contratiempo de última hora quedara en una mera anécdota.

En cuanto a la naturaleza y el nivel de los contrarios, un entrenador siempre debería recordar que cuando se enfrentan en pretemporada dos equipos de distinto potencial (sin llegar a extremos), el de mayor altura le está haciendo un gran favor a su rival, pues le está ayudando a coger el ritmo de competición, mientras que él mismo (a pesar de que pueda obtener un buen resultado), está consiguiendo un rendimiento muy inferior.

Como norma general, siempre debemos buscar contrarios de un nivel superior al nuestro, de tal forma que el ritmo de competición de los equipos que encontraremos en la liga en ningún caso superará el que ya hemos experimentado y seremos perfectamente capaces de hacerle frente.

Puede plantear dudas el hecho de que unos rivales demasiado duros den lugar a resultados tan negativos que lo que se gana en el ámbito del ritmo de competición no compense respecto a lo que se pierde en el anímico. Sin embargo, si el grupo entiende el objetivo que perseguimos, esta teoría se disipa.

Nuevamente nos centraremos en el Cadete A del Barrio Alto de la temporada 2009-2010. En sus encuentros de pretemporada, el equipo se enfrentó a siete rivales juveniles (en su mayoría, de primer año) y a uno de su misma categoría (Primera División Autonómica Cadete). El grupo, concienciado de que los resultados eran totalmente secundarios en la pretemporada, no acusó el hecho de perder todos los partidos menos uno y se centró en optimizar su sistema táctico y en asimilar de la mejor manera posible las exigencias de la nueva competición (algo que los juveniles a los que se enfrentaba podían enseñarle de forma muy realista).

Los chavales aprovecharon la experiencia acumulada para protagonizar un extraordinario comienzo de la liga y, contra todo pronóstico, terminaron la primera vuelta en la parte más alta de la tabla.

Ahora bien, llevar a rajatabla esta norma de enfrentarnos a combinados más potentes que nos dominen y nos sitúen en un nivel de competición más alto del que vamos a experimentar en la liga puede convertirse en un arma de doble filo. Imaginemos por un momento la gran diferencia que existe entre un equipo con una calidad muy limitada (le vendrá bien una preparación muy dura, con vistas a llegar al inicio de la temporada concienciado para sufrir y para defender con mucha intensidad) y otro que aspira a llevar la iniciativa en los encuentros, que, en principio, parece diseñado para luchar por los primeros puestos de la tabla y que, en muchos partidos, se verá obligado a 'abrir la lata'.

En este último caso, un calendario de amistosos compuesto enteramente por rivales superiores y que normalmente monopolizarán la posesión del balón no parece lo más adecuado (incluso si estamos destinados a sufrir en la parte baja de la clasificación, la permanencia la ganaremos en los partidos ante los contrarios directos, que probablemente requerirán del equipo un juego concreto y diferente del que podamos manifestar contra rivales netamente superiores).

De esta forma, rompiendo parcialmente la norma que habíamos establecido anteriormente, siempre deberemos incluir varios encuentros que nos enfrenten a combinados de un nivel similar (nunca inferior[8]) al que encontraremos en la liga. Ahí será cuando podremos realizar realmente el juego que hemos ensayado y, sobre todo, medir nuestras fuerzas y conocer a qué nos enfrentaremos.

- Sin referencias de la competición

En la temporada 2008-2009, el Juvenil B del C.F. Oeste militaba en Primera División Autonómica. Su objetivo era el ascenso y los principios tácticos que quería imponer como seña de identidad eran la presión arriba y la posesión del balón. Con estas premisas, la pretemporada fue diseñada frente a rivales de superior categoría (Liga Nacional, normalmente). Fueron nueve los encuentros concertados para este fin, de los que sólo uno fue disputado ante un contrario de un nivel similar.

Las sensaciones y los resultados fueron tan positivos en este período que al llegar al primer partido de liga, ya con los puntos en juego, el equipo estaba demasiado confiado. No tenía una referencia clara de lo que se iba a encontrar y el pensamiento era que si contra conjuntos de superior categoría el balance había sido positivo (la impresión había sido que estaban incluso capacitados para competir en una división más alta), cómo no iban a ganar a un rival más débil. En definitiva, la pretemporada fue muy exigente, pero no lo suficientemente realista y, en realidad, el grupo no llegó bien preparado psicológicamente. El primer partido deparó un sufrido empate a dos, que supo a muy poco, y

---

8 No caigamos en el error de programar encuentros más sencillos para dar minutos a los jugadores más flojos del equipo. Todos los integrantes de la plantilla deben prepararse al mismo nivel. Como repetiremos constantemente, nunca sabemos quién tendrá que sacarnos las castañas del fuego en un momento dado y hemos de procurar a toda costa que todos los chavales se pongan al nivel de la competición en lugar de rebajar el de ésta para que los chicos se sientan engañosamente capaces.

de los primeros 24 puntos en juego, el equipo sólo consiguió once, lo que en ningún caso suponía un buen arranque.

Un factor que también deberemos tener en cuenta será el calendario de las primeras jornadas de liga, puesto que si por ejemplo en la número uno nos enfrentamos en casa al que posiblemente será un rival directo por la permanencia, deberemos reservar más tiempo y más recursos a preparar un juego más abierto, puesto que estaremos obligados a buscar los tres puntos.

En cuanto al lugar en el que disputar los amistosos, en casa o fuera, el sentido común dicta jugar el mayor número (sin llegar al 100%) en nuestro campo, pues nos ayudará a familiarizarnos con él y será allí donde habremos de sacar la cantidad de puntos más alta posible. Además, si en los primeros partidos de la competición habremos de visitar algún terreno de juego peculiar (muy reducidas dimensiones o superficie de tierra, por ejemplo), será bueno concertar algún encuentro en esas condiciones.

Como conclusión, sin pretender dogmatizar el asunto, podríamos realizar la siguiente recomendación general:

En el diseño de una pretemporada para un equipo débil en comparación con el nivel de la competición, concertaríamos cinco partidos contra rivales de entidad superior y tres contra otros de un potencial sólo ligeramente superior o igual.

Para un plantel que, previsiblemente, será superior en su liga, recomendaríamos cinco encuentros frente a contrarios de un nivel similar al de la competición (por ejemplo, de otro grupo de la misma división, si lo hay) y tres ante combinados más fuertes.

En ambos casos, si en el calendario encontramos partidos importantes (rivales directos) o peculiares (todos los jugadores de primer año, por ejemplo, o campo de tierra) en las primeras jornadas del calendario, será bueno planificar algún amistoso que replique esas condiciones especiales.

Asimismo, hay que apuntar que los torneos de pretemporada (en lugar de partidos amistosos) son positivos desde el punto de vista de que aumentan el nivel competitivo de la prueba.

Y nunca hay que olvidar que cuanto mejor organicemos los encuentros desde el punto de vista logístico, más rendimiento sacaremos: por ejemplo, si contamos con un árbitro en condiciones, el número de faltas que pitará será mayor y esto asemejará más el encuentro a uno de competición, pudiendo practicar mejor las estrategias ofensivas y defensivas (es aconsejable, incluso, recomendar al árbitro que sea riguroso en ambas áreas para que la cantidad de balones parados aumente); o si en la competición vamos a disponer de jueces de línea, deberíamos tenerlo en cuenta en los amistosos para que la zaga pueda entrenar en condiciones reales el planteamiento defensivo que hayamos previsto (y no encontrarse con los linieres por primera vez en el debut liguero).

FASE 2 – DESARROLLO

2.6. MEDIOS DE TRABAJO Y METODOLOGÍA PARA EL DESARROLLO DE ENTRENAMIENTOS

Antes de abordar en detalle los contenidos físicos, tácticos, técnicos y psicológicos que ha de contener una buena pretemporada, debemos hacer una parada en analizar los medios de trabajo con los que sería conveniente contar y la forma de optimizarlos, así como en la metodología que usaremos para realizar las sesiones.

2.6.1. Cuerpo técnico

El entrenador no sólo tiene que saber dirigir y gestionar a su plantilla de jugadores, sino que su éxito también depende en gran medida de su capacidad para organizar y conducir al equipo que forma su cuerpo técnico.

En este libro aportaremos soluciones para aquellos entrenadores que deben dirigir las sesiones ellos solos, pero obviamente la recomendación será contar con un grupo de trabajo lo más amplio posible. Ordenada desde un grado más precario a otro más profesional (y de menos a más aconsejado), podríamos encontrar la siguiente escala en la composición del cuerpo técnico:

1. Un solo entrenador
2. Un entrenador y un ayudante sin experiencia (por ejemplo, un joven jugador de otro equipo del club)
3. Un entrenador y un preparador físico que puede realizar funciones de ayudante en los ejercicios tácticos
4. Un entrenador, un ayudante y un preparador físico
5. Un entrenador con conocimientos suficientes de preparación física y un segundo entrenador
6. Un entrenador con conocimientos suficientes de preparación física, un segundo entrenador y un ayudante sin experiencia
7. Un entrenador, un segundo entrenador y un preparador físico

Veamos en detalle las peculiaridades de cada caso, el porqué de esta clasificación y la forma de optimizar cada uno de los equipos de trabajo enunciados:

1. Un solo entrenador

Una situación muy habitual. Como repetiremos constantemente, una de las claves dentro de la metodología de los entrenamientos será aprovechar al máximo el tiempo de que disponemos en cada sesión dividiendo a la plantilla en varios grupos para trabajar diferentes conceptos tácticos o para ejercitar táctica y físico de forma separada, en grupos más reducidos.

Si estamos solos, será más difícil entrenar por grupos, pero no imposible. Lo más importante es que el técnico tenga claro que para sacar el máximo rendimiento de sus jugadores (y del material del que dispone) no puede realizar siempre sesiones que involucren al 100% de la plantilla. Partiendo de esa base, dividirá al grupo cuando lo necesite y, mientras él se centra en la dirección de la parte que le interese, dejará al resto de los jugadores solos, sin supervisión, realizando una tarea sencilla, divertida (muy importante), que motive por sí misma y que, por qué no, persiga unos objetivos definidos. Para la gestión de los grupos, se regirá por los mismos principios que explicaremos en el punto 2.6.3.

> Por ejemplo, los objetivos tácticos del día son entrenar el aspecto defensivo de la línea de cuatro, mejorar la efectividad de cara a puerta de los delanteros y, en general, promover el juego colectivo basado en tocar fácil y moverse.
>
> Si a estos tres conceptos teníamos previsto dedicar media hora, podríamos realizar la siguiente división:
>
> Durante quince minutos, todos los defensas y los dos porteros entrenarían bajo la supervisión del técnico el objetivo defensivo de la línea de cuatro (con una gran efectividad, al tratarse de un grupo reducido), mientras que los jugadores restantes disputarían un partido con comodines ofensivos y con porterías pequeñas. El objetivo de este ejercicio sería el juego colectivo basado en tocar fácil y moverse, algo que se dejaría claro desde el principio, pero que no recibiría una supervisión directa (según el grado de autonomía de los jugadores se podría incluir una norma adicional de limitación de toques, por ejemplo).
>
> Después, durante otros quince minutos, serían los delanteros y los porteros los que trabajarían de forma específica (efectividad de cara a puerta), mientras que el resto de los futbolistas pasarían al ejercicio exento de supervisión (que podría variar mínimamente si hay jugadores que lo van a repetir, como sería aquí el caso de los centrocampistas).

Obviamente, no es la forma ideal de entrenamiento, pero, dados los recursos de que disponemos, si nos ganamos la implicación de los chavales, podremos obtener grandes resultados.

Otro de los problemas principales que deberá afrontar el técnico será la soledad. Sin un segundo a bordo, no podrá consultar sus dudas con nadie, no tendrá la ocasión de comentar sus ideas con una persona que conozca al grupo tan bien como él, ni de contar con un apoyo en el banquillo los días de competición, ni con quien arrimar el hombro cuando las cosas vayan mal. Se trata de un hándicap muy importante (porque, como veremos después, contrastar las opiniones suele favorecer el sentido común y el acierto en la ejecución de las mismas) y que no tiene solución si, irremediablemente, estamos solos.

Es importante que no caigamos en la tentación de recurrir a los padres para llenar este vacío. Mucha mejor opción, aunque sólo parcialmente paliativa, será tratar de involucrar lo más posible a nuestro director deportivo o a algún compañero de otro grupo, para que nos transmita sus impresiones de los entrenamientos o de los partidos que pueda ver, o de los comentarios que le hagamos, con el fin de contrastar lo que pensamos.

Si nunca hemos tenido un segundo o un ayudante, será mucho más fácil manejar la situación porque no echaremos en falta los beneficios que reporta esta figura.

2. Un entrenador y un ayudante sin experiencia (por ejemplo, un joven jugador de otro equipo del club)

En esta situación, habríamos dado un gran paso respecto al punto anterior. El panorama es considerablemente mejor, puesto que, a pesar de no contar con experiencia ni, tal vez, con habilidades propias de un entrenador, aquel grupo que dejábamos solo ahora contará con un supervisor.

Evidentemente, nuestro ayudante debe ser mínimamente respetado por los jugadores. Si no, es mejor estar solos. Y también es importante saber dónde están sus limitaciones, para no abrumarle dejándole al mando de ejercicios demasiado complejos. Como norma general, tendríamos que trabajar igual que en el punto 1, pero con la diferencia de que ahora habrá alguien controlando a los chavales (incluso podríamos ser nosotros mismos quienes expliquemos los ejercicios, al menos al principio).

Por lo tanto, contar con un ayudante nos permitirá utilizar el tiempo de una forma muy provechosa y, gracias a su presencia, resolveremos la cuestión de con quién contrastar nuestras opiniones. Además, su punto de vista será muy interesante, pues no estará todavía influido por los clichés que habitualmente manejamos los entrenadores.

3. Un entrenador y un preparador físico que puede realizar funciones de ayudante en los ejercicios tácticos

Si el técnico no posee conocimientos suficientes de preparación física, contar con un especialista en esta materia le será de gran ayuda y el valor añadido que recibirá el grupo, muy importante.

Al ser sólo dos personas las que formarían el cuerpo técnico, no nos podremos permitir el lujo de restringir el ámbito de acción del preparador físico a este apartado, sino que deberemos involucrarle en la parcela táctica como si fuera un ayudante. Nos regiremos, en este sentido, como se indicaba en el punto 2.

Ahora bien, es muy importante, y lo recordaremos siempre que hablemos de la relación entre un entrenador y un preparador físico, que los roles y las responsabilidades queden muy delimitadas. Como responsable máximo del grupo, el técnico es quien manda y él debe asumir la planificación global del entrenamiento. Esto implica que no sólo dividirá personalmente los tiempos de la sesión, coordinará con su compañero la duración de la parte física y planificará el entrenamiento táctico y técnico (informando, por cierto, a su ayudante de sus cometidos), sino que también deberá supervisar el contenido de la parcela física.

No hay discusión (para eso está) de que esta planificación específica correrá a cargo del preparador físico y que éste deberá gozar de autonomía y de nuestra confianza, pero hoy en día el extendido uso de la metodología integrada obliga a que el entrenador sea siempre informado con antelación de los ejercicios que se van a realizar, con el fin de no repetir conceptos.

Expliquemos más detalladamente este punto:

Si un día cualquiera la parte física consta de un circuito de pesas, el técnico se limitará a dar su visto bueno y a asignar el tiempo necesario dentro de la sesión. Ahí no habría problema. Sin embargo, si el preparador físico va a trabajar la resistencia orgánica mediante un ejercicio táctico, el míster tendrá la obligación de estar al tanto del mismo y de estudiar cómo encaja ese contenido dentro de su planificación porque, tal vez, él tenía preparado algo muy similar justo después y, ahora que están a tiempo, pueden integrar ambos ejercicios y aprovechar los minutos que ganan con ello para otra cosa.

Si se usa, el entrenamiento integrado tiene que reportar beneficios al colectivo y no contribuir a la desorganización de las sesiones y a la descoordinación dentro del cuerpo técnico.

Se trata por tanto de armonizar tiempos y contenidos, y no de una cuestión de confiar más o menos en el preparador físico. Este asunto es una responsabilidad exclusiva del entrenador y debe ser él el que asuma la iniciativa y el control desde el principio.

4. Un entrenador, un ayudante y un preparador físico

Este cuarto modelo no supone un gran avance respecto al anterior. Ganaríamos en cantidad, pero el perfil de nuestros ayudantes no mejoraría en los apartados técnico y táctico.

Probablemente, el preparador físico eclipsará al ayudante en los ejercicios tácticos, dada su previsible mayor experiencia y capacidad de mando, por lo que este último asumiría un rol de tercero de a bordo, al servicio de sus dos compañeros.

Una mejora significativa, aunque puntual, reside en la posibilidad de dividir a la plantilla en tres grupos (los tres con supervisión), lo que, como veremos, aportará buenas opciones de entrenamiento. En estas ocasiones, al contar con un entrenador y un preparador físico, sería interesante la siguiente metodología de trabajo, que permite reducir el número de jugadores en cada ejercicio:

> - Un grupo entrenaría conceptos tácticos con el técnico
> - Otro grupo realizaría una parte física con el preparador físico
> - Un tercer grupo llevaría a cabo un ejercicio táctico secundario (como el explicado en el punto 2), supervisado por el ayudante

Por último, otra ventaja de este modelo reside en que el entrenador podrá centrarse en gestionar y observar los ejercicios físicos (obteniendo mucha información de sus jugadores), en lugar de intervenir activamente en los mismos, ya que el ayudante será el apoyo fundamental del preparador físico cuando éste necesite ayuda.

5. Un entrenador con conocimientos suficientes de preparación física y un segundo entrenador

Si el técnico titular tiene conocimientos suficientes de preparación física, es preferible contar con un segundo entrenador (con experiencia, conocimientos y que 'conecte' con el principal), antes que con un preparador físico e incluso que con un preparador físico y un ayudante.

Es una idea que puede resultar controvertida y discutible, pero mi experiencia personal me lleva a pensar que la aportación potencial del primero es mayor que la de los segundos.

Dando por sentado que la parcela física queda bien cubierta (tal vez no al mismo nivel que con la figura de un preparador físico específico, pero sí de forma más que suficiente), la posibilidad de que dos entrenadores de una buena categoría dirijan al grupo es sumamente enriquecedora. Por supuesto, la plantilla podrá ser dividida sin problemas y esto abrirá la puerta a múltiples combinaciones que reportarán grandes beneficios al colectivo.

Los ejercicios, propuestos por cualquiera de los dos técnicos, serán de alta exigencia para todos los grupos de trabajo y la supervisión y la corrección, igualmente de alta calidad. El segundo entrenador realizará una valiosísima aportación a los jugadores en los apartados táctico y técnico, complementando al titular.

Por último, las decisiones que adoptemos estarán firmemente cimentadas, puesto que son cuatro ojos cualificados los que observan la realidad y las ideas, y los planteamientos deberán pasar dos filtros y no sólo uno.

Si un preparador físico puede influir de manera positiva en un grupo, un segundo entrenador lo hará de una forma aún mayor.

6. Un entrenador con conocimientos suficientes de preparación física, un segundo entrenador y un ayudante sin experiencia

Si al modelo anterior lográramos añadir un tercer componente, un ayudante sin experiencia, el nivel del trabajo realizado sería todavía más profesional. Principalmente, notaríamos la diferencia a la hora de entrenar por grupos. En el punto 5 sólo podíamos hacer dos divisiones o, como mucho, realizar tres y dejar a una sin supervisión (al estilo del punto 1). Ahora, con un ayudante, podríamos contar con dos grupos de trabajo de alta calidad y con un tercero con objetivos menores, pero igualmente controlado. Las posibilidades que esto ofrece son inmensas, sobre todo para realizar trabajos tácticos.

> Imaginemos un entrenamiento en el que, durante sólo veinte minutos, dividimos al grupo en tres. Con el entrenador principal trabajan los centrocampistas, con el segundo técnico lo hacen los delanteros y los porteros, y con el ayudante se quedan los defensas. Cada grupo, con sus objetivos.
>
> En definitiva, lograríamos completar un entrenamiento específico de las tres líneas en sólo veinte minutos. En la situación 1 (el entrenador solo), el mismo entrenamiento habría requerido 40' o una hora.

7. Un entrenador, un segundo entrenador y un preparador físico

Este modelo de cuerpo técnico es el más idóneo de los seis expuestos y el que más se acerca a un esquema profesional.

Como en el tercer escenario, el preparador físico aportará un gran valor añadido en su especialidad y nos permitirá realizar las mismas divisiones de trabajo que en el punto 6, al actuar como un ayudante en los ejercicios tácticos y técnicos.

Siempre que sea posible, el entrenador dejará en manos de sus compañeros el control directo de los ejercicios y de los grupos y él se reservará un papel principal en la explicación y la corrección de los mismos, realizando una supervisión general de todo el entrenamiento. Por ejemplo, en una sesión con dos ejercicios, el técnico principal explicaría ambos, distribuiría al grupo y a los otros entrenadores, y mientras cada uno de éstos dirigiría directamente el escenario que le correspondiera, él se situaría en una posición intermedia para interrumpir o corregir cuando lo estimase oportuno.

Ahora bien: igual de erróneo es contar con dos personas cualificadas en el cuerpo técnico y dejarlas al margen de forma habitual que cederles en exceso el testigo hasta el punto de que el jugador dude de quién es el líder del equipo. Si tenemos estos recursos, hay que aprovecharlos, pero sin perder el cetro.

Por último, es necesario recordar lo que ya comentábamos en el punto 3: el entrenador debe coordinar la planificación de la sesión, incluidos los contenidos físicos y siendo muy cuidadoso para armonizar y optimizar los ejercicios integrados que él, su segundo y el preparador físico puedan diseñar por separado.

2.6.2. Material necesario

Los medios de trabajo de los que disponga un equipo suelen depender en gran medida del club al que pertenece (tenemos lo que nos dan). No obstante, el entrenador debe ser plenamente consciente de lo que necesitaría en una situación ideal y de su orden de prioridad, para mantener al club informado, con el fin de que éste pueda satisfacer esas necesidades si tiene la ocasión.

En el apartado táctico, los números ideales podrían ser los siguientes:

> - Un balón para cada jugador (uno para cada dos también es una cifra muy aceptable y más fácil de manejar)
> - Tres juegos de petos (mínimo dos)
> - Un juego de setas de dos o tres colores
> - 2 Porterías de fútbol-7
> - 4 miniporterías

En lo que respecta a los balones, es recomendable almacenarlos en un lugar fijo y extraer en cada sesión sólo los que vamos a necesitar (y lo mismo en cada ejercicio). El entrenador ha de tener claro en todo momento cuántos esféricos ha sacado y recontarlos constantemente, además de concienciar a los jugadores para que sean responsables. No es éste un asunto menor, puesto que una correcta gestión de los balones (el medio de entrenamiento fundamental en fútbol) nos permitirá llegar a los importantes últimos meses de la competición en buenas condiciones para preparar las sesiones.

> Los clubes medianos y pequeños suelen, con toda la razón del mundo, cerrar el grifo del material bastante pronto: "No hay más balones: entrena con los que tengas". Esta situación lleva en la práctica a que equipos que habían comenzado la temporada realizando entrenamientos de alta calidad, dividiendo al grupo y procurando un mayor número de contactos de cada jugador con el cuero, la concluyan obligados a simplificar mucho sus sesiones (partidos todos los días) por una simple y llana ausencia de balones.
>
> El técnico que cuida su material durante el año se asegura llegar al último tramo de la competición con la opción de seguir entrenando como él quiera y no como los medios disponibles le impongan.

En cuanto al material que necesitaremos para el entrenamiento de los aspectos físicos, si contamos con un preparador específico, él sabrá perfectamente las herramientas que precisa para desarrollar su trabajo. Aquí nos centraremos en aportar una lista básica para los entrenadores que deban cubrir ellos mismos esta parcela y que precisen asesoramiento en este sentido. En orden de prioridad:

- 5 paquetes de pesas[9]. Compuesto cada uno por:
    - Una barra de 8 kilos (1,55 metros)
    - Dos barras de 2 kilos (0,38 metros)
    - 4 discos de 5 kilos
    - 8 discos de 2 kilos
    - 4 discos de 1 kilo
    - 6 bloqueadores de disco
- 20 conos altos
- 2 combas
- Un banco
- Esterillas

---

[9] Como orientación muy general, aportaremos las siguientes referencias de pesos para las diferentes categorías, sin tener en cuenta las necesidades específicas de cada grupo muscular, las de cada jugador (entrenamiento individualizado) o la variación en función de la época del año (principio, distinto de final):
Cadetes 2º año: Barra – 8 kilos (sólo la barra) y mancuernas – 4. 2 kilos cada una (solo la barra)
Juveniles 1ºaño: Barra – 12 kilos y mancuernas – 4 kilos cada una
Juveniles 2ºaño: Barra – 10 kilos y mancuernas – 6 kilos cada una
Juveniles 3ᵉʳaño: Barra – 18 kilos y mancuernas – 6-8 kilos cada una

Existen numerosas tiendas de deportes y páginas en Internet que ofrecen estos productos a precios razonables. Además, estos aparatos podrán ser compartidos entre los distintos equipos del club, por lo que su coste es realmente menor.

2.6.3. Metodología en la gestión del entrenamiento

Independientemente de cuántas personas compongan el cuerpo técnico y del número de jugadores con los que contamos para realizar un ejercicio determinado, cuando el entrenador se coloca delante de sus futbolistas para explicar un ejercicio, tiene que cuidar diferentes aspectos, de forma metódica:

> › En primer lugar, ha de reunir todos los balones en un punto delante de él y no dejar que los jugadores los tengan en las manos o los pies, pues suponen un elemento de distracción. Él mismo tampoco debería jugar con uno en la mano, ni hacerlo con algún objeto, como el silbato.
> › En segundo lugar, el grupo tiene que estar orientado de espaldas al sol (para evitar deslumbramientos) y también de espaldas a focos de distracción (otros equipos que estén entrenando, por ejemplo).
> › Por último, ningún futbolista debe estar detrás del técnico y sus colaboradores han de colocarse en la misma disposición que el entrenador principal.

Además, en la explicación de un ejercicio, el míster huirá de la improvisación todo lo posible.

Por lo general, los entrenadores explican los objetivos, las normas, la composición de los equipos y la disposición de un ejercicio conforme las ideas les vienen a la cabeza. Unas veces empiezan repartiendo petos, otras señalando las zonas donde va a tener lugar la acción, otras pasan directamente a la demostración... Y la forma de la explicación de un ejercicio difiere de la de otro. Esto lleva a que sea difícil no olvidar mencionar reglas o normas que son importantes para su ejecución o a que, simplemente, no incidamos lo suficiente en algún punto clave que queríamos destacar cuando diseñamos la sesión.

Para evitarlo, el entrenador puede utilizar un esquema fijo en la exposición de los ejercicios, que le permitirá ordenar y explicar mejor la información y que no le restará naturalidad o convicción. Además, a los jugadores les será más fácil entenderle, puesto que estarán acostumbrados a ese esquema y absorberán mejor la información.

- **Para los ejercicios que se desarrollan en forma de juegos de fútbol** (diferentes tipos de partidos), el guión propuesto es el siguiente:

    1. Objetivos
    2. Descripción
    3. Normas especiales
    4. Repetición de los objetivos
    5. Preguntas
    6. Composición de los grupos o de los equipos
    7. Demostración

Analicemos cada uno de estos puntos (los ilustraremos con un ejemplo):

1. Objetivos

Se trata de los conceptos tácticos, técnicos y físicos que queremos entrenar. El futbolista tiene que saber qué se quiere conseguir en cada ejercicio y en qué aspectos debe centrarse principalmente. Cuántos menos conceptos introduzcamos, con más intensidad los reforzaremos. Por este motivo, aunque en un ejercicio se manifiesten diez conceptos tácticos, no hay que mencionar los diez porque el jugador no se quedará con ninguno. Hay que centrarse en los que sean más importantes para nosotros y obviar el resto.

> "Bien, nos vamos a centrar ahora en un ejercicio con el que vamos a trabajar el ritmo de juego ofensivo y la intensidad defensiva. Cuando tengáis el balón, quiero que lo soltéis rápidamente, nada de retenerlo. Y para que eso sea posible, tiene que haber movimiento sin balón constante por parte de los compañeros: apoyos y desmarques. Recordad: toco y me muevo, y juego sobre el primer compañero que vea libre en lugar de esperar al 'pase perfecto'. Todo fácil. Además, cuando no tengáis la pelota, hay que morder para recuperarla: máxima intensidad defensiva, con agresividad y con cabeza".

2. Descripción

Describiremos las dimensiones del terreno de juego, el número de jugadores, si hay porterías, comodines... En definitiva, una descripción aséptica del ejercicio.

"El ejercicio se va a desarrollar en esta zona del campo, en 30x20 metros con una portería pequeña en cada fondo. ¿Veis las setas amarillas, que delimitan la línea de banda? Las rayas blancas son también los bordes del campo. ¿Lo veis? Jugamos cinco contra cinco, con dos comodines ofensivos, por lo que el equipo que ataca lo hará en un siete contra cinco".

3. Normas especiales

Es el momento de enumerar las reglas especiales que van a ayudarnos a manifestar los objetivos propuestos. Si hay algún tipo de incentivo para el ganador del ejercicio, es el momento de exponerlo.

> "Normas: dos toques por jugador, un solo toque los comodines y el gol sólo es válido si han tocado todos los integrantes del equipo, incluidos los comodines. Además, el equipo que gane puede quedarse al final del entrenamiento disputando un campeonato de penaltis".

4. Repetición de los objetivos

Una vez explicado el ejercicio, se recuerdan brevemente los objetivos propuestos con el fin de que los jugadores los asimilen definitivamente y los relacionen con el desarrollo recién expuesto.

> "Recordad: soltad rápido, constante movimiento sin balón, toco y me muevo, y máxima intensidad defensiva".

5. Preguntas

Turno de dudas. Muy importante para solucionar cualquier cuestión. Se suele plantear como una pregunta retórica (se dice rápidamente, sin apenas dar tiempo a contestar y se da por hecho que se ha entendido toda la explicación), pero el entrenador debe insistir y fomentar que los jugadores resuelvan sus dudas porque, si no, perderá mucho tiempo en el ejercicio hasta que éste empiece a funcionar bien.

> "¿Dudas? ¿No hay ninguna? ¿Todo el mundo lo ha entendido? ¿Seguro?"

6. Composición de los grupos o de los equipos

Es importante que los grupos de trabajo sean ordenados por el entrenador, dando los nombres de los futbolistas que los integran, incluso cuando se trabaja por parejas. La tendencia es dejar que los propios jugadores se organicen, pero el técnico no debe renunciar a esta potente herramienta que le permitirá trabajar aspectos tácticos (por ejemplo, colocar a los dos centrales titulares el siguiente sábado en los mismos grupos para que sigan compenetrándose, o situar como comodín ofensivo a un chaval que necesita mejorar sus cualidades tácticas ofensivas), de competitividad (él manejará el potencial de cada grupo, igualando o desigualando el nivel de los enfrentamientos), físicos (grupos de trabajo en función del nivel físico de los jugadores), técnicos (colocar a un futbolista que debe mejorar su agresividad defensiva con otro que destaca en este concepto y que puede ayudarle a progresar) o grupales y de integración (rompiendo cuando lo creamos conveniente las eternas parejas de amiguitos[10] y mezclando los subgrupos del vestuario).

El entrenador debe, pues, aportar los nombres de las personas que integrarán los diferentes equipos de trabajo. Si puede traerlo hecho desde casa, el resultado será más meditado y provechoso, pero en este punto encontramos el hándicap que suponen las bajas de última hora a los entrenamientos, que descuadran todo lo programado. La solución es preparar los grupos previamente, pero estando preparados para ser flexibles y para improvisar, sabiendo que, probablemente, habrá que hacerlo. Como en todo, la experiencia es un grado y, con la práctica y a fuerza de reformas obligadas, el entrenador ganará agilidad para hacerlo más rápido y mejor.

> "Bien, entonces Rober, Aitor, Álex, Pedro y Alfredo cogen peto amarillo y defienden aquella portería; Luis, Saúl, Arturo, Pablo y Nino se ponen peto rojo y defienden la otra; Dani y Tony, con peto verde, son comodines ofensivos"

7. Demostración (si procede)

Inscrita normalmente en los primeros minutos del desarrollo del ejercicio, en los que el cuerpo técnico estará muy pendiente de corregir errores y de solucionar dudas. Si es preciso, se detendrá el juego.

- **Para los ejercicios analíticos, el guión sería distinto**:
    1. Objetivos
    2. Composición de los grupos
    3. Descripción
    4. Demostración
    5. Normas de rotación o de salida
    6. Preguntas
    7. Repetición de los objetivos

1. Objetivos

Establecimiento de objetivos para el ejercicio.

> "El ejercicio siguiente persigue como meta principal el entrenamiento del tiro a puerta: hacer goles. Ya sabéis que éstos valen igual si los conseguimos con el primer disparo o si nos hacemos con el rechace y definimos, por lo que es muy importante que vayáis siempre en busca de la segunda jugada.

---

[10] En ningún caso significa esto que renunciamos a las sociedades que espontáneamente se crean entre los jugadores y que son muy beneficiosas en el terreno de juego.

Además, hay una acción previa de pases al primer toque. En ella buscaremos rapidez y precisión: alto ritmo, que implica ir al balón y no esperarlo, y mantener la concentración en las acciones técnicas para no fallar los pases".

2. Composición de los grupos

El entrenador debe meditar y preparar la composición de los grupos de trabajo, especificando los nombres de sus integrantes. Ahora bien, si la dinámica del ejercicio lleva implícitas rotaciones y al final los jugadores pasan por todos los puestos y se mezclan entre sí, no tendrá sentido hacerlo (como sucede en el ejemplo siguiente).

"Nos colocamos tres jugadores detrás de cada seta y llevan balón los tres de la amarilla" (colocación libre).

3. Descripción

El técnico explica la dinámica de actividades que los futbolistas habrán de llevar a cabo. Esta parte puede ser intercalada con la demostración, realizándola más despacio conforme se exponen los movimientos o las tareas.

En el ejemplo, imaginemos una acción combinada realizada por tres jugadores. Llevarán a cabo una serie de pases entre ellos al primer toque para que al final uno tire a portería. De los otros dos, el más próximo al área tendría la obligación de ir al rechace:

"Comienza pasando el jugador de la seta amarilla sobre el de la azul, éste no espera al balón, sino que va a su encuentro y toca de primeras sobre el compañero de la seta roja, quien deja al primer toque para el de la amarilla, que llega desde atrás y golpea a puerta. Los jugadores de la seta amarilla y de la roja van al rechace".

4. Demostración

Fundamental en este tipo de ejercicios. Útil para ilustrar el punto 3 y necesaria para que los futbolistas entiendan visualmente lo que se les pide. Es importante que el entrenador corrija los fallos de ejecución cometidos en la demostración e incluso que se anticipe a probables errores que se van a cometer para prevenir desde el inicio.

"Eso es, pase (amarillo), voy a por el balón (azul), primer toque (azul), salgo a por la pelota (rojo), pase (rojo) y tiro (amarillo). Espera, para. Es importante que el jugador de la seta amarilla no salga demasiado deprisa hacia el tiro porque se encontrará encima el balón y no tendrá tiempo de armar la pierna. En cambio, debe ver la situación desde detrás y acelerar para llegar a la pelota cuando se produzca el último pase..."

5. Normas de rotación o de salida

Se trata de una información que nunca puede faltar y que determinará la fluidez del ejercicio. Dónde pasa cada jugador después de finalizar la acción.

> "Rojo recoge siempre el balón y rota hacia amarillo, amarillo rota a azul y azul, a rojo". (Hay que acompañar las explicaciones con gestos que ayudarán a visualizar el movimiento de rotación al futbolista. Siempre en círculos lo más claros posible).

> Es aconsejable planificar las rotaciones teniendo en cuenta qué jugadores van a estar más lejos del balón, quién va a ir a buscarlo y hasta dónde tendrá que ir para iniciar una nueva jugada. Siempre debe imperar el sentido común y el camino más corto.

6. Preguntas

Tiempo para las dudas. Como en el caso de la explicación para ejercicios basados en el juego real, deberemos promover las preguntas y asegurarnos de que todo se ha entendido, incluidas las rotaciones.

> "¿Lo habéis entendido? ¿Alguna pregunta? Manu, ¿dónde pasas después? ¿Cómo es la rotación?"

7. Repetición de los objetivos

Después de tanta información, es interesante recuperar los objetivos que perseguimos con este ejercicio.

> "Recordad: precisión y rapidez en las acciones técnicas previas y, sobre todo, eficacia en el tiro a puerta e ir siempre al rechace".

En cuanto a la gestión de los grupos de trabajo, también es recomendable adoptar ciertos hábitos de metodología.

Cuando se trabaja con dos o más divisiones del plantel, es muy habitual realizar una explicación colectiva a todos los grupos de todas las actividades que se van a realizar, así como de las rotaciones que van a seguir. En contraposición con esto, es aconsejable realizar explicaciones separadas, una para cada uno de los ejercicios que, inmediatamente después, se van a realizar. De esta forma conseguiremos focalizar la atención del jugador y obtener un mayor rendimiento de la sesión.

Si contamos con un segundo entrenador, será muy fácil llevar a cabo esta metodología. Pero ¿y si estamos solos o contamos con un ayudante que no está capacitado para explicar él solo los ejercicios? La respuesta es la siguiente:

Dividiremos al plantel (por ejemplo, digamos que en dos). A uno de los grupos lo pondremos inmediatamente a realizar una actividad muy fácil y que no precise explicación (por ejemplo, un rondo). Ahora que no está parado, podremos centrarnos en explicar al otro el ejercicio que debe ejecutar. Una vez que haya empezado a desarrollarlo, dedicaremos toda nuestra atención al primero (el del rondo) y pronto ambos estarán funcionando. Hay que puntualizar que el grupo al que expliquemos en primer lugar debería ser el que realiza un ejercicio secundario (se quedarán solos o bajo la supervisión del ayudante) y el segundo (en el ejemplo, el del rondo), el que llevará a cabo el ejercicio principal, bajo nuestra supervisión. ¿Por qué? El motivo es que es necesario que presenciemos los primeros minutos de la actividad principal, con el fin de corregir todo lo necesario. Si nos dedicamos a este último en primer lugar y luego le dejamos solo, no podremos hacerlo.

Una nueva disyuntiva se plantea en el momento de intercambiar los roles entre ambos grupos. Lo más habitual es finalizar ambos ejercicios con un pitido general e intercambiar los escenarios. Sin embargo, el sentido común indica que puede ser una mejor solución detener la actividad secundaria (mientras el otro grupo continúa) para explicarles la principal (además, podremos usarla de ejemplo porque se está ejecutando en ese mismo momento). Después, este grupo pasará a realizar un ejercicio fácil (tipo rondo) mientras paramos la actividad principal, evaluamos su desarrollo y les explicamos la secundaria. Cuando terminemos, ahora sí, ambos grupos podrán intercambiar sus roles y podrán comenzar habiendo recibido toda la información que necesitan.

2.7. PSICOLOGÍA: MOTIVACIÓN Y ESTABLECIMIENTO DE OBJETIVOS

Si se lleva a cabo con exigencia y rigor, la pretemporada es una etapa sumamente dura y sacrificada para los futbolistas. Para obtener el máximo rendimiento del plantel, el entrenador debe ser consciente de que necesita motivar a sus jugadores desde el primer día, ilusionándolos y 'vendiéndoles' que merece la pena entrenar como si fueran profesionales porque realmente los frutos que van a recoger estarán a la altura de sus expectativas.

Esto se consigue, principalmente, creando un entorno de trabajo que se asemeje al profesional y será el cuerpo técnico el verdadero impulsor de proveer ese contexto. Muchos chavales están acostumbrados a pretemporadas ligeras, con pocos días de entrenamiento y pocos amistosos, por lo que plantearles de repente un período de preparación exigente, ilustrado con encuentros frente a equipos de un alto potencial y salpicado con detalles que recuerden al mundo profesional (como proporcionarles botellas de agua al final del entrenamiento u organizar una sesión especial de baño y masaje) puede suponer una inyección de motivación importante.

Pero, sobre todo, hay un elemento que puede activar como un cohete a un equipo en el período de preparación. Se trata del establecimiento de objetivos y servirá de eje central alrededor del que girarán los elementos expuestos en el párrafo anterior.

Abordaremos en primer lugar los objetivos a largo plazo. El técnico debe fomentar la idea de que el entrenamiento y el sacrificio son una inversión en uno mismo. Si el futbolista quiere llegar a ser profesional, la exigencia a la hora de ejercitarse será el camino más recto (y, tal vez, el único). Y si juega sólo para divertirse, el entrenamiento le permitirá hacerlo durante más tiempo en el nivel más alto dentro de sus posibilidades.

Pero, a la hora de motivar, no hay nada comparable a los objetivos clasificatorios a medio plazo (una temporada). Entrar en un vestuario el primer día planteando un objetivo ambicioso pero real establece para el jugador, desde el principio, un norte, una guía que le marca el camino. Sabe a dónde va y se trata de un objetivo común, que aglutina a todo el plantel.

La mezcla de los elementos anteriores nos permitirá contar con futbolistas comprometidos y dispuestos a sacrificarse en cada sesión.

Sin embargo, si bien el entorno pseudo profesional y las metas a largo plazo son transparentes y objetivamente positivos, establecer desde el comienzo una cota clasificatoria que el grupo debe alcanzar puede ser un cuchillo de afilado doble corte. Los resultados, implacables, si son desfavorables pueden desarmarnos en unas pocas jornadas. Y si el objetivo marcado se esfuma, ¿qué nos queda? La motivación, por las nubes al comienzo, puede alcanzar el extremo opuesto de manera fulminante.

Por este motivo, hay muchos entrenadores que prefieren comenzar la temporada sin haber fijado metas en la clasificación. Renuncian a ese plus de motivación inicial, pero garantizan una progresión natural de la moral del grupo, conforme los resultados van situándolo en su sitio. A falta de unas diez o doce jornadas, ahora sí, se establecen los objetivos clasificatorios, una vez que se conoce bien el nivel de la competición y el del propio equipo. Es la máxima del ir 'partido a partido'.

Así pues, son dos teorías distintas, cada cual con sus pros y sus contras. Los que abogan por un establecimiento de objetivos previo argumentan que esa carga extra de motivación del principio puede resultar clave para que el colectivo aspire a cotas que, de otra forma, nunca podría alcanzar. Además, el entrenador de fútbol vive de los resultados y, si éstos no llegan, cuando el equipo alcance las últimas jornadas del campeonato tal vez ya no estén ellos al frente.

Y los que prefieren dosificar la inyección de moral esgrimen como argumentos que un establecimiento previo no está basado en una base sólida, pues no se conoce el nivel de la competición, y que el bajón que puede sufrir el equipo si los resultados no acompañan resultaría fatalmente definitivo e irrecuperable.

El entrenador debe elegir. Si creemos que hay mimbres suficientes, puede merecer la pena arriesgarse y beneficiarnos de la dosis inicial de ilusión y motivación. Si no, tal vez sea mejor liberar de presión al grupo y dejar que vaya creciendo poco a poco.

- Perdido el objetivo, perdido el equipo

En la temporada 2010-2011, el Juvenil B del Vecindario Norte contaba con buenos jugadores y el nivel de la categoría invitaba a pensar en que, a pesar de tratarse de un equipo de primer año, el ascenso era un objetivo razonable. Ésa fue la meta propuesta desde la pretemporada y con ese impulso inicial el grupo cosechó grandes resultados en las primeras jornadas. Sin embargo, hacia la mitad de la competición, dos rivales de último año, el Colegio Deportivo y el Club Regional, confirmaron su superioridad respecto al resto de los equipos y, a falta de muchas jornadas para el final, habían prácticamente sentenciado las dos plazas de ascenso.

Esta circunstancia (el ascenso era ya imposible), ilustrada con sendas goleadas en contra frente a estos dos conjuntos, no fue bien encajada por la plantilla. El vestuario se desmembró y los meses que restaban hasta el final de la competición fueron difíciles y tortuosos desde el punto de vista grupal. Tantas habían sido las expectativas que habían albergado los chavales en un inicio, que terminar peleando por los puestos medio altos de la tabla les supo a demasiado poco y se dejaron llevar hasta que concluyó la liga.

- Espoleados por un estimulante proyecto

Ejemplos en los que el establecimiento de un objetivo inicial fue decisivo para optimizar el rendimiento del grupo hay muchos:

Siempre hablando del Club Regional, los ascensos de los equipos Cadete 'A' y Juvenil 'C' en las temporadas 2004-2005 y 2006-2007, respectivamente, fueron fruto en gran medida del alto nivel de compromiso y de rendimiento deportivo que generó el agrupamiento de la plantilla desde el mes de agosto en torno a un objetivo tan retador como el ascenso. Ambos conjuntos rindieron por encima de sus posibilidades reales y alcanzaron la meta, haciendo buena la arriesgada apuesta que siempre supone colocar alto el listón sin un conocimiento exacto de la competición ni de las propias fuerzas.

- **Cuando los resultados no acompañan...**

En la temporada 2007-2008, el Juvenil B del Distrito Este, que competiría en Primera División Autonómica Juvenil, asumió ya en pretemporada la meta del ascenso de categoría. Como los resultados no fueron lo suficientemente buenos durante la primera vuelta, el cuerpo técnico tuvo que debatir internamente en reiteradas oportunidades si era aconsejable admitir abiertamente que ese objetivo tal vez había sido demasiado ambicioso, restando ansiedad al grupo y centrándolo de forma estricta en el más inmediato corto plazo, o si, por el contrario, se decidía mantener la cota fijada desde el inicio, a pesar de que ésta se encontraba ya a ocho o nueve puntos de distancia, con otros tantos equipos situados por delante en la clasificación.

El debate se planteó en varias oportunidades a lo largo del año y la solución fue diferente según el caso. Normalmente, se optó por mantener el objetivo, pero cuando el grupo se alejó más de lo que un equipo con posibilidades de ascenso podía permitirse sí se eligió la primera opción. El resultado fue que los futbolistas jugaron más liberados y obtuvieron buenos resultados. Una vez éstos les reengancharon a la parte alta de la clasificación, el mensaje del ascenso fue retomado con mayor intensidad y convicción.

- **Reajustando el objetivo**

La permanencia en la categoría suele ser el punto de partida escogido por muchos entrenadores para construir, a partir de ahí, proyectos más ambiciosos. En la temporada 2003-2004, el Juvenil B (Liga Nacional) del Vecindario Norte persiguió la meta de la permanencia durante todo el año. Cuando por fin la consiguió, estableció cotas más altas y, estimulado por la tranquilidad de haber alcanzado ya su objetivo primario y por el hecho de tener metas mayores en el horizonte, definidas y recompensadas por el club, completó un excelente final de temporada (cuando los otros equipos ya sólo se dejaban llevar) y en cinco jornadas sumó quince puntos que le llevaron del puesto 12 al sexto, a sólo un punto del ascenso (al que no optaba por ser un filial).

Se trata de un ejemplo entre tantos de una política que consiste en ir cubriendo etapas e ir aumentando la exigencia al grupo conforme éste demuestra que está preparado para pasar al siguiente nivel. El ejemplo se refiere a un filial sin posibilidades ni ambición de ascender, pero es una táctica que también aplican con frecuencia equipos con metas altas, que dosifican los objetivos como una estrategia definida para no cargar de responsabilidad a los jugadores desde el principio y no descentrarlos con metas demasiado a largo plazo.

- **Trabajo sin rumbo**

Por último, debemos mencionar de forma genérica a la multitud de equipos que cada año futbolísticamente albergan un gran potencial pero que realizan temporadas mediocres debido a la mala gestión (o a la ausencia) de los objetivos. En estas plantillas, el grupo no sabe a dónde va ni para qué está compitiendo. No hay una meta común articulada a través de cualquiera de los modelos que hemos visto y el rendimiento y la competitividad del plantel se diluyen, puesto que no cuenta con un reto al que enfrentarse.

2.8. PREPARACIÓN FÍSICA

Este capítulo está centrado en los equipos que no cuentan con un preparador físico específico dentro del cuerpo técnico. Si el entrenador debe hacerse cargo de esta importante parcela, aquí encontrará las pautas básicas para ello.

En primer lugar, es importante destacar la importancia mayúscula de la preparación física dentro del fútbol, sobre todo si queremos obtener el alto rendimiento de un grupo. Una condición física apropiada en nuestros futbolistas, procedente de un entrenamiento serio y bien estructurado, nos permitirá entre otras cosas jugar de una forma mucho más agresiva dentro del campo, optimizar el acierto en las acciones técnicas, obtener mejores decisiones por parte de los chavales gracias a la menor fatiga y crear un espíritu común de disciplina y de esfuerzo muy positivos en determinadas circunstancias en las que, por el motivo que sea (tal vez porque no sea lo que queramos), no podamos organizarnos en torno a la posesión del balón. Además, el futbolista que está bien físicamente aumenta su autoconfianza y su rendimiento.

Una buena preparación física implica sin duda la conquista de puntos a lo largo de la competición y de puestos en la tabla al final del año, tanto en equipos que destaquen por su calidad individual (ésta se verá potenciada), como en aquéllos que estén por debajo del nivel general (si no son mejores que sus rivales, al menos sí deberán estar mejor preparados físicamente).

Como ya se ha dicho, la pretemporada es el generador por excelencia de la condición física. Lo que no se haga en pretemporada difícilmente podrá ser hecho después y el equipo que complete sus deberes en esta fase obtendrá su recompensa desde las primeras jornadas de la competición.

La planificación física aquí propuesta es tradicional, en comparación con los métodos integrados que hoy manejan muchos preparadores físicos. Éstos últimos, en teoría, saben medir las cargas de trabajo físico implícitas en los ejercicios tácticos que proponen. Puesto que para un técnico sin estudios específicos de preparación física esa labor de cálculo no es posible, optaremos por un método más clásico que separe el trabajo físico del táctico y del técnico, facilitando así el control de lo que estamos entrenando realmente.

Eso no quiere decir que el balón no pueda estar presente en el entrenamiento físico: puede y debe estarlo, pero como complemento y como elemento lúdico dentro de un ejercicio físico, y no como resultado de la integración de objetivos físicos y tácticos, a partes iguales.

En cuanto a la realización de pruebas físicas, el entrenador las podrá utilizar para comparar los resultados obtenidos en distintas épocas, aunque es evidente que siempre van a mejorar, por muy mal que se haya trabajado. Sin una formación específica en preparación física, de poco más le servirán.

Tomando como base una pretemporada de cinco semanas de duración (más la de competición, previa a la primera jornada de liga), con cinco días de entrenamiento en cada semana (y otro de partido) y una hora de trabajo físico en cada uno de esos días, propondremos la siguiente organización del entrenamiento físico:

SEMANA 1
(Realizada por los jugadores de forma individual si no es posible comenzar a entrenar tan pronto):

- **Pruebas físicas:**
    - –
- **Prevención de lesiones:**
    - Entrenamiento para la prevención de lesiones (muscular y articular)
- **Resistencia:**
    - Capacidad aeróbica
- **Fuerza:**
    - Acondicionamiento general y fuerza resistencia (sólo zona abdominal y lumbar)
- **Velocidad:**
    - Ejercicios de velocidad de reacción sin salida (sólo si el grupo se entrena junto)
- **Flexibilidad:**
    - Flexibilidad activa (como complemento, no como entrenamiento específico de flexibilidad)
- **Coordinación, equilibrio y agilidad**
    - Ejercicios y juegos variados (sólo si el grupo se entrena junto)
- **Partido amistoso:**
    - –

SEMANA 2

- **Pruebas físicas:**
  - Resistencia y flexibilidad
  - Medición de peso y de altura
- **Prevención de lesiones:**
  - Ejercicios inscritos dentro de la vuelta a la calma (muscular y articular)
- **Resistencia:**
  - Capacidad aeróbica
- **Fuerza:**
  - Acondicionamiento general y fuerza resistencia de tren superior, tren inferior y zona abdominal y lumbar (con autocarga)
- **Velocidad:**
  - Ejercicios de velocidad de reacción sin salida
- **Flexibilidad:**
  - Flexibilidad activa y pasiva
  - Entrenamiento de flexibilidad (PNF)
- **Coordinación, equilibrio y agilidad**
  - Ejercicios y juegos variados, inscritos en el calentamiento
- **Partido amistoso:**
  - Máximo de un tiempo cada jugador

SEMANA 3

- **Pruebas físicas:**
  - -
- **Prevención de lesiones:**
  - Ejercicios inscritos dentro de la vuelta a la calma (muscular y articular)
- **Resistencia:**
  - Potencia aeróbica
  - Resistencia aeróbica general (cambios de ritmo, siempre dentro de los ritmos aeróbicos)
- **Fuerza:**
  - Fuerza de tren superior e inferior con carga añadida (pesas)
  - Fuerza máxima de tren superior e inferior
  - Fuerza resistencia abdominal y lumbar, inscrita en la parte de vuelta a la calma

- **Velocidad:**
  - Ejercicios de velocidad de reacción sin salida
- **Flexibilidad:**
  - Flexibilidad activa y pasiva
  - Entrenamiento de flexibilidad (PNF)
- **Coordinación, equilibrio y agilidad**
  - Ejercicios y juegos variados, inscritos en el calentamiento
- **Partido amistoso:**
  - Tiempo cercano a un partido completo, cada jugador

SEMANA 4

- **Pruebas físicas:**
  - -
- **Prevención de lesiones:**
  - Ejercicios inscritos dentro de la vuelta a la calma (muscular y articular)
- **Resistencia:**
  - Capacidad anaeróbica láctica
  - Potencia anaeróbica láctica
  - Resistencia específica de fútbol (cambios de ritmo, intercalando ritmos aeróbicos y anaeróbicos)
- **Fuerza:**
  - Fuerza de tren superior e inferior, con carga añadida (pesas) + transferencia (fuerza explosiva)
  - Fuerza máxima de tren superior e inferior + transferencia (fuerza explosiva)
  - Fuerza resistencia abdominal y lumbar, inscrita en la parte de vuelta a la calma
- **Velocidad:**
  - Ejercicios de velocidad de reacción con o sin salidas cortas
- **Flexibilidad:**
  - Flexibilidad activa y pasiva
  - Entrenamiento de flexibilidad (PNF)
- **Coordinación, equilibrio y agilidad**
  - -
- **Partido amistoso:**
  - Un partido completo para cada jugador

SEMANA 5

- **Pruebas físicas:**
  - Velocidad y fuerza
  - Medición de peso
- **Prevención de lesiones:**
  - Ejercicios inscritos dentro de la vuelta a la calma (muscular y articular)
- **Resistencia:**
  - Capacidad anaeróbica aláctica (velocidad resistencia)
  - Potencia anaeróbica aláctica
  - Resistencia a la velocidad[11]
  - Resistencia específica de fútbol (cambios de ritmo, intercalando ritmos aeróbicos y anaeróbicos)
- **Fuerza:**
  - Fuerza de tren superior e inferior, con carga añadida (pesas) + transferencia (fuerza explosiva)
  - Fuerza máxima de tren superior e inferior + transferencia (pesas)
  - Fuerza intermitente (resistencia a la repetición de fuerza explosiva)[12]
  - Fuerza resistencia abdominal y lumbar, inscrita en la parte de vuelta a la calma
- **Velocidad:**
  - Entrenamiento específico de velocidad
  - Ejercicios de velocidad de reacción con salidas cortas
- **Flexibilidad:**
  - Flexibilidad activa y pasiva
  - Entrenamiento de flexibilidad (PNF)
- **Coordinación, equilibrio y agilidad**
  - -
- **Partido amistoso:**
  - Un partido completo para cada jugador

SEMANA 6 (PRIMERA SEMANA DE COMPETICIÓN)

- **Pruebas físicas:**
  - -

---

11 Ver definición en el capítulo 3.1.1
12 Idem

- **Prevención de lesiones:**
    - Ejercicios inscritos dentro de la vuelta a la calma (muscular y articular)
- **Resistencia:**
    - Potencia anaeróbica aláctica
    - Resistencia a la velocidad
- **Fuerza:**
    - Fuerza explosiva (trabajo de calidad[13])
    - Fuerza intermitente (resistencia a la repetición de fuerza explosiva)
    - Fuerza resistencia abdominal y lumbar, inscrita en la parte de vuelta a la calma
    - Fuerza resistencia de tren superior, inscrita en la parte de vuelta a la calma
- **Velocidad:**
    - Entrenamiento específico de velocidad
    - Ejercicios de velocidad de reacción con salidas cortas
- **Flexibilidad:**
    - Flexibilidad activa y pasiva
- **Coordinación, equilibrio y agilidad**
    - -
- **Partido amistoso:**
    - -

Como veremos en capítulos posteriores, las semanas correspondientes a las tres o cuatro primeras jornadas de competición pueden ser aprovechadas para dar continuidad al impulso físico de la pretemporada, realizando entrenamientos de calidad, en lugar de centrarnos en la cantidad. Una vez que hayamos terminado de aprovechar esta circunstancia, entraríamos en la dinámica de sesiones de mantenimiento, que será abordada en el capítulo 3.1.1.

Partiendo de la propuesta general anterior, detallaremos las sesiones tomando como referencia a un equipo juvenil de segundo año (a partir de aquí, habría que readaptar las cargas y los tiempos para un grupo de edad distinta, pero la estructura es válida en cualquier caso). Además, daremos por hecho que la primera semana es realizada de forma individual por los chavales, que entrenamos en una sola sesión diaria (no mañana y tarde) y propondremos realizar la parte física al final de cada sesión, con el fin de

---

[13] Ver definición del entrenamiento de calidad en el capítulo 3.1.1

tener a los jugadores más frescos en la parcela táctica (el objetivo táctico no será rendir bajo fatiga, sino asimilar los conceptos lo mejor y más rápido posible, y eso se consigue estando descansados):

SEMANA 1

- **Pruebas físicas:**
    › -
- **Prevención de lesiones:**
    › Entrenamiento para prevención de lesiones (muscular y articular)
- **Resistencia:**
    › Capacidad aeróbica
- **Fuerza:**
    › Acondicionamiento general y fuerza resistencia (sólo zona abdominal y lumbar)
- **Velocidad:**
    › Ejercicios de velocidad de reacción sin salida (sólo si el grupo entrena junto)
- **Flexibilidad:**
    › Flexibilidad activa (como complemento, no como entrenamiento específico de flexibilidad)
- **Coordinación, equilibrio y agilidad**
    › Ejercicios y juegos variados (sólo si el grupo entrena junto)
- **Partido amistoso:**
    › -

S1-Día 1
10 Calentamiento
5 Flexibilidad
8 Carrera continua. Ritmo intermedio. Capacidad aeróbica.
5 Flexibilidad
8 Carrera continua. Ritmo intermedio. Capacidad aeróbica.
15 Acondicionamiento general, fuerza resistencia zona abdominal y lumbar, y ejercicios para prevención de lesiones.
8 Carrera continua. Ritmo intermedio. Capacidad aeróbica.
10 Flexibilidad

S1-Día 2
10 Calentamiento

5 Flexibilidad
 8 Carrera continua. Ritmo intermedio. Capacidad aeróbica.
 5 Flexibilidad
 9 Carrera continua. Ritmo intermedio. Capacidad aeróbica.
15 Acondicionamiento general, fuerza resistencia zona abdominal y lumbar, y ejercicios para prevención de lesiones.
10 Carrera continua. Ritmo intermedio. Capacidad aeróbica.
10 Flexibilidad

S1-Día 3
10 Calentamiento
 5 Flexibilidad
10 Carrera continua. Ritmo intermedio. Capacidad aeróbica.
 5 Flexibilidad
10 Carrera continua. Ritmo intermedio. Capacidad aeróbica.
15 Acondicionamiento general, fuerza resistencia zona abdominal y lumbar, y ejercicios para prevención de lesiones.
10 Carrera continua. Ritmo intermedio. Capacidad aeróbica.
10 Flexibilidad

S1-Día 4
10 Calentamiento
 5 Flexibilidad
15 Carrera continua. Ritmo intermedio. Capacidad aeróbica.
 5 Flexibilidad
20 Acondicionamiento general, fuerza resistencia zona abdominal y lumbar, y ejercicios para prevención de lesiones.
15 Carrera continua. Ritmo intermedio. Capacidad aeróbica.
15 Flexibilidad

Al tratarse de un entrenamiento individual y no controlado, es recomendable:

1. Reducir el número de entrenamientos a cuatro días, ya que en esta ocasión es preferible ser realistas a ambiciosos. Es un número más asequible (a lo largo de una semana de siete días) para un chaval en vacaciones.

2. Planificar los primeros días de la segunda semana partiendo de las cargas del segundo o del tercer día (no del cuarto) de la primera semana, porque aunque los futbolistas hayan cumplido con su plan, normalmente lo habrán hecho a un ritmo inferior al que, con compe-

tencia y en un entorno seguramente más hostil (calor y entrenamiento táctico adicional), encontrarán cuando el grupo se reúna.

3. Recomendaremos al jugador que lleve a cabo estas sesiones en unas condiciones similares a las que encontrará a partir de la segunda semana (con calor, con zapatillas y camiseta, en el bosque o en un campo de fútbol... y no en la playa, sólo en bañador y descalzo).

SEMANA 2

- **Pruebas físicas:**
  > Resistencia y flexibilidad
  > Medición de peso y de altura
- **Prevención de lesiones:**
  > Ejercicios inscritos dentro de la vuelta a la calma (muscular y articular)
- **Resistencia:**
  > Capacidad aeróbica
- **Fuerza:**
  > Acondicionamiento general y fuerza resistencia de tren superior, tren inferior y zona abdominal y lumbar (con autocarga)
- **Velocidad:**
  > Ejercicios de velocidad de reacción sin salida
- **Flexibilidad:**
  > Flexibilidad activa y pasiva
  > Entrenamiento de flexibilidad (PNF)
- **Coordinación, equilibrio y agilidad**
  > Ejercicios y juegos variados, inscritos en el calentamiento
- **Partido amistoso:**
  > Máximo de un tiempo cada jugador

S2-Lunes
- Presentación
- Realización de pruebas de potencia aeróbica y de flexibilidad, además de medición de peso y altura

S2-Martes
20 Calentamiento + contenido variado de (elegir una): coordinación y técnica de carrera, agilidad, equilibrio o velocidad de reacción, por medio de juegos o ejercicios clásicos (con o sin balón); + flexibilidad.

40	Entrenamiento táctico

Parte física (medio natural-zapatillas):

10	Carrera continua. Ritmo intermedio. Capacidad aeróbica.
2	Recuperación pasiva (dispersión)
10	Ejercicios de acondicionamiento general y fuerza resistencia con autocarga
3	Flexibilidad
10	Carrera continua. Ritmo intermedio. Capacidad aeróbica.
2	Recuperación pasiva (dispersión)
10	Ejercicios de acondicionamiento general y fuerza resistencia con autocarga
3	Flexibilidad
10	Carrera continua. Ritmo intermedio. Capacidad aeróbica.
10	Vuelta a la calma

S2-Miércoles

20	Calentamiento + contenido variado de (elegir una): coordinación y técnica de carrera, agilidad, equilibrio o velocidad de reacción, por medio de juegos o ejercicios clásicos (con o sin balón); + flexibilidad.
40	Entrenamiento táctico

Parte física (medio natural-zapatillas):

15	Carrera continua. Ritmo intermedio. Capacidad aeróbica.
2	Recuperación pasiva (dispersión)
20	Fuerza resistencia con autocarga y juegos por parejas
3	Flexibilidad
15	Carrera continua. Ritmo intermedio. Capacidad aeróbica.
10	Vuelta a la calma

S2-Jueves

20	Calentamiento táctico
40	Entrenamiento táctico

Parte física (medio natural-zapatillas):

15	Carrera continua. Ritmo intermedio. Capacidad aeróbica.
2	Recuperación pasiva (dispersión)
20	Ejercicios de acondicionamiento general y fuerza resistencia con autocarga
3	Flexibilidad
20	Carrera continua. Ritmo intermedio. Capacidad aeróbica.
10	Vuelta a la calma

S2-Viernes

20   Calentamiento táctico
40   Entrenamiento táctico
      Parte física (medio natural-zapatillas):
20   Carrera continua. Ritmo intermedio. Capacidad aeróbica.
 2   Recuperación pasiva (dispersión)
10   Ejercicios de acondicionamiento general, fuerza resistencia con autocarga y juegos por parejas
10   Flexibilidad pasiva

20   Carrera continua. Ritmo intermedio. Capacidad aeróbica.
10   Vuelta a la calma

S2-Sábado – Descanso

S2-Domingo

20   Calentamiento
45   Partido amistoso
Parte física (el medio tiempo que no están jugando)[14]:
10   Carrera continua. Ritmo intermedio. Capacidad aeróbica.
10   Entrenamiento de flexibilidad (PNF)
10   Carrera continua. Ritmo intermedio. Capacidad aeróbica.
15   Fuerza máxima
      5 ejercicios de tren superior (ts)
      5 ejercicios de tren inferior (ti)
      15 repeticiones en cada uno. Oposición inicial máxima y en descenso.
      Recuperación = oposición al compañero.
10   Vuelta a la calma

SEMANA 3

- **Pruebas físicas:**
    > -
- **Prevención de lesiones:**
    > Ejercicios inscritos dentro de la vuelta a la calma (muscular y articular)

---

14 El objetivo físico en esta primera semana es muy importante, por lo que nos permitimos incluir trabajo físico el día del partido. Deberán jugar en primer lugar (sin fatiga) aquellos jugadores que nos interese (por ejemplo, porque tenemos duda de si vamos a descartarlos o no).

- **Resistencia:**
  - Potencia aeróbica
  - Resistencia aeróbica general (cambios de ritmo, siempre dentro de los ritmos aeróbicos)
- **Fuerza:**
  - Fuerza de tren superior e inferior con carga añadida (pesas)
  - Fuerza máxima de tren superior e inferior
  - Fuerza resistencia abdominal y lumbar, inscrita en la parte de vuelta a la calma
- **Velocidad:**
  - Ejercicios de velocidad de reacción sin salida
- **Flexibilidad:**
  - Flexibilidad activa y pasiva
  - Entrenamiento de flexibilidad (PNF)
- **Coordinación, equilibrio y agilidad**
  - Ejercicios y juegos variados, inscritos en el calentamiento
- **Partido amistoso:**
  - Tiempo cercano a un partido completo cada jugador

S3-Lunes

20 Calentamiento + contenido variado de (elegir una): coordinación y técnica de carrera, agilidad, equilibrio o velocidad de reacción, por medio de juegos o ejercicios clásicos (con o sin balón); + flexibilidad.

40 Entrenamiento táctico
Parte física (en el campo-zapatillas):
DINÁMICA DE TRABAJO EN DOS GRUPOS:
<u>Grupo 1</u>: Aprender circuito fuerza viendo al grupo 2 (5') + carrera continua (CC) (8') + recuperación (2') + 1vuelta (vta) fuerza (15') + CC (8') + recuperación (7') + 1vta fuerza (15').
<u>Grupo 2</u>: 1vta fuerza (15')+CC(8') + recuperación (7') +1vta fuerza(15')+CC(8') + recuperación (7').
Detalle:
  8 Carrera continua. Ritmo alto. Potencia aeróbica.
  5 Flexibilidad
35 Circuito de fuerza resistencia con pesas[15]
- 12 ejercicios (5 ts, 7 ti)
- 35 segundos (+-23 repeticiones)

---

[15] Los ejercicios se detallan una sola vez. A partir de la segunda, hay que tomar como referencia el primer ejemplo.

- 2 vueltas
- r (recuperación entre ejercicio y ejercicio) y R (recuperación entre vueltas) = cambio
- Barras: 20 kg.
- Mancuernas: 6 kg.
- Trabajo con discos: 2 discos de 5kg. (10 kg.)

5 Flexibilidad
8 Carrera continua. Ritmo alto. Potencia aeróbica.
15 Vuelta a la calma. Compuesta a partir de ahora por:
- Fuerza resistencia de la zona abdominal y lumbar
- Fuerza resistencia de tren superior (a partir de la semana 6)
- Flexibilidad activa y pasiva
- Ejercicios de movilidad articular y de prevención de lesiones
- Relajación muscular

S3-Martes
20 Calentamiento + contenido variado de (elegir una): coordinación y técnica de carrera, agilidad, equilibrio o velocidad de reacción, por medio de juegos o ejercicios clásicos (con o sin balón); + flexibilidad.
40 Entrenamiento táctico
Parte física (en el campo-botas):
20 Fuerza máxima (resistencia ejercida por el compañero)
- Ejercicios de tren superior
- Ejercicios de tren inferior
- 12 repeticiones en cada uno (seis en cada pierna o brazo). Resistencia inicial máxima y en descenso.
- r y R= oposición al compañero.
- 2 vueltas

5 Flexibilidad
35 Fartlek aeróbico
- 2 recorridos con balón y uno sin balón
- Recorridos con balón: distancias (a distintos ritmos de carrera) delimitadas por setas. 2 ritmos (60% y 75%)
- Recorrido sin balón: 30'' (60%) y 30'' (75%)
- 8 minutos cada uno (24')
- R=3' en recuperación activa (flexibilidad)

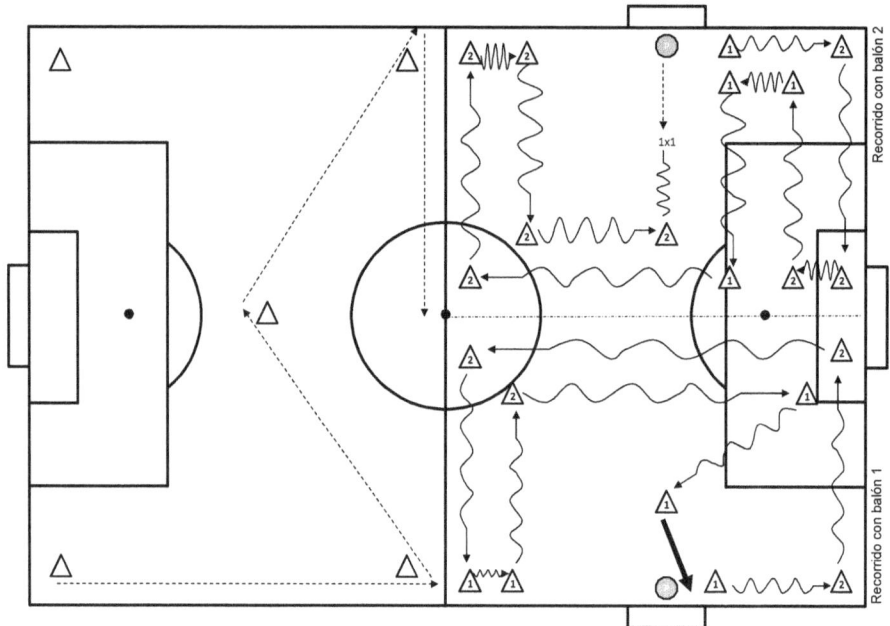

Recorridos con balón:
- **Individual**
  › Ritmo del 60% de carrera a partir de la marca
  › Ritmo del 75% de carrera a partir de la marca
- **Tiro a puerta: obligatorio buscar precisión en lugar de potencia**

Recorrido sin balón:
- **Por parejas**
- **Desplazamiento libre en recorrido horizontal, vertical o diagonal a partir de las marcas.**
- **Un pitido: ritmo del 60% de carrera (30")**
- **Dos pitidos: ritmo del 75% de carrera (30")**

15 Vuelta a la calma

S3-Miércoles
20 Calentamiento[16]

---

16 Ya con la plantilla cerrada y en vísperas de la competición, es recomendable explicar a los jugadores tres tipos de calentamiento individual de cara a los jugadores que empiecen desde el banquillo en los partidos oficiales y deban activarse en la banda o durante el descanso: calentamiento tipo (unos diez minutos), calentamiento urgente (para saltar al campo 'ya') y calentamiento de tiempo indefinido (tras el calentamiento tipo, qué ejercicios puede realizar para mantenerse activo hasta nueva orden). Tras su explicación, incluso si el equipo cuenta con un preparador físico, la responsabilidad del calentamiento

45 Partido amistoso
Parte física (el medio tiempo que no están jugando):
20 Entrenamiento de flexibilidad (PNF)
15 Vuelta a la calma

S3-Jueves
20 Calentamiento + contenido variado de (elegir una): coordinación y técnica de carrera, agilidad, equilibrio o velocidad de reacción, por medio de juegos o ejercicios clásicos (con o sin balón); + flexibilidad.
40 Entrenamiento táctico
Parte física (en el campo-zapatillas):
10 Carrera continua. Ritmo alto. Potencia aeróbica.
5 Flexibilidad
35 Circuito de fuerza resistencia con pesas
5 Flexibilidad
10 Carrera continua. Ritmo alto. Potencia aeróbica.
15 Vuelta a la calma

S3-Viernes
20 Calentamiento táctico
40 Entrenamiento táctico
Parte física (en el campo-botas):
20 Fuerza máxima (resistencia ejercida por el compañero)
5 Flexibilidad
35 Fartlek aeróbico
  > 10 minutos cada uno (30')
20 Amplia vuelta a la calma (amplia sesión de flexibilidad)

S3-Sábado – Descanso

S3-Domingo – Partido amistoso en el que cada jugador dispute en torno a 90' (se pueden concertar dos encuentros si la plantilla es muy numerosa)[17].

---

en la banda recae en manos del jugador, que debe aprender mejor que nadie cómo calentarse de cara al juego. Además, existe una reflexión interesante acerca del calentamiento de los jugadores que van a entra en el comienzo de la segunda mitad: podemos optar por aprovechar el tiempo del descanso para que toquen balón, pero también hay que sopesar la conveniencia de finalizar el calentamiento con el final del primer período para que los chicos estén presentes en la reunión del vestuario, que es un momento importante en el que el entrenador explica al grupo lo que quiere de él en la segunda parte.

17 En este sentido, es imposible ser muy rigurosos en el control de los minutos, puesto que las lesiones y el estado físico de los jugadores condicionan cualquier planificación. Lo importante será llevar un registro del tiempo y tratar de repartir esfuerzos y cargas de forma coherente, procurando siempre que los futbolistas comiencen por un volumen moderado de minutos de juego y con el fin último de que, a lo largo de la pretemporada, todos hayan tenido la oportunidad de disputar varios encuentros completos.

SEMANA 4

- **Pruebas físicas:**
  › -
- **Prevención de lesiones:**
  › Ejercicios inscritos dentro de la vuelta a la calma (muscular y articular)
- **Resistencia:**
  › Capacidad anaeróbica láctica
  › Potencia anaeróbica láctica
  › Resistencia específica de fútbol (cambios de ritmo, intercalando ritmos aeróbicos y anaeróbicos)
- **Fuerza:**
  › Fuerza de tren superior e inferior, con carga añadida (pesas) + transferencia (fuerza explosiva)
  › Fuerza máxima de tren superior e inferior + transferencia (fuerza explosiva)
  › Fuerza resistencia abdominal y lumbar, inscrita en la parte de vuelta a la calma
- **Velocidad:**
  › Ejercicios de velocidad de reacción con o sin salidas cortas
- **Flexibilidad:**
  › Flexibilidad activa y pasiva
  › Entrenamiento de flexibilidad (PNF)
- **Coordinación, equilibrio y agilidad**
  › -
- **Partido amistoso:**
  › Un partido completo para cada jugador

S4-Lunes
15 Calentamiento técnico
45 Entrenamiento táctico
    Parte física (en el campo-botas):
20 Fuerza máxima (resistencia proporcionada por el compañero), con transferencia (fuerza explosiva):
    › Ejercicios de tren superior
    › Ejercicios de tren inferior

- > 12 repeticiones en cada uno (seis en cada pierna o brazo). Resistencia inicial máxima y en descenso.
- > r y R= oposición al compañero
- > 2 vueltas
- > Transferencia (fuerza explosiva) específica para cada ejercicio

5 Flexibilidad
35 Fartlek anaeróbico
- > 2 recorridos con balón y uno sin balón
- > 3 ritmos (50%, 75% y submáximo)
- > Recorridos con balón: distancias (a distintos ritmos de carrera) delimitadas por setas.
- > Recorrido sin balón: 30'' (50%), 20'' (75%) y 10'' (intensidad submáxima).
- > 10 minutos cada uno (30')
- > R= 4' en recuperación activa (flexibilidad)

15 Vuelta a la calma

S4-Martes
20 Calentamiento + juego de velocidad de reacción sin salida
40 Entrenamiento táctico
Parte física (en el campo-botas):
30 Circuito de fuerza con pesas + transferencia
- > 12 ejercicios (5 ts, 7 ti)
- > Dos grupos de 12 trabajan a la vez (un grupo trabaja con las pesas cuando el otro realiza la transferencia y el cambio de ejercicio)
- > 30 segundos (+-20 repeticiones más rápidas) + transferencia
- > 2 vueltas
- > r y R = cambio
- > Barras: 24 kg
- > Mancuernas: 8 kg
- > Trabajo con discos: 2 discos (10 kg.)
- > Transferencia (fuerza explosiva) específica para cada ejercicio

10 Flexibilidad pasiva
20 Capacidad anaeróbica láctica:
- > 800 metros (70%), 500 metros (70%) y 2x300 metros (80%)

15 Vuelta a la calma

S4-Miércoles
20 Calentamiento
45 Partido amistoso
Parte física (el medio tiempo que no están jugando - zapatillas):

30 Potencia y trabajo de resistencia (potencia anaeróbica láctica) en cuestas:
   > Potencia anaeróbica láctica (200metrosx4repeticiones)
   > Intensidad: 80%
   > En cuesta de pendiente intermedia
   > Recuperación total, con flexibilidad
15 Entrenamiento de flexibilidad (PNF)
15 Vuelta a la calma

S4-Jueves
15 Calentamiento
45 Entrenamiento táctico
Parte física (en el campo-botas):
20 Fuerza máxima (resistencia proporcionada por el compañero), con transferencia (fuerza explosiva)
5 Flexibilidad
35 Fartlek anaeróbico
15 Vuelta a la calma

S4-Viernes
20 Calentamiento + ejercicios de velocidad de reacción con salidas cortas
40 Entrenamiento táctico
Parte física (en el campo-botas):
30 Circuito de fuerza con pesas + transferencia
10 Flexibilidad pasiva
20 Capacidad anaeróbica láctica:
   > 800 metros (70%), 2x500 metros (70%) y 300 metros (80%)
15 Vuelta a la calma

S4-Sábado – Descanso

S4-Domingo – Partido amistoso en el que cada jugador dispute en torno a 90'

SEMANA 5

- **Pruebas físicas:**
  > Velocidad y fuerza
  > Medición de peso

- **Prevención de lesiones:**
  - Ejercicios inscritos dentro de la vuelta a la calma (muscular y articular)
- **Resistencia:**
  - Capacidad anaeróbica aláctica (velocidad resistencia)
  - Potencia anaeróbica aláctica
  - Resistencia a la velocidad
  - Resistencia específica de fútbol (cambios de ritmo, intercalando ritmos aeróbicos y anaeróbicos)
- **Fuerza:**
  - Fuerza de tren superior e inferior, con carga añadida (pesas) + transferencia (fuerza explosiva)
  - Fuerza máxima de tren superior e inferior + transferencia (pesas)
  - Fuerza intermitente (resistencia a la repetición de fuerza explosiva)
  - Fuerza resistencia abdominal y lumbar, inscrita en la parte de vuelta a la calma
- **Velocidad:**
  - Entrenamiento específico de velocidad
  - Ejercicios de velocidad de reacción con salidas cortas
- **Flexibilidad:**
  - Flexibilidad activa y pasiva
  - Entrenamiento de flexibilidad (PNF)
- **Coordinación, equilibrio y agilidad**
  - -
- **Partido amistoso:**
  - Un partido completo para cada jugador

S5-Lunes – Descanso

S5-Martes
15 Calentamiento
45 Pruebas de velocidad y de fuerza, y segunda medición de peso
25 Entrenamiento táctico
35 Fartlek anaeróbico
15 Vuelta a la calma

S5-Miércoles
15 Calentamiento
Parte física (en el campo-zapatillas):
25 Entrenamiento de resistencia anaeróbica:
- Capacidad anaeróbica aláctica – intensidad submáxima 90% (100 metros x 4 repeticiones)[18]
- Potencia anaeróbica aláctica – intensidad máxima 100% (60metrosx6repeticiones)
- Recuperación total entre las series y las repeticiones

45 Entrenamiento táctico
Parte física (en el campo-botas):
35 Circuito de fuerza con pesas + transferencia
15 Vuelta a la calma

S5-Jueves
15 Calentamiento táctico
Parte física (cuesta - zapatillas):
30 Potencia anaeróbica láctica (200 metros x 2 repeticiones), capacidad anaeróbica aláctica (100 metros x 2 repeticiones) y potencia anaeróbica aláctica (40 metros x 3 repeticiones). Recuperación total entre las series y las repeticiones. En cuestas proporcionales a distancia e intensidad.
75 Entrenamiento táctico
15 Vuelta a la calma

S5-Viernes
15 Calentamiento
Parte física (en el campo-botas):
20 Ejercicios de velocidad de reacción (señales visuales) + salidas cortas
25 Recorrido de fuerza intermitente (resistencia a la fuerza explosiva)
- Recorrido por parejas en el que se alternan ejercicios de multisalto, fuerza explosiva, fuerza rápida, salidas cortas de velocidad con cambios de dirección, ejercicios con balón y tiempos de recuperación.
- Trabajo real de 15' (los otros 10' son para la explicación del ejercicio y para la puesta en marcha, que lleva tiempo)

---

[18] Al tratarse ya de entrenamientos más de calidad que de acumulación, la parte física se sitúa al inicio de la sesión, único momento en el que se puede trabajar realmente con una intensidad del 100%

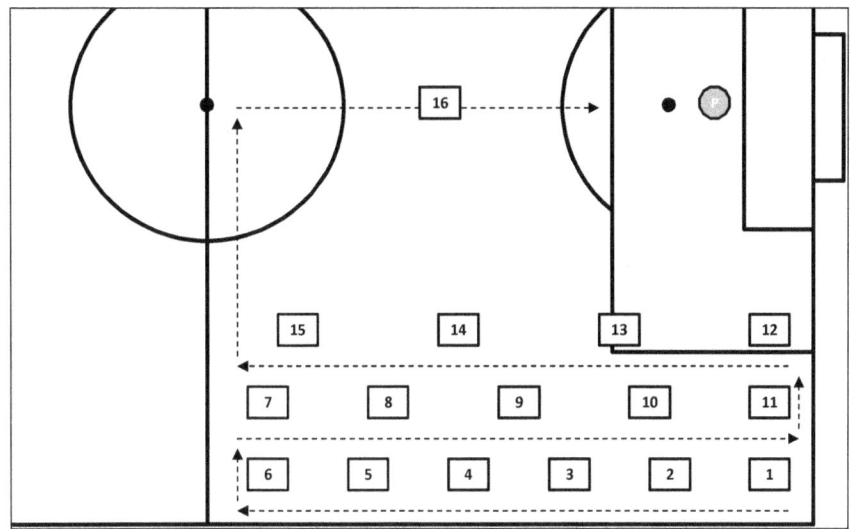

1. Por parejas:
2. 5x media sentadilla (carga moderada, ejecución muy rápida)
3. 5x saltos llevando las rodillas al pecho, sobre conos altos (frontal, lateral, frontal, lateral, frontal)
4. Salida en velocidad (sprint) de 10 metros
5. Trote de recuperación
6. Carga hombro contra hombro
7. Carga hombro contra hombro (cambio de perfil)
8. 2x cuerpo a tierra (explosivo) y levantarse
9. 16x pases cortos al primer toque (alta intensidad)
10. Trote de recuperación
11. Slalom explosivo entre picas
12. Zancada lateral
13. 10x flexoextensión explosiva de gemelos (carga moderada)
14. 5x saltos verticales de competición
    - Desde media sentadilla
    - Frontal
    - Lateral
    - Frontal
    - Lateral
15. Trote de recuperación
16. Secuencias cortas de aceleración-deceleración-aceleración
17. Uno contra uno y finalización contra el portero (duración máxima: 10 segundos)

60   Entrenamiento táctico
15   Vuelta a la calma

S5-Sábado – Partido amistoso en el que cada jugador dispute en torno a 90'

S5-Domingo – Descanso

SEMANA 6 (PRIMERA SEMANA DE COMPETICIÓN)

- **Pruebas físicas:**
  › -
- **Prevención de lesiones:**
  › Ejercicios inscritos dentro de la vuelta a la calma (muscular y articular)
- **Resistencia:**
  › Potencia anaeróbica aláctica
  › Resistencia a la velocidad
- **Fuerza:**
  › Fuerza explosiva (trabajo de calidad)
  › Fuerza intermitente (resistencia a la repetición de fuerza explosiva)
  › Fuerza resistencia abdominal y lumbar, inscrita en la parte de vuelta a la calma
  › Fuerza resistencia de tren superior, inscrita en la parte de vuelta a la calma
- **Velocidad:**
  › Entrenamiento específico de velocidad
  › Ejercicios de velocidad de reacción con salidas cortas
- **Flexibilidad:**
  › Flexibilidad activa y pasiva
- **Coordinación, equilibrio y agilidad**
  › -
- **Partido amistoso:**
  › -

S6-Lunes
15   Calentamiento

Parte física (en el campo-botas):
- **15** Resistencia a la velocidad. 8x40 metros.
  - 4 series de dos repeticiones (4 carreras de relevos)
  - Recuperación incompleta entre repeticiones y entre series
  - Primera salida, con velocidad de reacción. Señales acústicas.
  - INTRODUCIR BALÓN en alguna de las carreras
- **60** Entrenamiento táctico
- **15** Vuelta a la calma
  - Se incluye, en lo sucesivo, ejercicios de fuerza resistencia de tren superior

S6-Martes – Descanso

S6-Miércoles
- **15** Calentamiento

Parte física (en el campo-botas):
- **25** Recorrido de fuerza específica y rápida + Transferencia con Salidas en Velocidad. Trabajo de calidad + fuerza intermitente y resistencia a la velocidad.
  - Multisalto, golpeos, lanzamientos
  - Salidas en velocidad. 20 metros (20x7x2=280 metros en total)
  - 7 ejercicios
  - 2 series
  - Salida con velocidad de reacción. Señales acústicas.
  - En la primera serie, amplia recuperación entre ejercicio y ejercicio
- **50** Entrenamiento táctico
- **15** Vuelta a la calma

S6-Jueves
- **15** Calentamiento

Parte física (en el campo-botas):
- **20** Entrenamiento de velocidad (resistencia anaeróbica aláctica)
  - Recorrido acíclico
  - 8 repeticiones de 30 metros (240 metros en total)
  - Velocidad máxima
  - Recuperación total entre repeticiones
- **55** Entrenamiento táctico
- **15** Vuelta a la calma

S6-Viernes
- **15** Calentamiento

20 Juegos de velocidad de reacción (señales visuales) con salidas cortas
55 Entrenamiento táctico
15 Vuelta a la calma

Fin de semana – Primer partido de liga

2.9. PREPARACIÓN TÁCTICA Y ESTRATEGIA

La buena motivación y la disposición psicológica idónea de los jugadores, sumadas a una buena preparación física, encajarán a la perfección con el adecuado entrenamiento táctico, para conformar un equipo sólido, competitivo y difícil de batir. La planificación táctica debe tomar como base los principios y la identidad que el entrenador definió en el capítulo 2.1 y se dividirá en dos fases muy marcadas, dentro de la pretemporada:

1. Una primera en la que el técnico, aprovechando el trabajo por grupos, explicará, entrenará, acoplará y perfeccionará todos los conceptos tácticos, ofensivos y defensivos, y de estrategia que quiere que su equipo desarrolle. Irá de lo particular a lo general y de lo individual a lo colectivo, buscando como fin último que la relojería del grupo funcione lo mejor posible.
2. Una vez superada la primera fase (normalmente, ya al final de la pretemporada, pero todavía dentro de ella), comienza la segunda, que consiste en (tal y como lo haremos durante la competición) observar en partidos y entrenamientos el rendimiento del equipo para detectar errores y tratar de solucionarlos antes del comienzo de la liga.

Para la segunda fase, es recomendable tomar como referencia el capítulo 3.1.2, que habla de la temporada regular, porque realmente se trata de actuar de una forma similar. En el ejemplo de planificación táctica que expondremos a continuación podremos detallar las sesiones que corresponden a la primera fase. Las que pertenecen a la segunda, al igual que en una planificación real, quedan en blanco, puesto que será el propio devenir de los acontecimientos y el rendimiento del equipo los que definan su contenido.

Tomemos como referencia un combinado juvenil de segundo año con las siguientes características generales:

> Sistema de juego principal: 1-4-4-2
> Sistema de juego alternativo ofensivo: 1-4-3-3
> Sistema de juego alternativo defensivo: 1-4-2-3-1
> Sistema de juego alternativo de diez jugadores ofensivo: 1-3-4-2
> Sistema de juego alternativo de diez jugadores defensivo: 1-4-4-1

- Táctica ofensiva preferida: contraataque
- Estilo de iniciación preferido: elaborado
- Otros estilos de iniciación: entrenará todos, con el fin de poder adaptarse al planteamiento defensivo del rival y a las circunstancias
- Conceptos ofensivos clave: movimiento sin balón y ritmo de juego alto en las zonas de creación y finalización
- Planteamiento defensivo preferido: presión arriba (11)
- Otros planteamientos alternativos: repliegue medio (10) y repliegue total (casa), con el fin de poder adaptarse a las características del rival y a las circunstancias del partido
- Otros conceptos importantes: saber competir

Se trata de una descripción muy general para ser capaces de contextualizar el ejemplo. Demos por establecidas las demás señas de identidad del grupo, incluida la estrategia ofensiva y defensiva. Lo importante es que el lector pueda trasladar la propuesta aquí señalada a su caso particular.

SEMANA 2

S2-Lunes
Bienvenida y pruebas físicas
Parte técnica y táctica:

20[19] Calentamiento con balón:
- Ejercicios de técnica por parejas y por tríos. Mucho contacto con el balón. Evitar acciones violentas, como golpeos en largo o disparos a puerta. Fomentar: pases cortos y medios, distintos tipos de control, conducciones, dominio, habilidad y primer toque.

25 Retoma de contacto con el juego
- Descripción: Seis equipos de 4 jugadores. Competición en partidos de 25x20 con porterías pequeñas. Partidos de 5'. Recuperación (R)= cambio de campo.
- Normas: Toques libres.
- Repetición del objetivo: Incidir en el movimiento sin balón y en el toque rápido.

S2-Martes
20 Calentamiento

---

[19] Utilizaremos el formato en negrita para expresar el tiempo total de la división del trabajo en grupos. Dentro, los tiempos que no van en negrita indican la duración del ejercicio de cada grupo dentro de ese tiempo total.

20 Por grupos:
20 Defensas y porteros. Línea de cuatro. Movimientos analíticos defensivos:
> En dos campos, dos líneas de cuatro. Movimientos analíticos en función de pitidos.
- o Profundidad defensiva
- o Basculación (coordinación y rapidez)
- o Sistema de coberturas y permutas
- o Cuándo salir con el delantero
- o Desdoblamientos defensivos
- o Balón a la espalda (espalda de los laterales)
- o Achique – repliegue
- o Línea: fuera de juego.

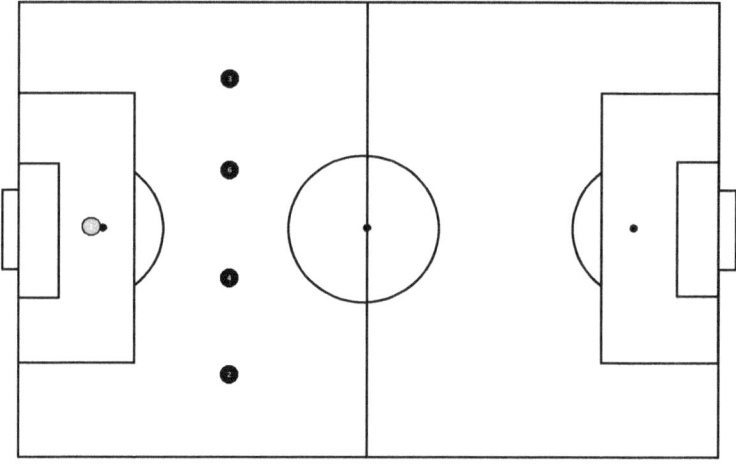

• Posición de partida del ejercicio

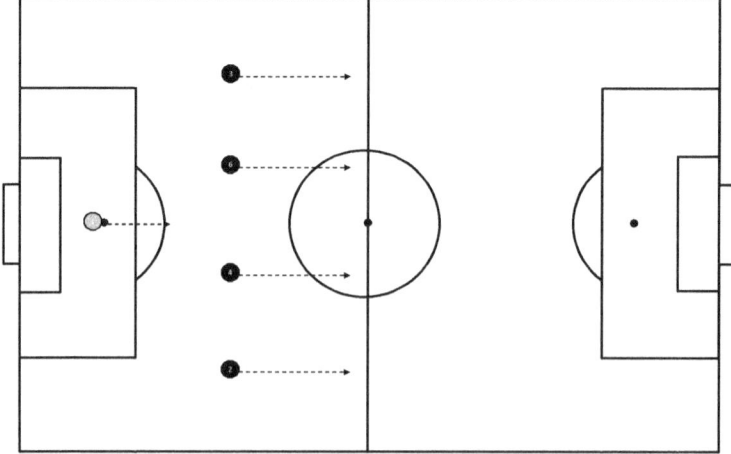

• Estímulo 1: achique coordinado hasta el centro del campo

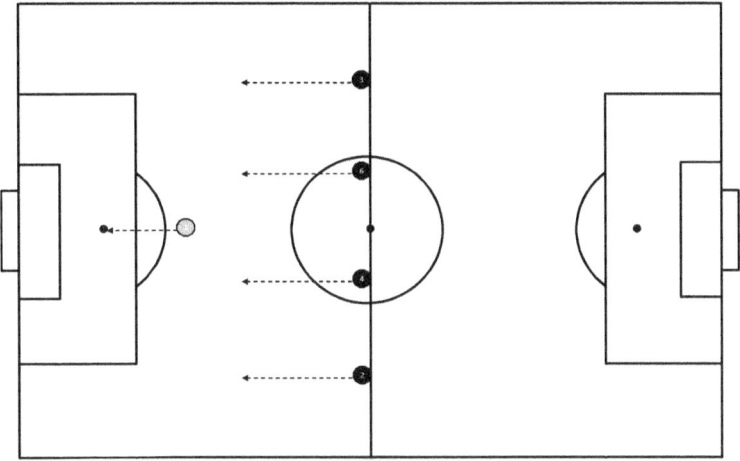
• Estímulo 2: repliegue coordinado a la posición de partida

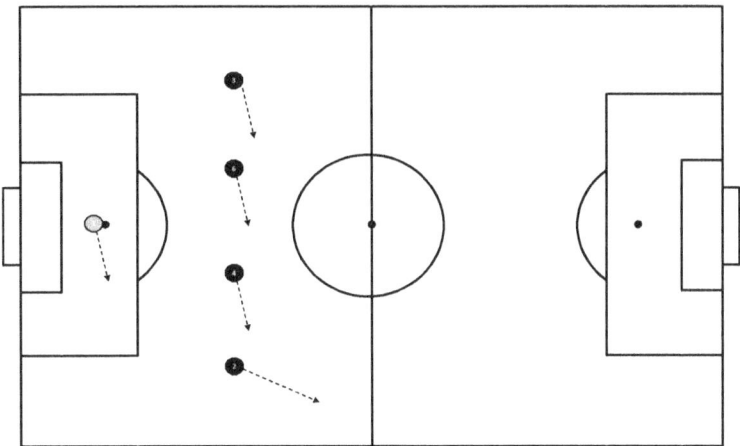
• Estímulo 3: el lateral derecho sale a presionar desde una posición de repliegue ; basculación de toda la línea defensiva

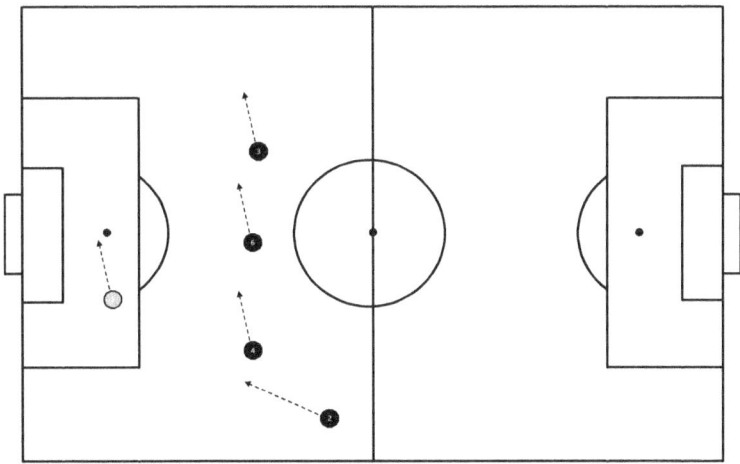
• Estímulo 4: repliegue a la posición de partida

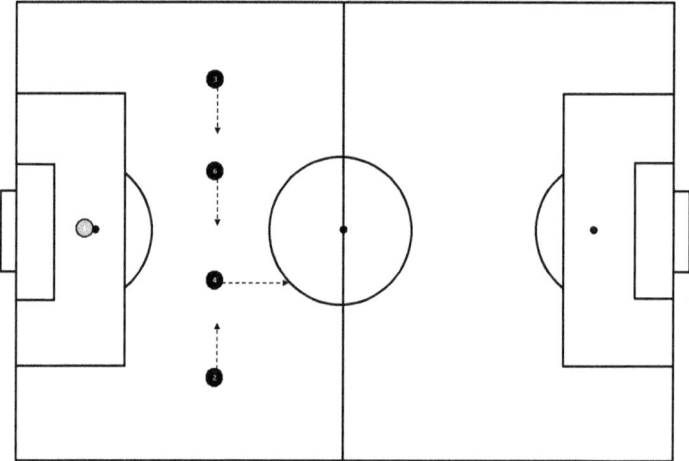

• Estímulo 5: el central derecho realiza pressing sobre el delantero rival adelantando su posición respecto a la línea; desdoblamientos defensivos del resto de jugadores

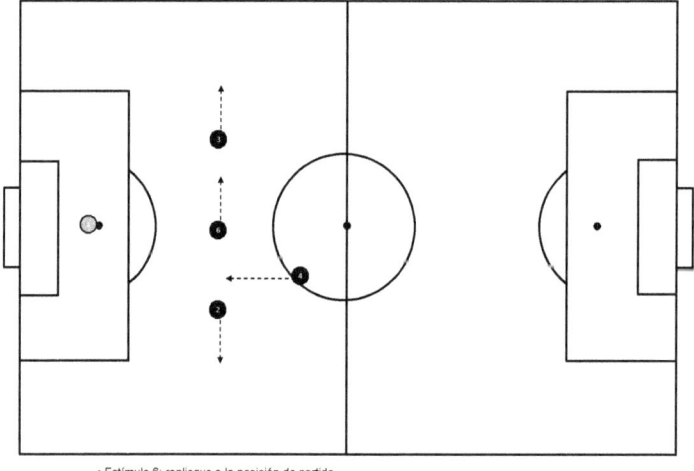

• Estímulo 6: repliegue a la posición de partida

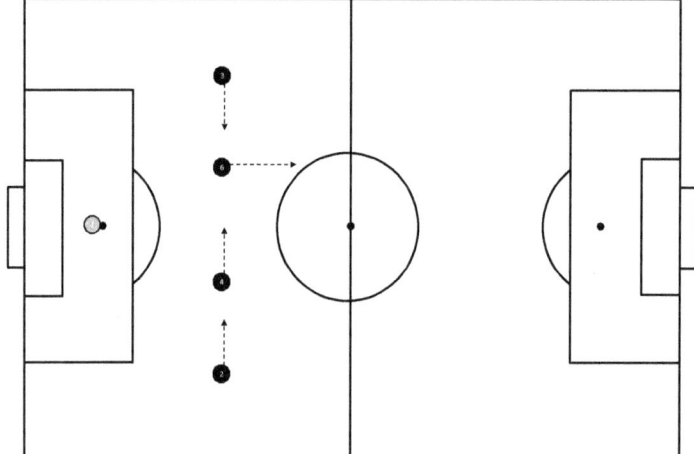

• Estímulo 7: el central izquierdo realiza pressing sobre el delantero rival adelantando su posición respecto a la línea; desdoblamientos defensivos del resto de jugadores

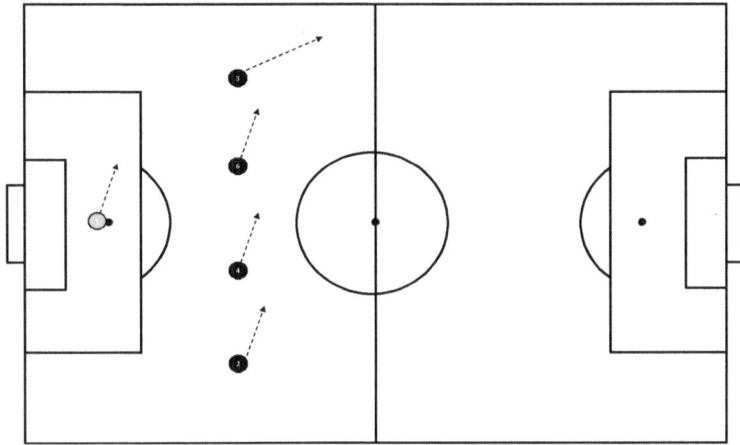

• Estímulo 9: el lateral izquierdo sale a presionar desde una posición de repliegue; basculación de toda la línea defensiva

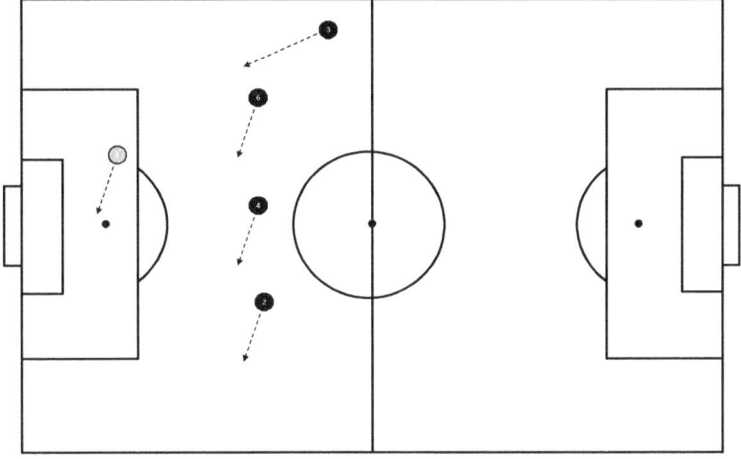

• Estímulo 10: repliegue a la posición de partida

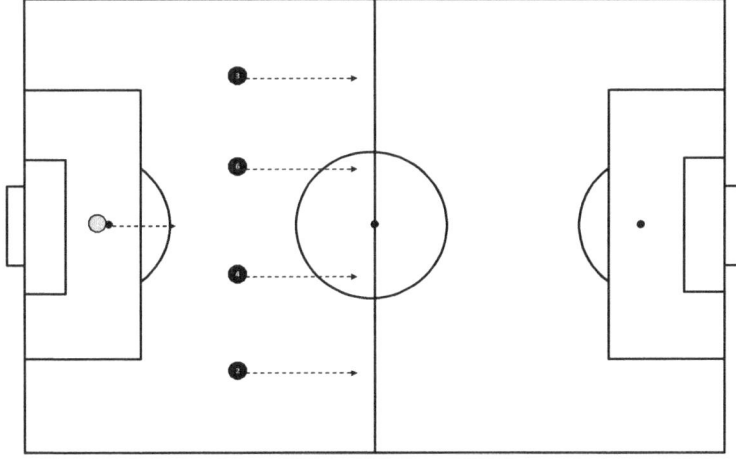

• Estímulo 11: achique coordinado hasta el centro del campo

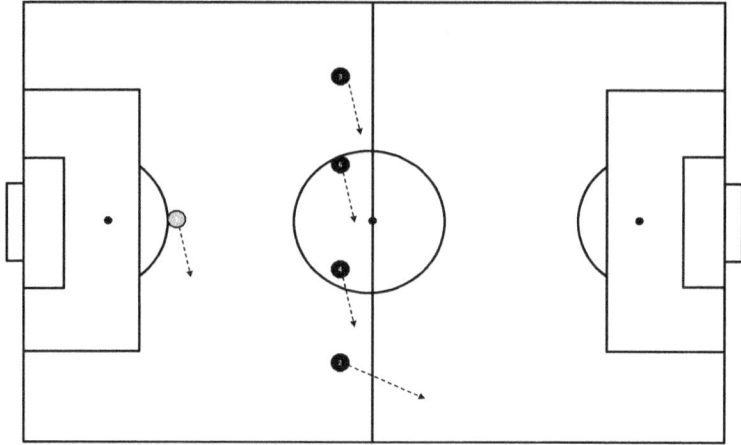

• Estímulo 12: el lateral derecho sale a presionar en un contexto de presión arriba (11); basculación de toda la línea defensiva

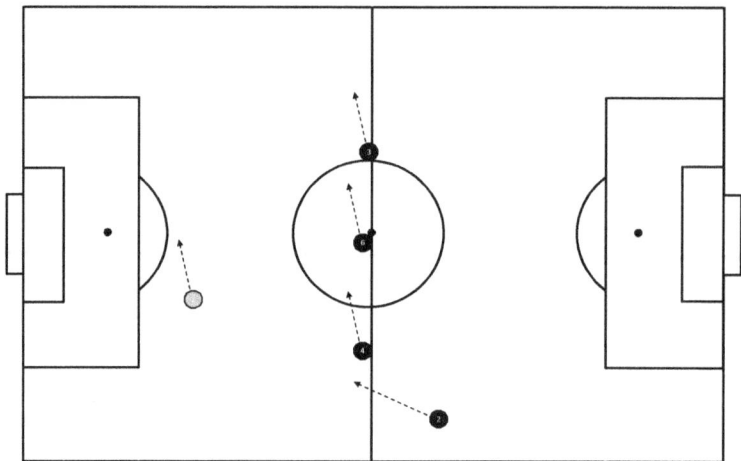

• Estímulo 13: repliegue a la posición de partida en un contexto de presión arriba (11)

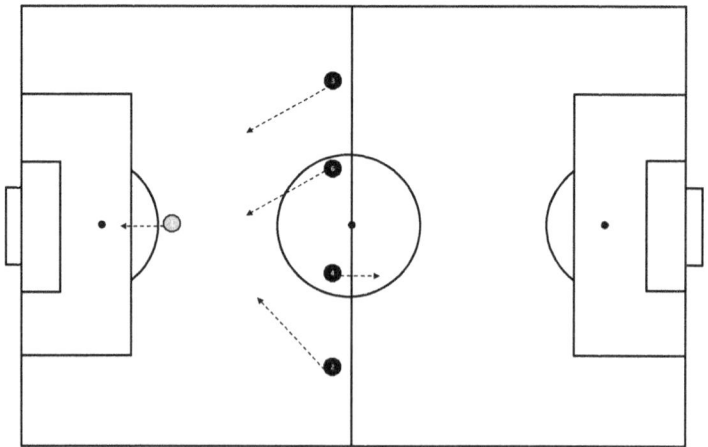

• Estímulo14: simulación de contraataque por parte del rival partiendo la línea defensiva de una posición adelantada; el central derecho temporiza, mientras el resto de la línea defensiva repliega ganando profundidad defensiva y realiza dos doblamientos defensivos

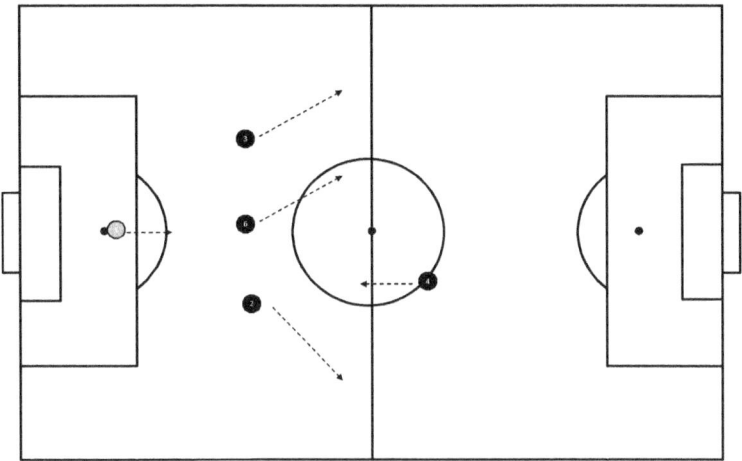

• Estímulo 15: regreso a la posición de partida en un contexto de presión arriba (11)

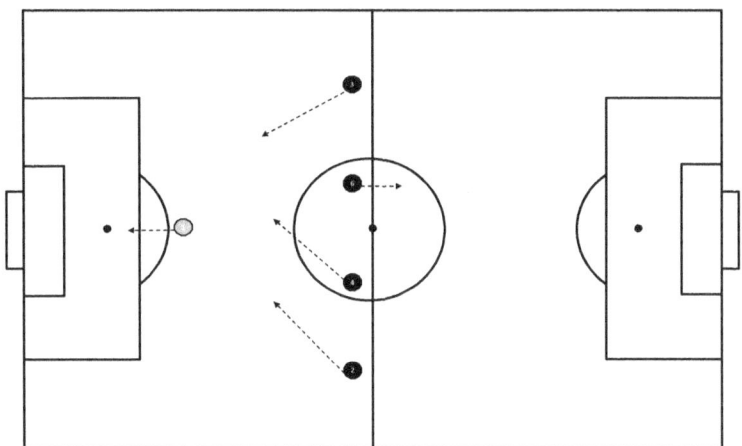

• Estímulo 16: simulación de contraataque por parte del rival partiendo la línea defensiva de una posición adelantada; el central izquierdo temporiza, mientras el resto de la línea defensiva repliega ganando profundidad defensiva y realiza desdoblamientos defensivos

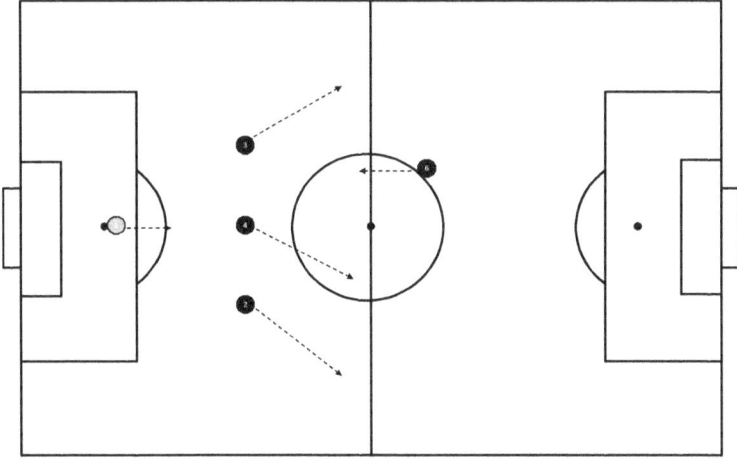

• Estímulo 17: regreso a la posición de partida en un contexto de presión arriba (11)

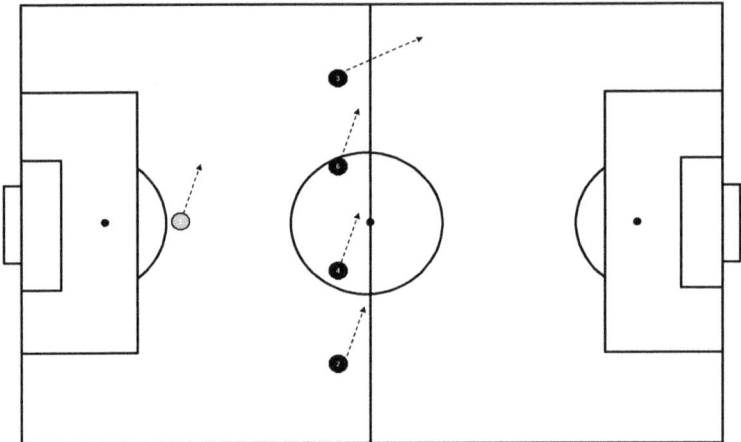

• Estímulo 18: el lateral izquierdo sale a presionar en un contexto de presión arriba (11); basculación de toda la línea defensiva

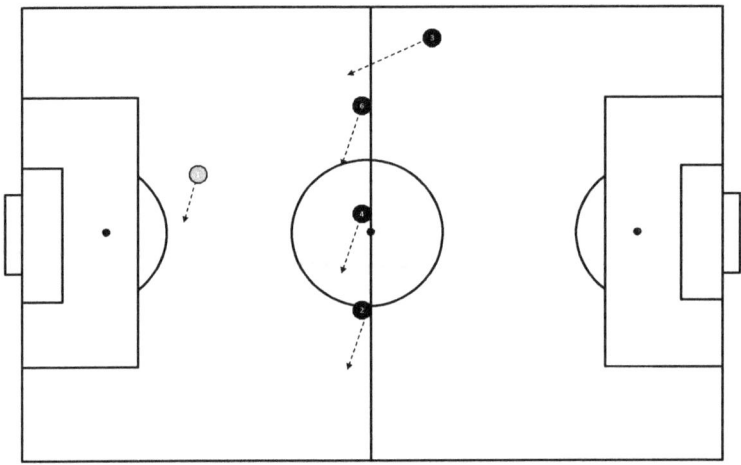

• Estímulo 19: repliegue a la posición de partida en un contexto de presión arriba (11)

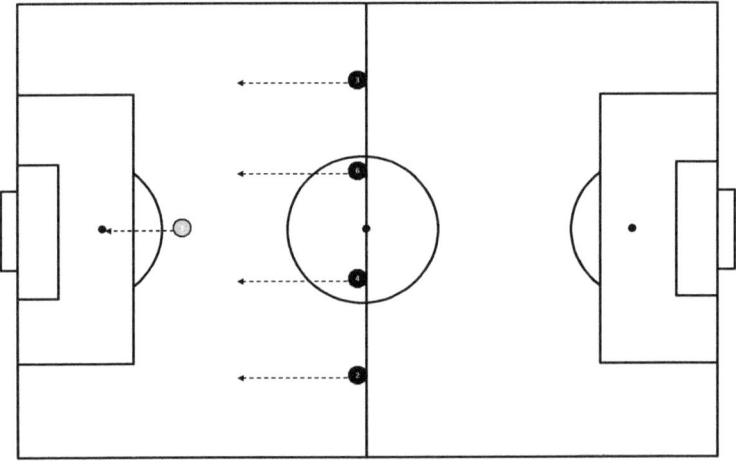

• Estímulo 20: repliegue coordinado a la posición de partida

20 *Resto de jugadores:* juego ofensivo.
- › Movimiento sin balón y ritmo de juego
- › Ejercicios de posesión con límite de toques y comodines ofensivos
- › Sin porterías

20 Por grupos:

20 *Medios centro y centrales: acción defensiva.*
- › Doble pivote: colocación derecha-izquierda, alternando los movimientos de presión-cobertura (defensa del pase interior), en función de la posición del balón.
- › Repliegue medio (10)[20], repliegue total (casa) y presión arriba (11): misma colocación, pero diferente posición vertical.
- › Partidos de 4x4 (sistema 1-2-1) con porterías pequeñas
- › Descansos de 1' cada 4'

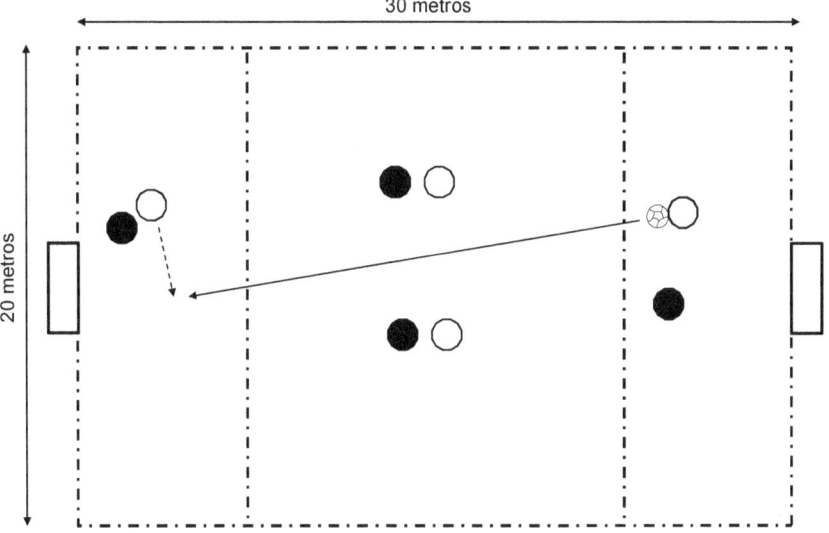

• Tres zonas: los jugadores no pueden cambiar de zona.
• Los dos jugadores del medio, si están abiertos, posibilitan el pase interior.

---

[20] El planteamiento de repliegue medio lo identificaremos en clave rápida como 10, el de repliegue total como 'casa' y el de presión arriba, como 11. Ver el punto 2.1.3.

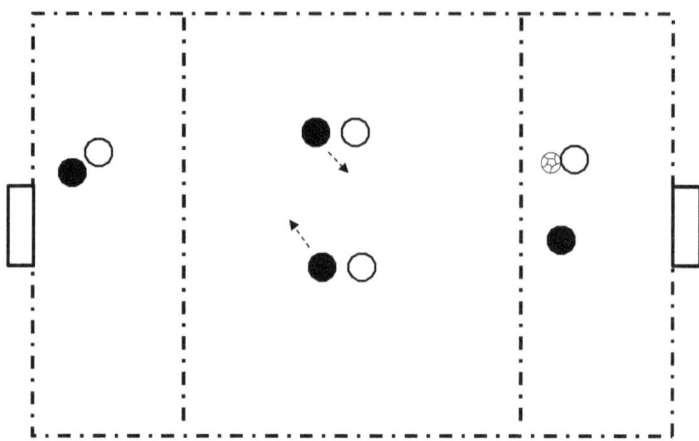

• Mediante movimientos diagonales, ambos jugadores cierran ese espacio interior, sin abandonar la vigilancia sobre los medios rivales.

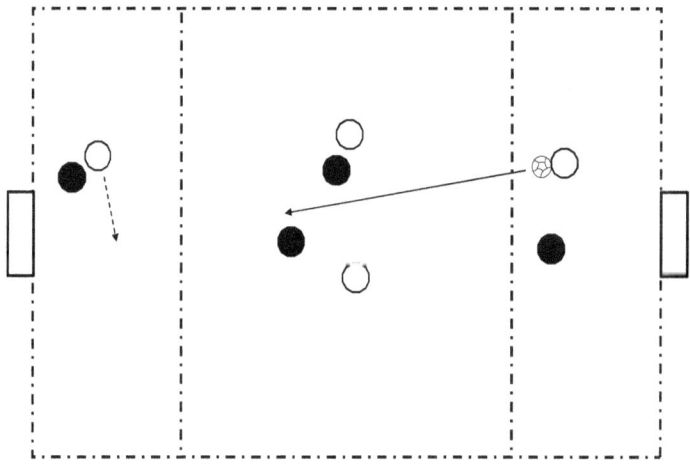

• La reducción de espacios provoca la recuperación del balón o la disuasión de intentar el pase interior.

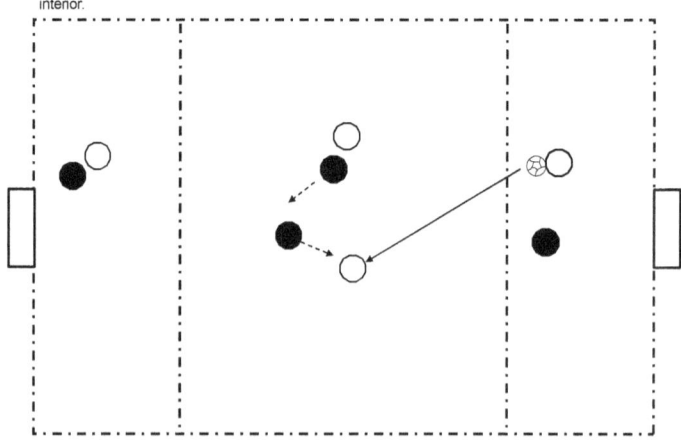

• Presión-cobertura. Cuando uno de los medios rivales recibe el balón, el jugador más cercano realiza pressing sobre él, mientras su compañero ejecuta la cobertura.

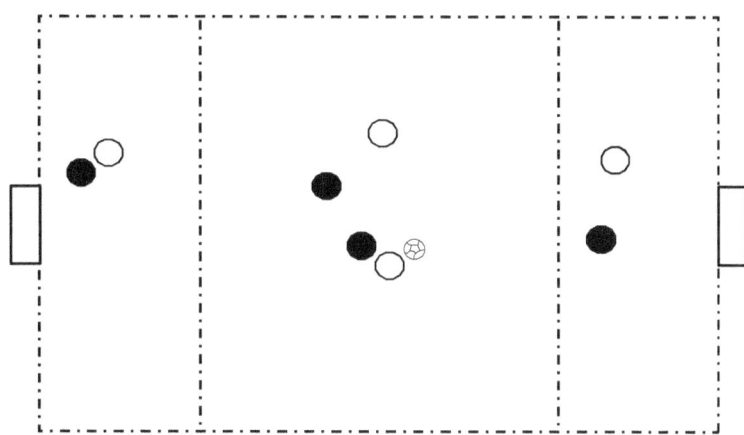

• Presión-cobertura. Cuando uno de los medios rivales recibe el balón, el jugador más cercano realiza pressing sobre él, mientras su compañero ejecuta la cobertura.

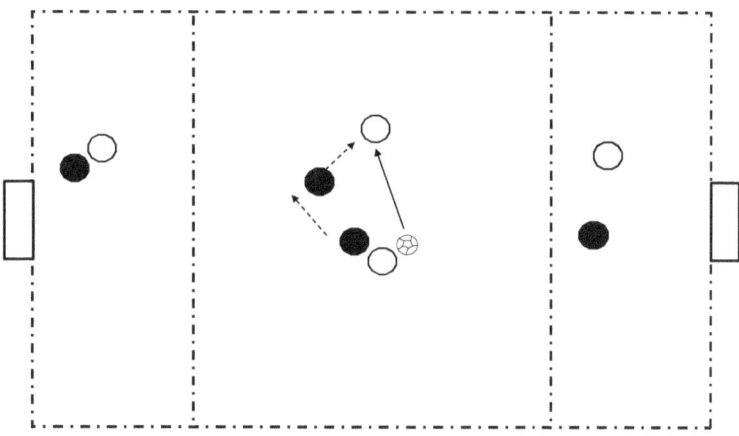

• La dinámica se invierte si recibe el otro centrocampista rival. Los jugadores no corren detrás del balón: se organizan derecha-izquierda en lugar de delante-atrás.

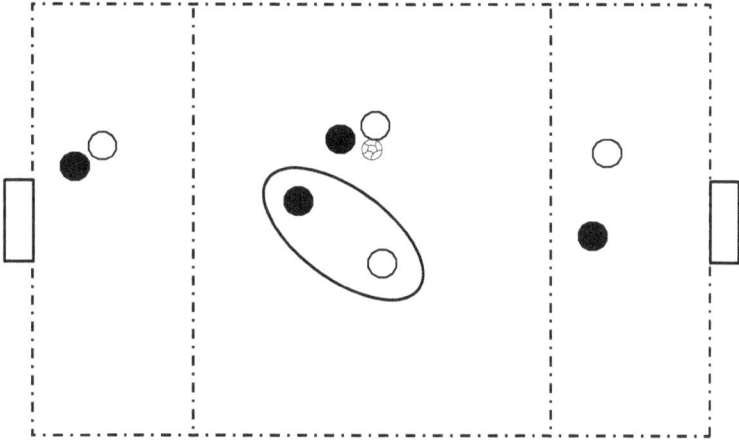

• El medio que realiza la cobertura no descuida la vigilancia sobre el jugador que queda libre.

20 *Resto de jugadores:*
> › Juego aéreo y zona de rechace
60 Entrenamiento físico
10 Vuelta a la calma

S2-Miércoles
20 Calentamiento
10 Calentamiento con balón
> › Descripción: Tres equipos de 8 jugadores. 3 campos de 25x25. Cada equipo en un campo, con tres colores de peto en cada uno (divididos 3-3-2). Durante un minuto, cada equipo debe sumar todos los pases que pueda, sin oposición. Un punto para el ganador de cada una de las 5 tandas.
> › Normas: toques libres y no pueden pasarse entre sí los jugadores del mismo color.
> › Repetición del objetivo: Incidir en la buena actitud ofensiva del jugador (movimiento sin balón constante).

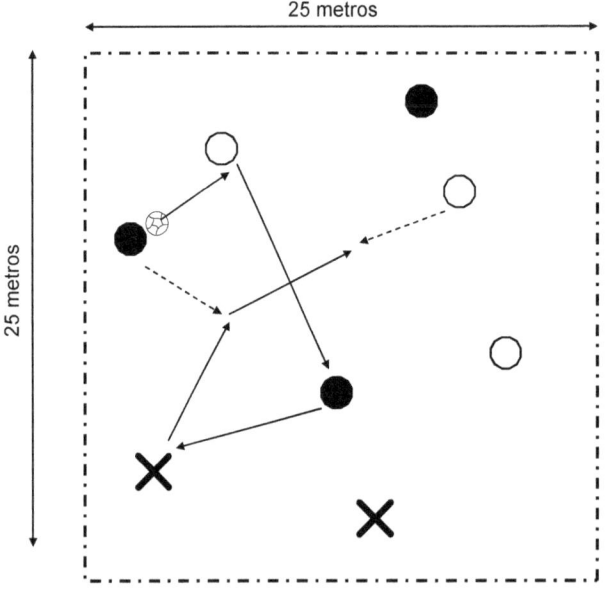

• Pases consecutivos y alternativos entre jugadores de distinto color: CORRECTO

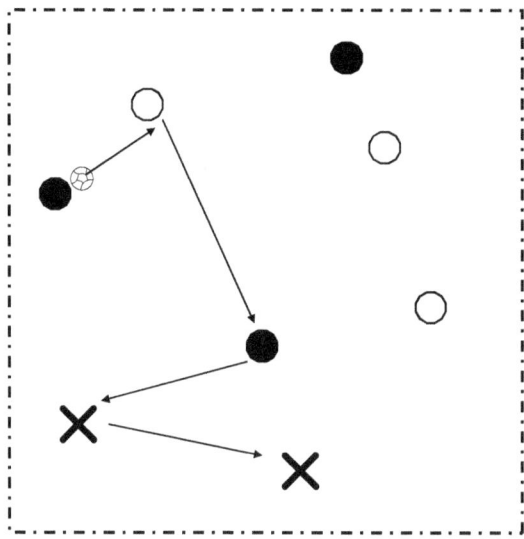

• Pases consecutivos pero entre jugadores del mismo color: INCORRECTO

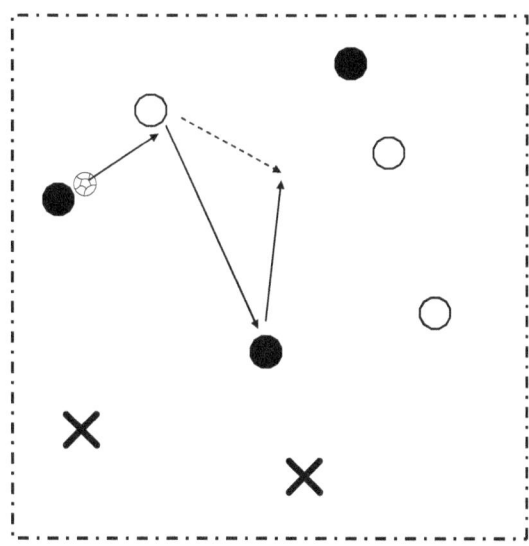

• Prohibido repetir pase sobre el compañero del que hemos recibido: INCORRECTO

10 Por grupos:
   10 Delanteros: acción defensiva. Explicación de conceptos y práctica guiada
   › Repliegue total (casa). Su misión es ocuparse de los medios centro rivales (marcaje al hombre hasta medio campo).

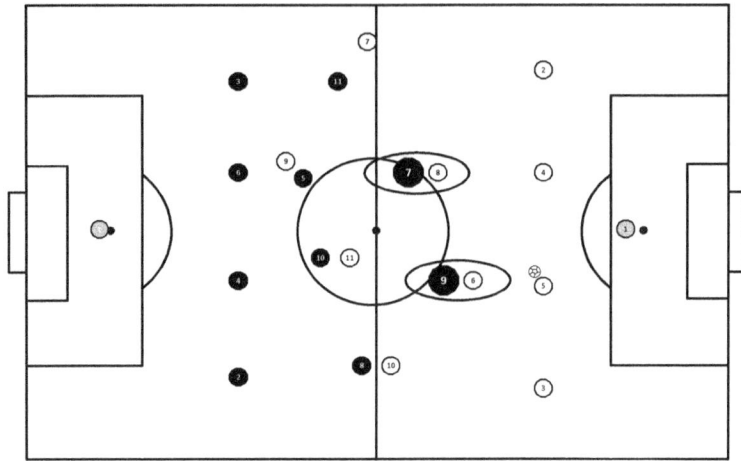

• El entrenamiento lo realizan sólo los delanteros

> Repliegue medio (10). Colocación: uno izquierda y el otro, derecha. Movimientos defensivos: uno irá a la banda (en función del balón) y el otro:
  o Al central (si el rival busca el golpeo)
  o Al medio defensivo (si el contrario busca la salida elaborada jugando con él)

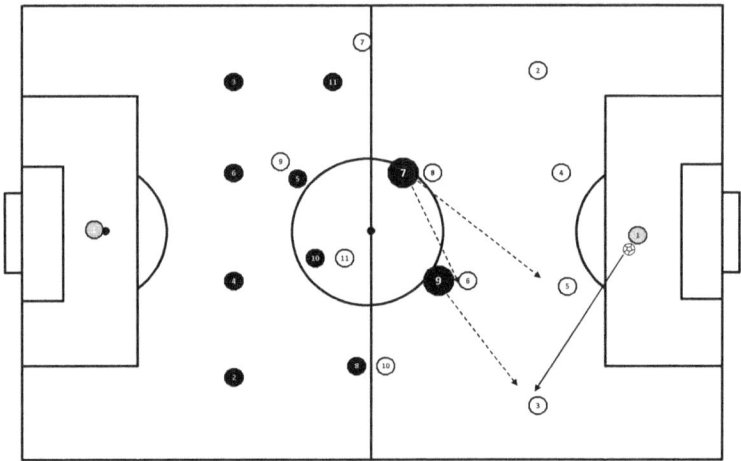

• El entrenamiento lo realizan sólo los delanteros

> Presión arriba (11).
  o Si el rival juega con un medio centro defensivo. Colocación: uno delante y el otro, detrás. Movimientos defensivos: el adelantado irá al central más cercano al balón y el otro se ocupará del medio defensivo.

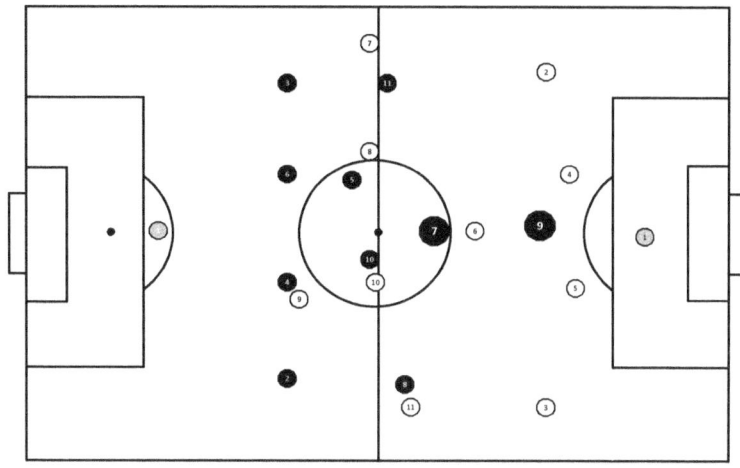

• El entrenamiento lo realizan sólo los delanteros

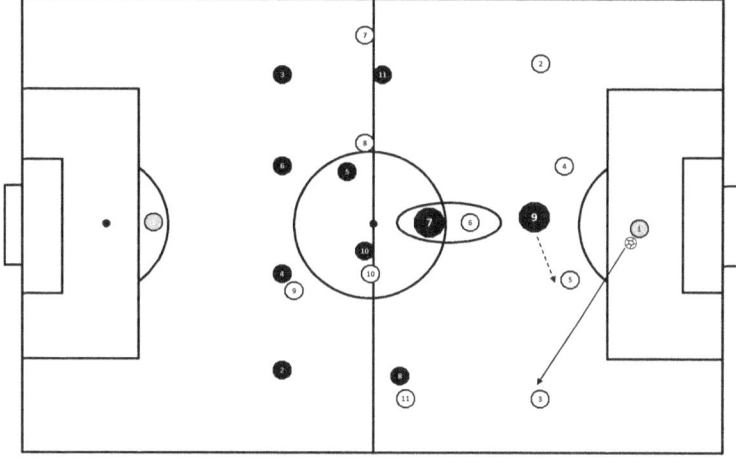

• El entrenamiento lo realizan sólo los delanteros

- Si el rival juega con dos medios centro. Colocación: uno derecha y otro, izquierda. Movimientos defensivos: uno (el más próximo) irá al central más cercano al balón y el otro se ocupará del medio centro rival más alejado.

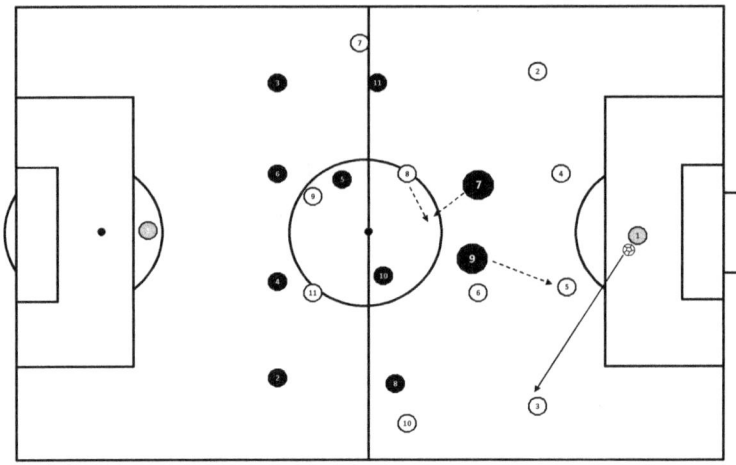

• El entrenamiento lo realizan sólo los delanteros

10 Resto de jugadores:
› Juego aéreo y zona de rechace.

10 Por grupos:

10 Medios centro y delanteros: acción defensiva. Explicación de conceptos y práctica guiada
› Repliegue total (casa): cambio de marcas entre el delantero y el medio centro:
› Bien por cruzar el medio centro rival a nuestro campo (el delantero no le sigue)

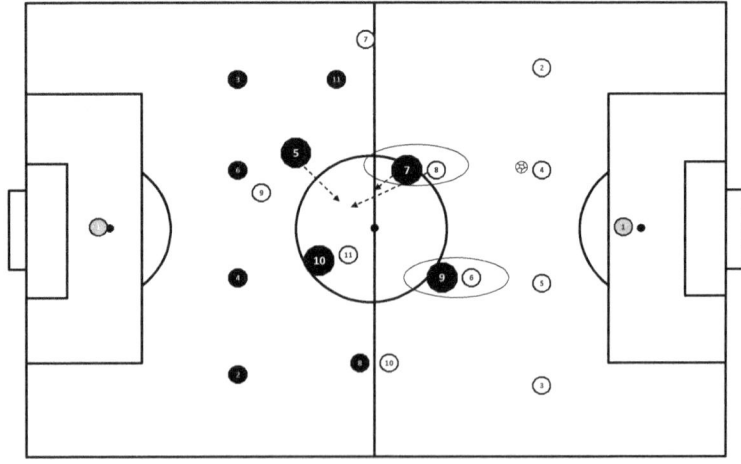

• El entrenamiento lo realizan sólo los medios centro y los delanteros

> Bien por avanzar el central con el balón (el delantero debe dejar al medio centro para taponar al central)

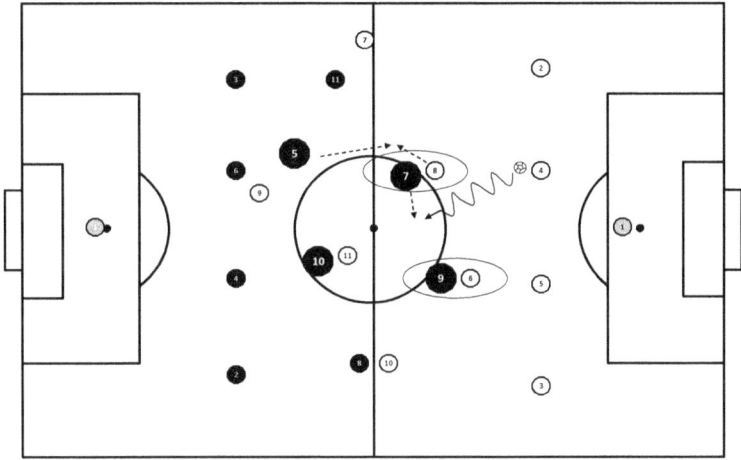

• El entrenamiento lo realizan sólo los medios centro y los delanteros

> Presión arriba (11): el medio centro más cercano al balón debe marcar muy de cerca al medio centro rival más próximo a la pelota.
>

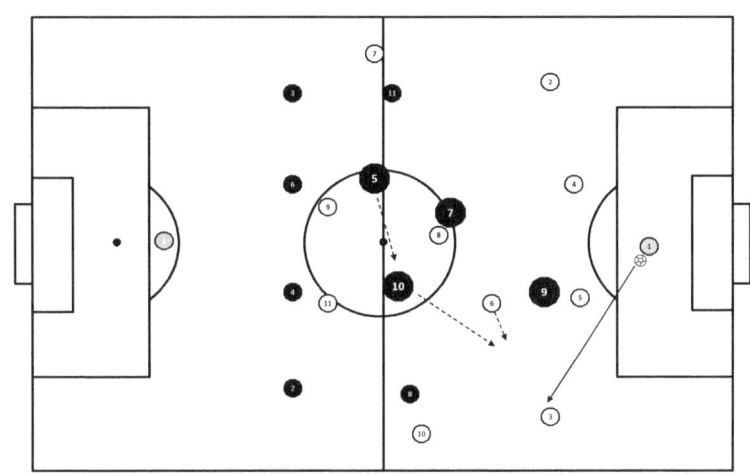

• El entrenamiento lo realizan sólo los medios centro y los delanteros

> Si el rival juega con un solo medio centro defensivo claro, se encarga siempre el punta:
>   o Tanto en campo contrario
>   ▪ Repliegue total (casa): marcaje al hombre.

- **Repliegue (10):** cogiendo al medio defensivo si buscan la salida jugando con él.
- **Presión arriba (11):** un delantero por delante, con los centrales, y otro por detrás, siempre con el medio defensivo.
  - Como en campo propio (vigilancia defensiva, siguiéndole incluso más allá de la línea de medio campo y evitando que jueguen de cara sobre él)

10 Resto de jugadores:
> Movimiento sin balón y ritmo de juego
> Ejercicios de posesión con límite de toques y comodines ofensivos
> Sin porterías

10 Por grupos:

10 Jugadores de banda: acción defensiva. Explicación de conceptos y práctica guiada

> Cambio de marcas entre el lateral y el medio cuando el lateral rival recibe el balón.

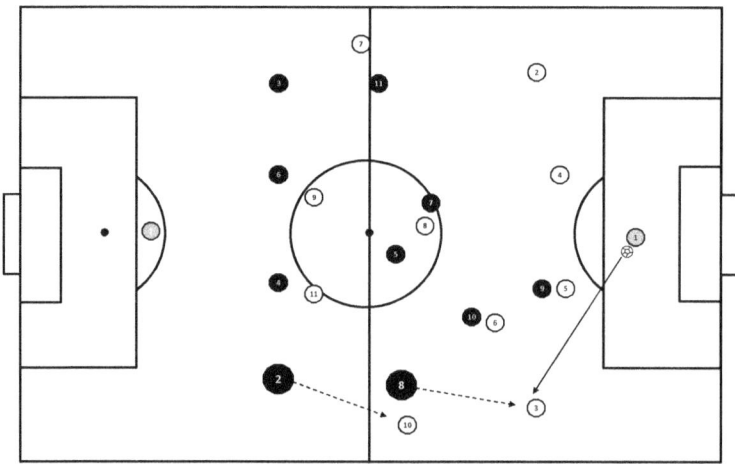

· El entrenamiento lo realizan sólo los jugadores de banda

> Matices de posicionamiento y del cambio de marcas en: repliegue total (casa), repliegue medio (10) y presión arriba (11).
> Colocación cuando el contrario ataca por la banda opuesta.

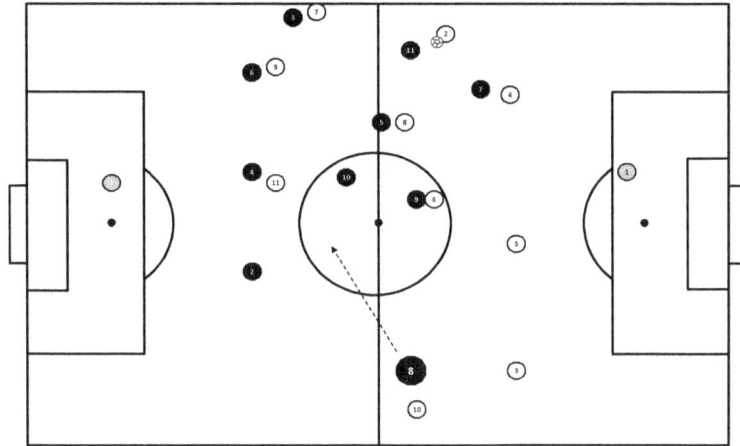

- Repliegue individual del medio de la banda contraria
- El entrenamiento lo realizan sólo los medios de banda

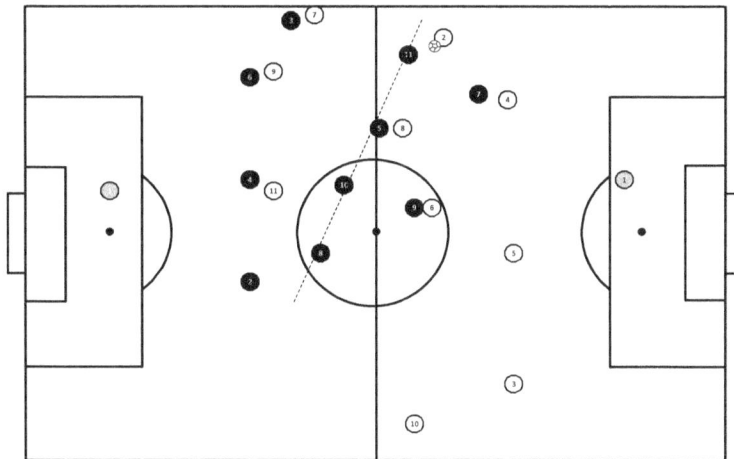

- La línea del centro del campo, siempre en diagonal cuando el balón está en banda

10 Resto de jugadores:
> Movimiento sin balón y ritmo de juego
> Ejercicios de posesión con límite de toques y comodines ofensivos
> Sin porterías

60 Entrenamiento físico

10 Vuelta a la calma

S2-Jueves

20 Calentamiento en formación 1-4-4-2

Partiendo de la colocación del gráfico, todos los futbolistas a la vez (los 2 por posición al mismo tiempo) atenderán a las señales del entrenador ensayando de forma coordinada los movimientos de presión y de re-

pliegue propios del equipo. Los futbolistas pueden atender a la señal del silbato, al movimiento de un balón en poder del cuerpo técnico u otras fórmulas que permitan desarrollar el ejercicio.
- Pitido 1: presión arriba sobre la banda derecha.
- Pitido 2: repliegue coordinado a la posición inicial, manteniendo de forma coordinada las distancias.
› Ejercicios de calentamiento partiendo de las diferentes posiciones
› Movimientos básicos de presión y repliegue (repaso del día anterior) con los tres sistemas previstos:
- Repliegue medio (10)

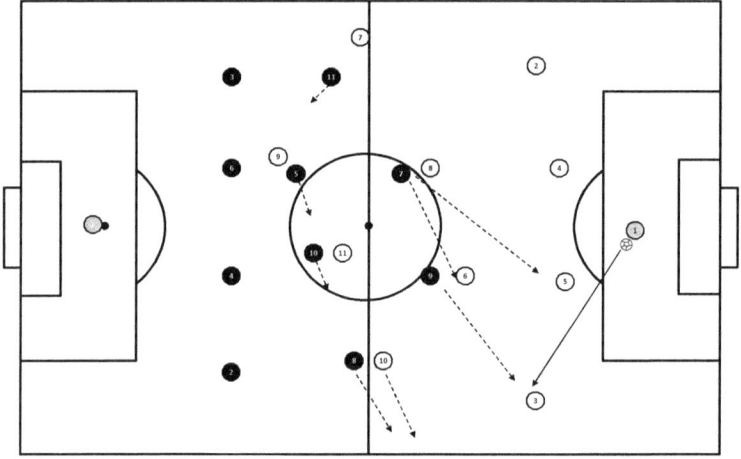

• En el centro del campo, el inicio del juego sólo provoca algunos movimientos de ajuste

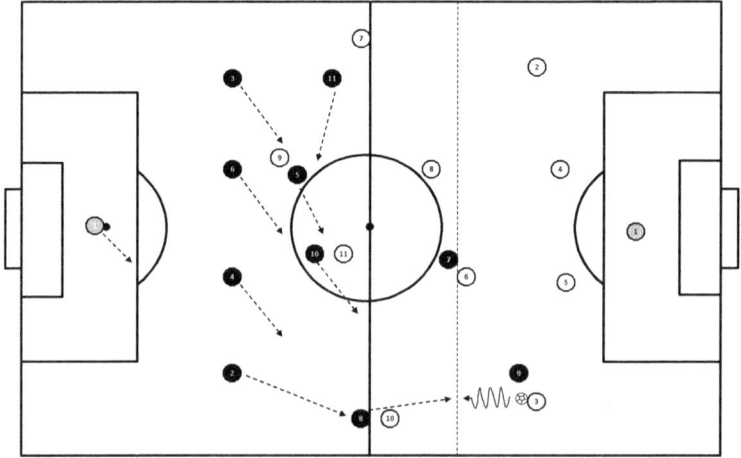

• El lateral del equipo rival rebasa al punta y llega a la zona establecida para activar la presión en el repliegue medio

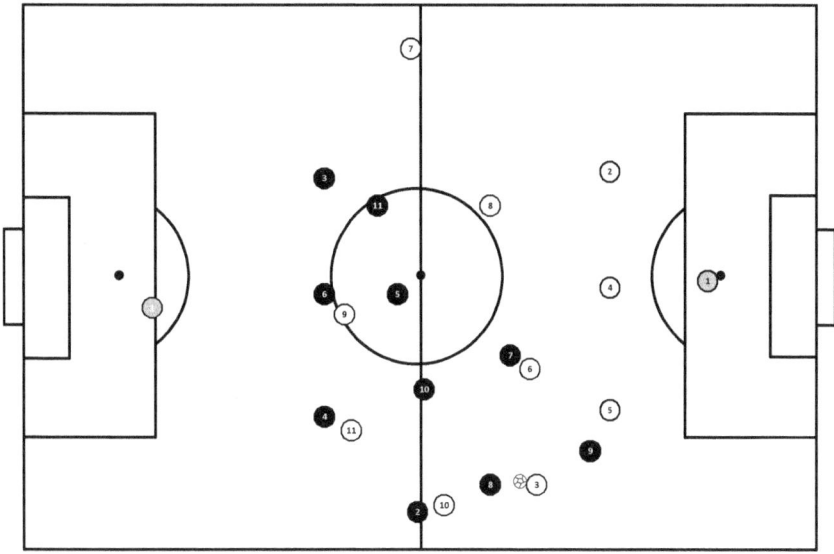

- Repliegue total (casa)
  - En ambos repliegues, recordar la presión arriba en saques de banda

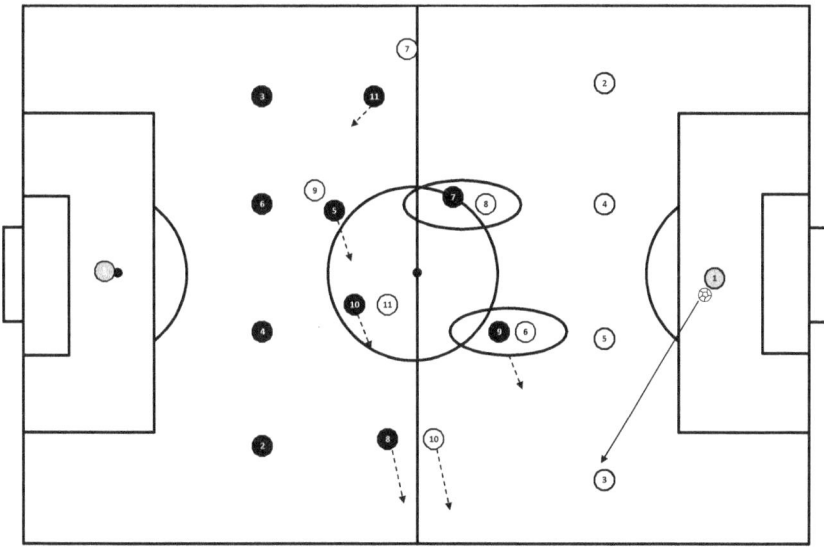

• El inicio del juego sólo provoca algunos movimientos de ajuste

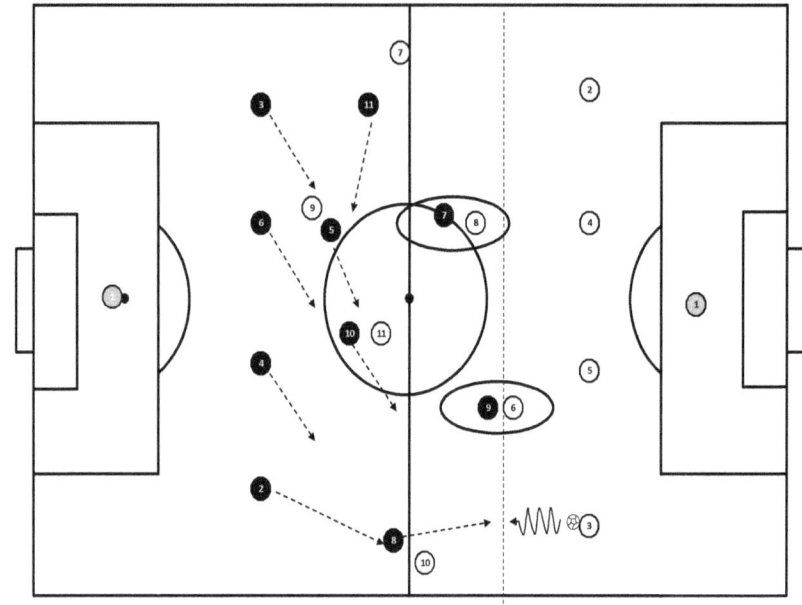

• El lateral del equipo rival llega a la zona establecida para activar la presión en el repliegue total

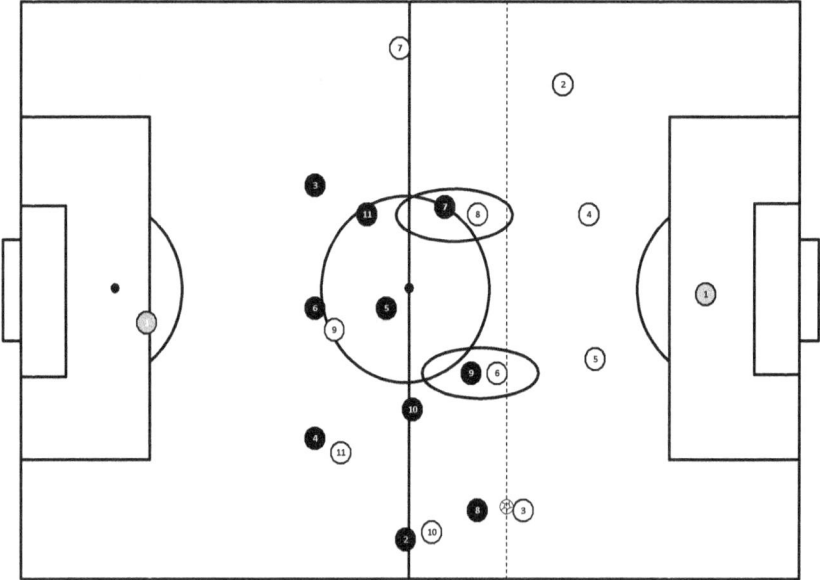

- Presión arriba (11)

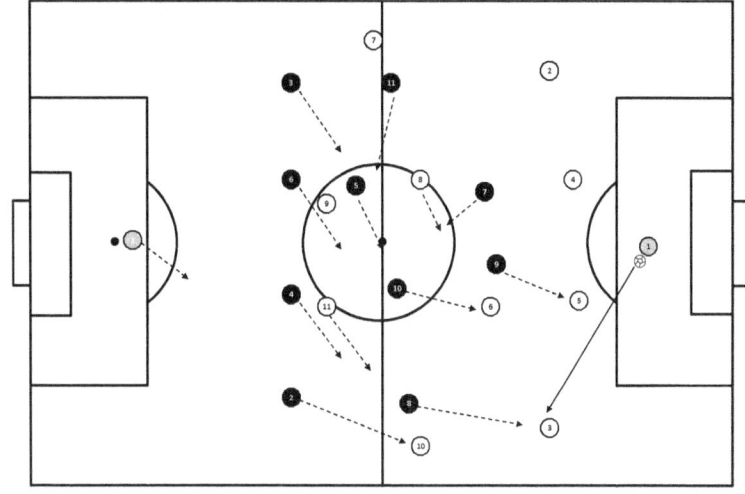

• La presión arriba se activa con el inicio del juego por parte del rival

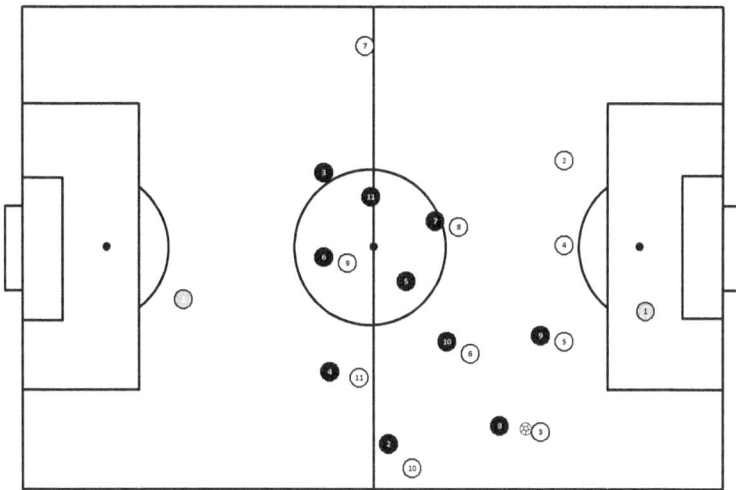

› Flexibilidad

10 Por grupos:
   10 Interiores y laterales: movimientos ofensivos sin balón – zona de iniciación. Explicación de conceptos y práctica guiada.
   › Variedad de movimientos de ruptura y de apoyo.
   › Coordinación del movimiento sin balón con el pase

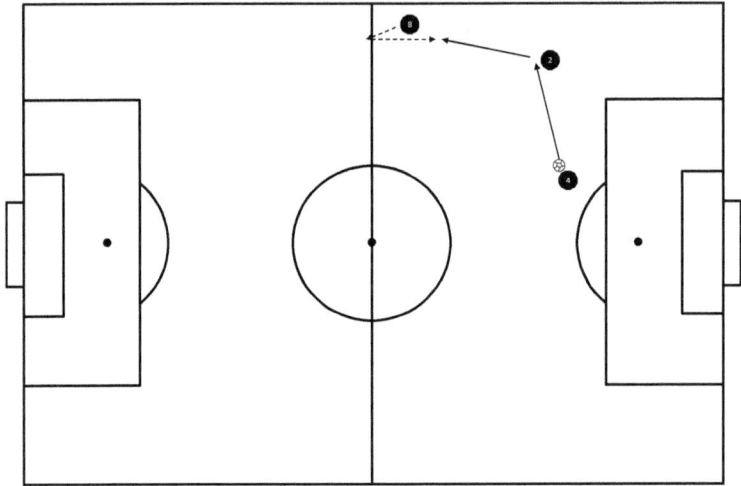

El entrenamiento lo realizan sólo los laterales y los medios de banda.
Cuando el lateral está concentrado en controlar el pase del central, el medio de banda engaña con un desmarque de ruptura, arrastrando a su marcador. Cuando el lateral levanta la cabeza para buscar un pase posterior, el medio de banda ha rectificado su movimiento y realiza un apoyo, ya desmarcado de su rival. Si la coordinación es correcta, el pase del lateral se producirá cuando su compañero aún está en movimiento, lo que le dará tiempo suficiente para controlar el balón y buscar una acción posterior. Importante el perfil de control de ambos jugadores, es decir, la orientación correcta del cuerpo para una mejor perspectiva en la siguiente decisión.

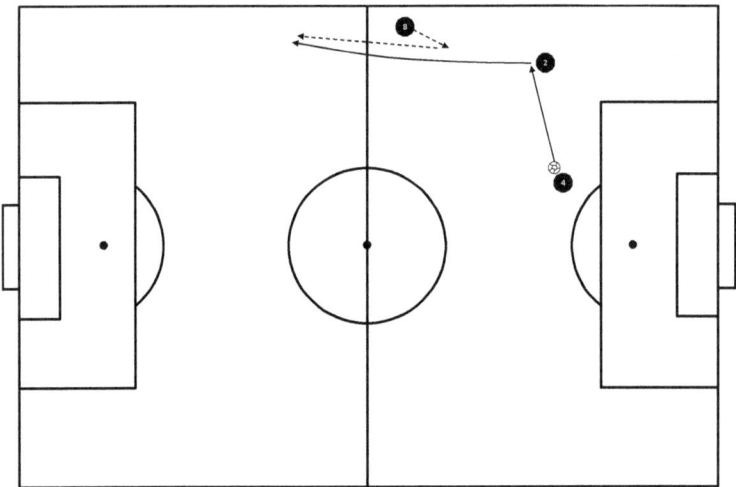

El entrenamiento lo realizan sólo los laterales y los medios de banda.
Misma dinámica de la jugada anterior, pero en esta ocasión se engaña con un desmarque de apoyo y se realiza posteriormente un movimiento de ruptura.

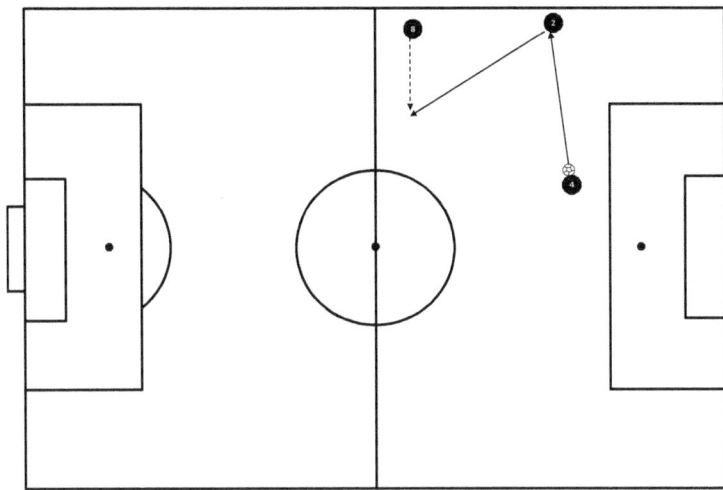

El entrenamiento lo realizan sólo los laterales y los medios de banda.

En esta ocasión, el lateral recibe más pegado a la banda y la tendencia natural invita al centrocampista a realizar un movimiento hacia el interior para ocupar los espacios de esa zona. Muy importante que el movimiento no sea en diagonal, hacia atrás, ya que en ese caso es difícil que el perfil de control sea el adecuado.

> *10 Resto de jugadores:*
> › Juegos lúdicos con balón
>
> **10** Por grupos:
> *10 Delanteros: movimientos ofensivos sin balón – zona de iniciación.*
> *Explicación de conceptos y práctica guiada*
> › Variedad de movimientos de ruptura y de apoyo
>
> *10 Resto de jugadores:*
> › Juegos lúdicos con balón
>
> **10** Por grupos:
> *10 Delanteros y laterales: movimientos ofensivos – zona de iniciación.*
> *Explicación de conceptos y práctica guiada*
> › Variedad de movimientos de ruptura y de apoyo
> › Coordinación del movimiento sin balón con el pase

El entrenamiento lo realizan sólo los laterales y los delanteros.

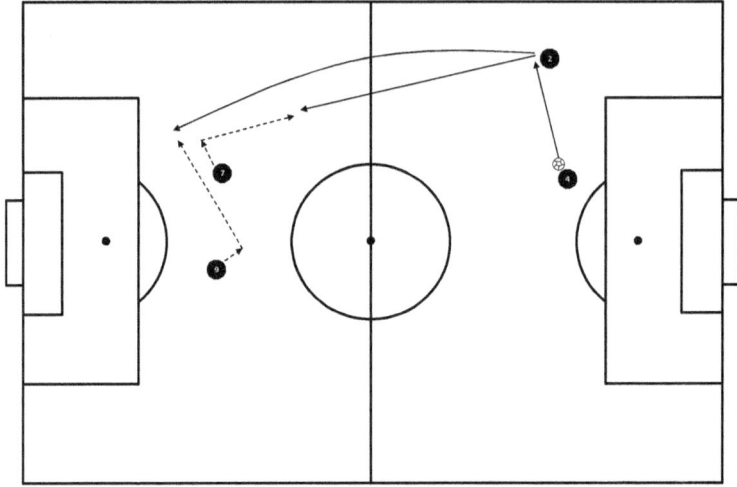

Movimientos de engaño en corto y en largo, respectivamente, y posteriores cambios de dirección para realizar sendos desmarques de ruptura y de apoyo. Los desplazamientos de engaño se realizan cuando el lateral está centrado en controlar el balón, mientras que los posteriores deben ser los únicos que vea, consiguiendo que el pase esté perfectamente acompasado con la carrera del delantero.

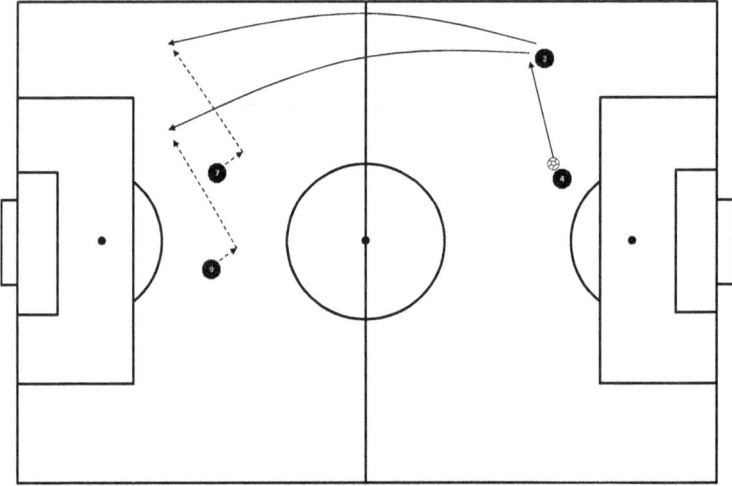

El entrenamiento lo realizan sólo los laterales y los delanteros.
Movimientos de engaño en corto y desmarque real al espacio tras la defensa.

10 Resto de jugadores:
  › Movimiento sin balón y ritmo de juego
  › Ejercicios de posesión con límite de toques y comodines ofensivos
  › Sin porterías
10 Por grupos:

10 Delanteros, interiores y laterales: movimientos ofensivos – zona de iniciación. Explicación de conceptos y práctica guiada
› Variedad de movimientos de ruptura y de apoyo
› Coordinación del movimiento sin balón con el pase

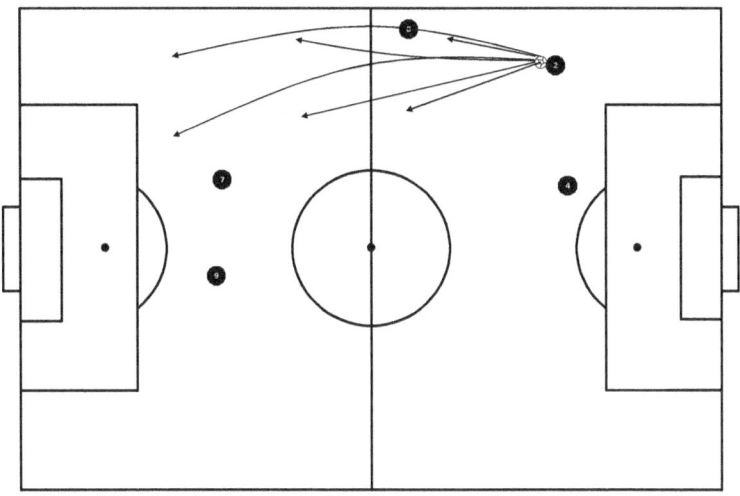

El entrenamiento lo realizan sólo los laterales y los delanteros.

Movimientos de engaño en corto y en largo, respectivamente, y posteriores cambios de dirección para realizar sendos desmarques de ruptura y de apoyo. Los desplazamientos de engaño se realizan cuando el lateral está centrado en controlar el balón, mientras que los posteriores deben ser los únicos que vea, consiguiendo que el pase esté perfectamente acompasado con la carrera del delantero.

10 Resto de jugadores:
› Movimiento sin balón y ritmo de juego
› Ejercicios de posesión con límite de toques y comodines ofensivos
› Sin porterías

60 Entrenamiento físico
10 Vuelta a la calma

S2-Viernes
20 Calentamiento en formación 1-4-4-2
› Ejercicios de calentamiento partiendo de las diferentes posiciones
› Movimientos básicos de presión y repliegue con los tres sistemas previstos:
- Repliegue medio (10)
- Repliegue total (casa)
  - En ambos repliegues, recordar la presión arriba en saques de banda

- Presión arriba (11)
  › Flexibilidad
20 Entrenamiento táctico ofensivo:
  › 22 jugadores en dos campos completos (11 y 11)
  › Evoluciones sin oposición
  › Salida desde el portero. Movimientos sin balón y coordinación de éstos con los pases.
  › Coordinación de movimientos interior-delantero
  › Elección de pase por parte del lateral
  › Introducir el condicionante de la presión del rival:
    - Si repliega intensivo: mucha paciencia, circulaciones rápidas para crear espacios (tantas como haga falta), uso del medio centro para circular. Juego ofensivo elaborado.
    - Si presiona arriba: salida más rápida, necesidad de buenos movimientos. Juego ofensivo rápido o directo.
  › Si hay necesidad de golpear (juego directo), distinguir el tipo de delantero que tenemos:
    - Alto: podemos golpear al centro.
    - No alto: buscar las bandas para que disputen con laterales.

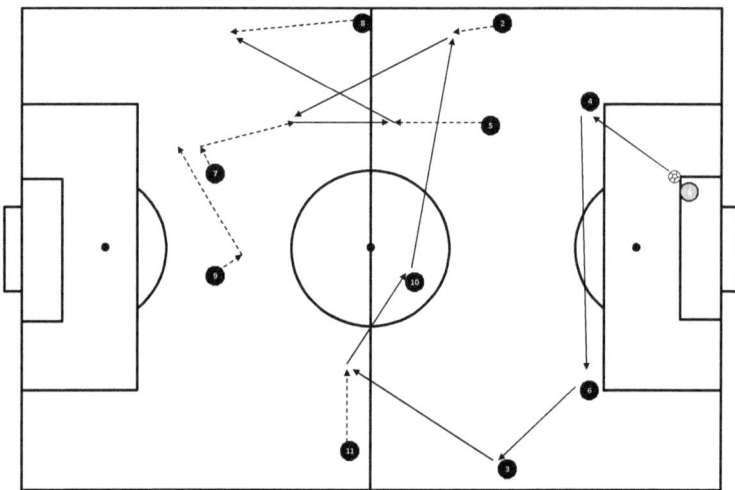

20 Entrenamiento táctico general. Partido 11x11:
  › Juego real. División de minutos para que todos los futbolistas intervengan.

- Ambos equipos juegan 1-4-4-2, realizan un repliegue medio (10) y adaptan su juego ofensivo a las características defensivas del rival.
- Jugadores que no intervienen:
  - Movimiento sin balón y ritmo de juego
  - Ejercicios de posesión con límite de toques y comodines ofensivos
  - Sin porterías

60 Entrenamiento físico
10 Vuelta a la calma

S2-Sábado – Descanso

S2-Domingo
20 Calentamiento
45 Partido amistoso
- Sistema de juego:
  - 1-4-4-2 (adoptando – improvisando - variantes en función de las características del rival)
- Táctica ofensiva:
  - Juego elaborado, pero adaptándolo en función del planteamiento defensivo del rival
- Táctica defensiva:
  - Repliegue medio (10) como planteamiento inicial
  - Presión arriba (11) y repliegue total (casa): otras opciones disponibles si el partido lo requiere.
- Estrategia ofensiva:
  - <u>Saques de esquina</u>: explicar posicionamiento (dos cierran, uno medio, otro borde, rematan cinco).
  - <u>Saques de banda</u>
    - Iniciación: explicar posicionamiento (dos medios por detrás, caen interior y delantero para disputar por arriba, otro punta rechace, medio banda contraria, vigilancia).
    - Creación: -
    - Finalización: -
  - <u>Faltas laterales:</u>
    - Dos cierran, uno medio (el que saca), otro borde, rematan seis.
- Estrategia defensiva

- Saques de esquina: explicar posicionamiento (dos jugadores en zona primer palo y balón, 5 marcajes individuales, uno a la salida, uno arriba y uno que empieza arriba y acaba en la frontal; a la corta, el del borde y el del primer palo).
- Saques de falta lateral: explicar posicionamiento (barrera de dos jugadores en función del lanzador (dos delanteros), cinco marcajes individuales, un jugador al balón y dos jugadores a la salida).
- Saques de falta frontales (y laterales con golpeo): explicar posicionamiento (barrera de tres, cuatro o cinco jugadores. Diferenciar falta de tiro de falta de centro).
- Contrarrestar bloqueos: -

45   Entrenamiento físico
10   Vuelta a la calma

SEMANA 3

S3-Lunes
20   Calentamiento
20   Por grupos:
20 Defensas. Línea de cuatro. Movimientos analíticos defensivos:
- Movimientos analíticos en función de contrarios estáticos y de movimiento de balón dirigido
- Profundidad defensiva
- Basculación (coordinación y rapidez)
- Sistema de coberturas y permutas
- Cuándo salir con el delantero
- Desdoblamientos defensivos
- Balón a la espalda (especialmente, espalda de los laterales)
- Achique – repliegue
- Línea: fuera de juego.

20 Medio campo, delanteros y porteros
- Descripción: 6x6 (1-4-1) en medio campo, con porterías grandes.
- Normas: Toques libres. Para que valga el gol, tienen que tocar todos los jugadores.
- Repetición del objetivo: Intensidad defensiva, coordinación del bloque en la presión, la basculación, coberturas y permutas. Diagonal cuando el balón está en banda. Medios centro: cuidar el pase interior mediante movimientos coordinados de presión-

cobertura. Parte ofensiva: intensidad en el juego y movimiento sin balón.

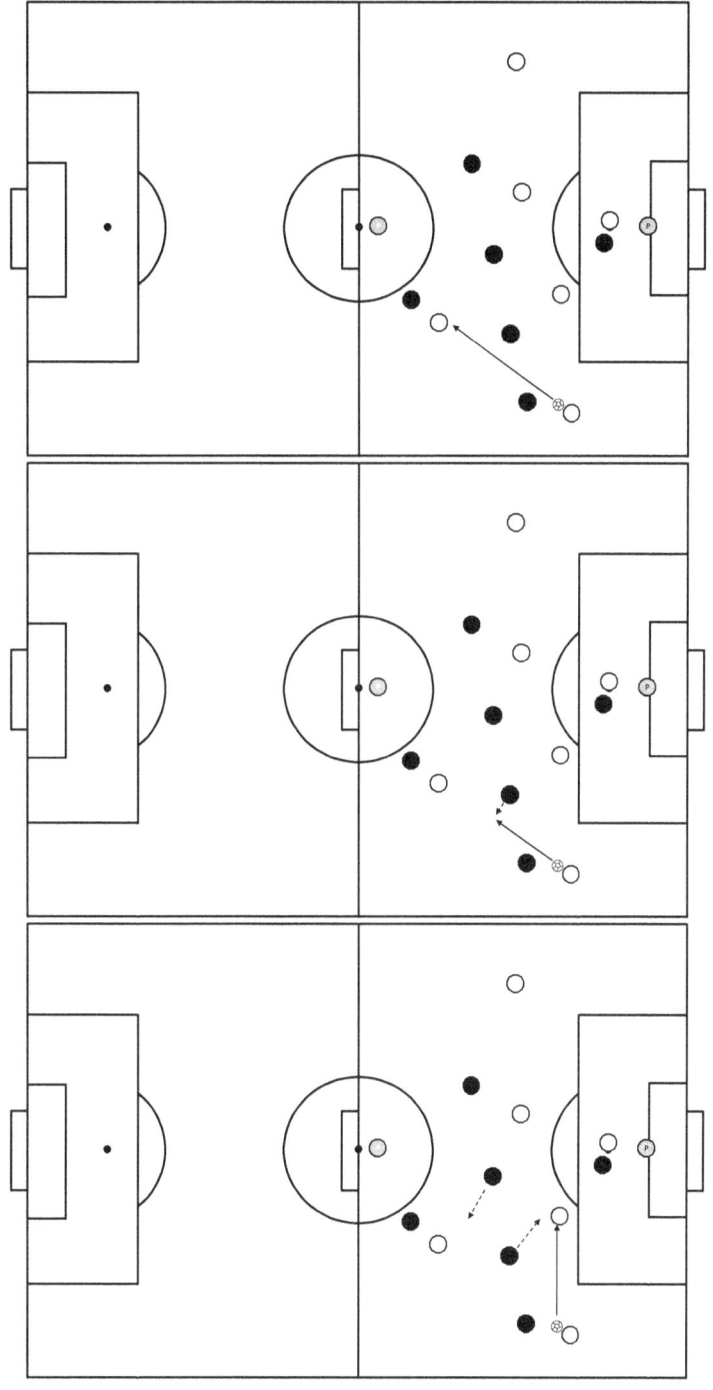

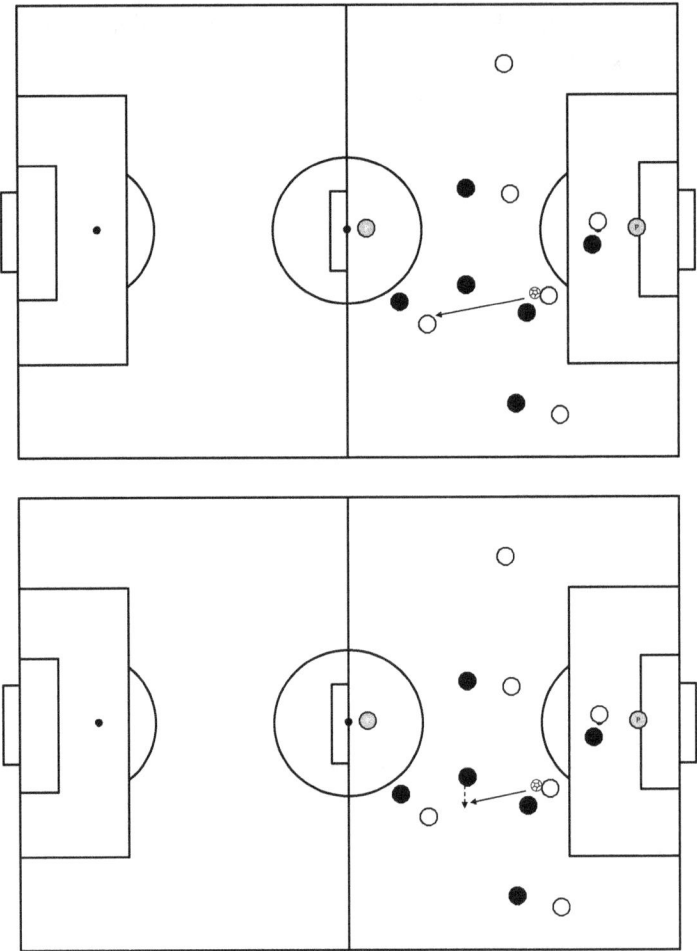

20 Entrenamiento defensivo de la línea de cuatro:
   › Líneas de cuatro contra distintos sistemas de ataque rivales (sólo centrocampistas y delanteros)
   › El ejercicio se duplica en dos mitades de campo (entrenamos dos líneas de cuatro distintas)
   › Juego real
   › Sistemas rivales (de medio campo para adelante): 4-2, 4-1-2 (3-1-2), 1-4-1, 4-1-1.
   › Conceptos importantes en el entrenamiento defensivo de la línea de cuatro:
     - Posición vertical de la defensa
     - Achique – repliegue
     - Basculación (coordinación y rapidez)

- Sistema de coberturas y permutas
- Salir con el punta (o media punta)
- CONCENTRACIÓN, AGRESIVIDAD Y CONTUNDENCIA (CLAVES DESDE YA)
- Desdoblamientos defensivos
- Balón a la espalda (espalda de los laterales)
- Línea: fuera de juego
- Portero: táctica y mando.
- Finalizar las jugadas despejando con contundencia

› Conceptos importantes en la vertiente ofensiva del ejercicio:
- Movimiento sin balón y ritmo de juego (zonas de creación y finalización)
- Cambios de ritmo y de orientación

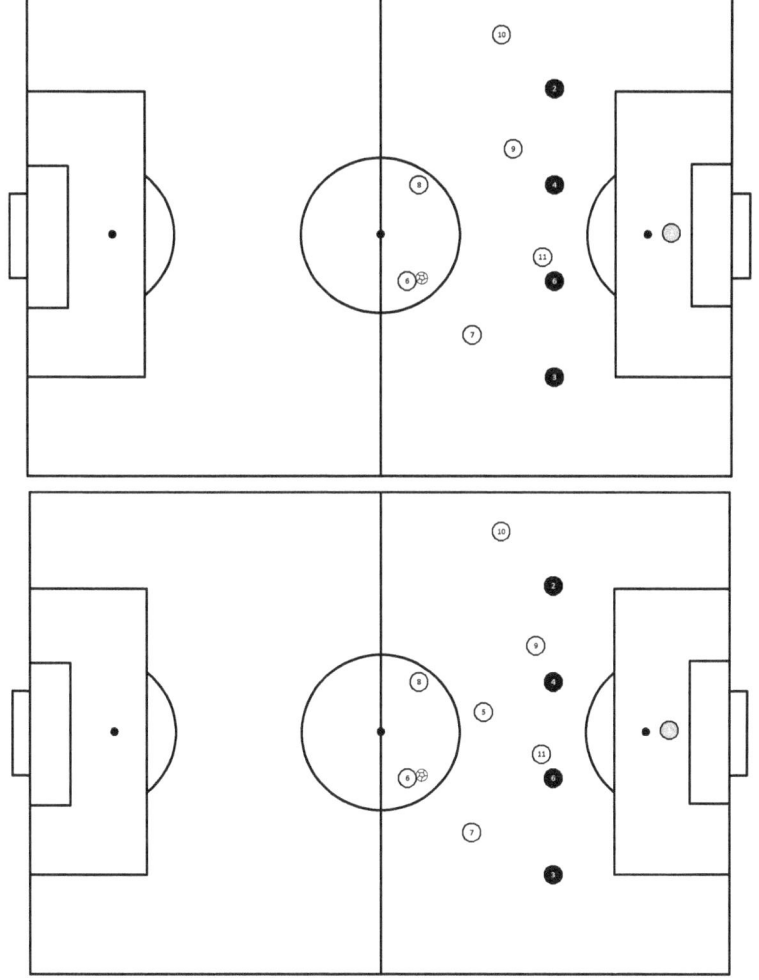

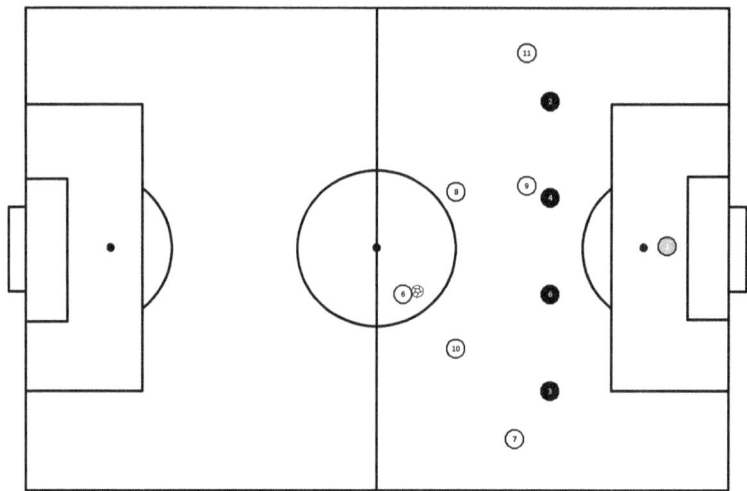

60 Entrenamiento físico
15 Vuelta a la calma

S3-Martes
20 Calentamiento
20 Entrenamiento táctico ofensivo:
> - 22 jugadores en dos campos completos (11 y 11)
> - Evoluciones sin oposición
> - Salida desde el portero. Movimientos sin balón y coordinación de éstos con los pases.
> - Coordinación de movimientos interior-delantero
> - Elección de pase por parte del lateral
> - Introducir el condicionante de la presión del rival:
>   - Si repliega intensivo: mucha paciencia, circulaciones rápidas para abrir hueco (tantas como haga falta), uso del medio centro para circular. Juego ofensivo elaborado.
>   - Si presiona arriba: salida más rápida, necesidad de buenos movimientos. Juego ofensivo rápido o directo.
> - Si hay necesidad de golpear (juego directo), distinguir el tipo de delantero que tenemos:
>   - Alto: podemos golpear al centro.
>   - No alto: buscar las bandas para que disputen con laterales.

20 Entrenamiento táctico defensivo (repliegue):
> - Descripción:

- Tres equipos de ocho jugadores. Van rotando en posición ofensiva y defensiva.
- Sistema 2-4-2 (y otros) para atacar x 1-4-4 para defender
- Espacio: medio campo

> Normas: Juego real. Distintos inicios del juego: balón aéreo, balón ya en banda y pase atrás, inicio lateral...

> Conceptos importantes en la vertiente defensiva del ejercicio:
  - Portero: voz de mando
  - Línea de cuatro: concentración, agresividad y contundencia
  - Medio campo: colocación e intensidad defensiva
  - Distancia entre líneas: achique-repliegue

> Conceptos importantes en la vertiente ofensiva del ejercicio:
  - Incidir en el movimiento sin balón y en el ritmo de juego (zonas de creación y finalización)
  - Variar el sistema de juego: zona de creación y finalización con sistemas 2-4-1-2 (2-3-1-2), 2-1-4-1, 2-4-1-1.
  - Incidir en los apoyos en corto en las bandas: el punta o media punta debe buscar allí superioridad numérica para intentar paredes o cambios de orientación.

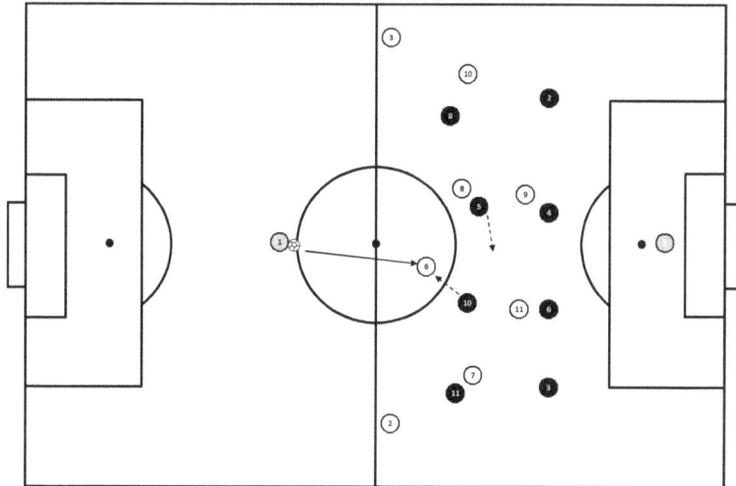

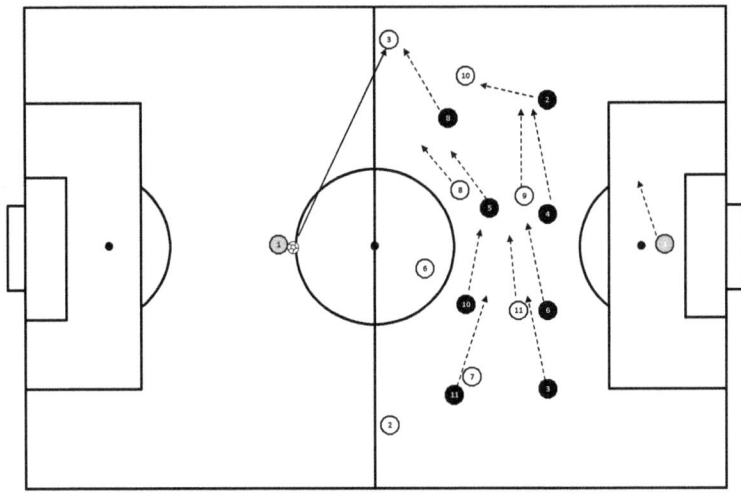

60 Entrenamiento físico
15 Vuelta a la calma

S3-Miércoles
20 Calentamiento
45 Partido amistoso
› Sistema de juego:
- 1-4-4-2 (adoptando – improvisando - variantes en función de las características del rival)
› Táctica ofensiva:
- Juego elaborado, pero adaptándolo en función del planteamiento defensivo del rival
› Táctica defensiva:
- Presión arriba (11) como planteamiento inicial
- Repliegue medio (10) y repliegue total (casa): otras opciones disponibles si el partido lo requiere.
› Estrategia ofensiva:
- <u>Saques de esquina</u>:
  ▪ Recordar posicionamiento (dos cierran, uno medio, otro borde, rematan cinco)
    1. Explicar la jugada número 1 (sencilla – no requiere ensayo previo)
- <u>Saques de banda</u>:
  ▪ Iniciación: recordar posicionamiento (dos medios por detrás, caen interior y delantero para disputar por arriba, otro punta rechace, medio banda contraria, vigilancia)

- Creación: -
- Finalización: explicar el posicionamiento (delanteros e interior dentro del área, medio e interior a la salida, medio cierra, tres atrás)
   - Faltas laterales:
     - Dos cierran, uno medio (el que saca), otro borde, rematan seis.
   › Estrategia defensiva
     - Saques de esquina: recordar posicionamiento (dos jugadores en zona primer palo y balón, 5 marcajes individuales, uno a la salida, uno arriba y uno que empieza arriba y acaba en la frontal; a la corta, el del borde y el del primer palo).
     - Saques de falta lateral: recordar posicionamiento (barrera de dos jugadores en función del lanzador (dos delanteros), cinco marcajes individuales, un jugador al balón y dos jugadores a la salida).
     - Saques de falta frontales (y laterales con golpeo): recordar posicionamiento (barrera de tres, cuatro o cinco jugadores. Diferenciar falta de tiro de falta de centro).
     - Contrarrestar bloqueos:

20	Entrenamiento físico
15	Vuelta a la calma

S3-Jueves

20	Calentamiento
10	Ejercicio de posesión. Movimiento sin balón y ritmo de juego.

  › Descripción: Ejercicios de tres equipos de cuatro jugadores en campos de 25x25. Compiten 4x4 y hay 4 comodines por fuera (en los lados del cuadrado). Cada vez que un equipo sume doce pases consecutivos[21], gana el descanso e intercambia su posición con los comodines.
  › Normas: Dos toques dentro y un toque los comodines de fuera.
  › Repetición del objetivo: Movimiento sin balón y ritmo de juego.

---

[21] Cuando el ejercicio tiene como objetivo sumar un número determinado de pases, es recomendable contarlos en voz alta, tanto para favorecer el control por parte de entrenadores y jugadores, como para mantener niveles de competitividad y de tensión más altos.

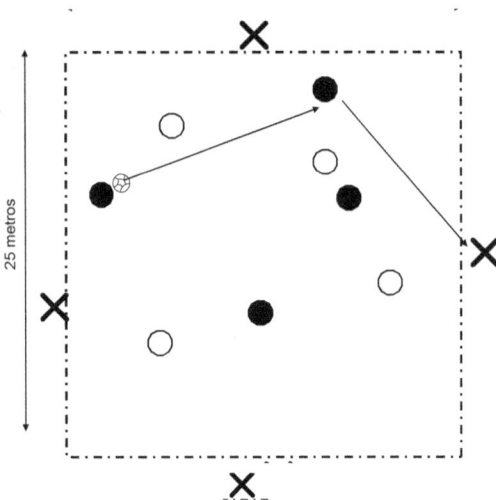

10 Estrategia defensiva. Concienciación de la importancia de la estrategia defensiva.
> Explicación de las claves para tener éxito en este tipo de acciones: posición lateral del cuerpo, mirada en el balón, referencia con las manos, uso de brazos para ganar la posición, concentración máxima.
> Explicación de la disposición posicional en saques de esquina y de falta lateral:
- Saques de esquina: dos arriba para fijar a tres defensas (cuando lo hemos logrado, uno baja a la frontal), uno en la frontal (luego serán dos), un jugador al primer palo, un futbolista libra y otros cinco marcan al hombre. Si hay jugada a la corta, va el de la frontal y el del primer palo (el que libra ocupa entonces esta posición). Importancia del portero.

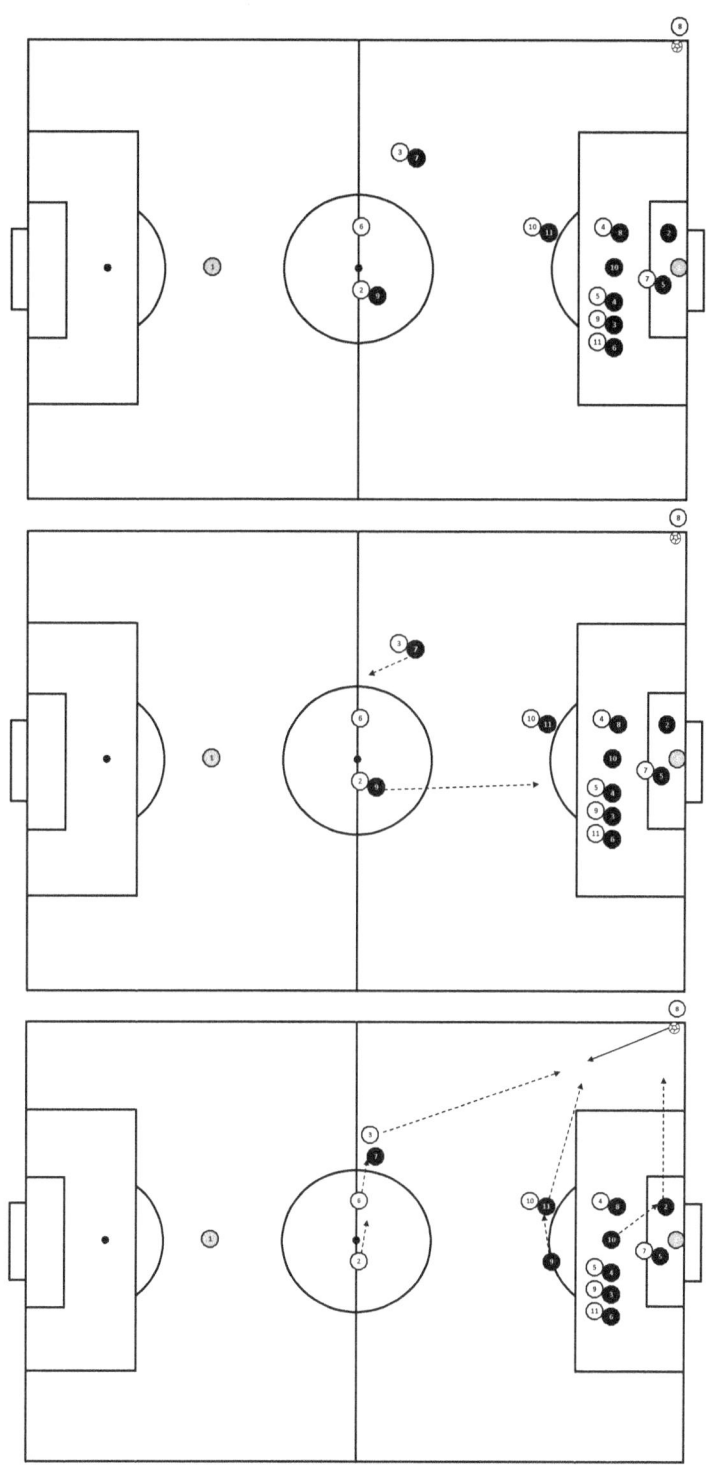

- Saque de falta lateral: defienden diez jugadores, dos a la barrera (los dos puntas, en principio, que saldrán a la contra), un jugador a la corta, uno en la frontal y seis marcajes al hombre.

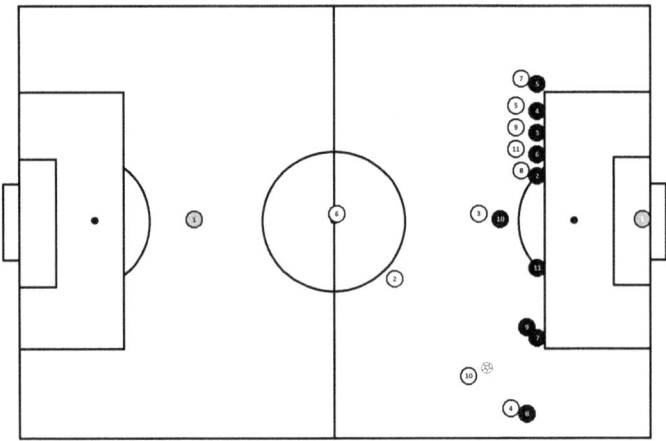

10 Estrategia defensiva
  › 10x10+1portero
  › Secuencia de cada equipo: dos saques de esquina izquierda, dos faltas laterales izquierda, dos faltas derecha y dos córners derecha.
  › Incidir en el posicionamiento y en las diferentes variantes y movimientos.

10 Estrategia defensiva
  › 6x6+1portero en un campo y 6x6+1portero, en otro campo
  › Misma secuencia de saques que en el ejercicio anterior
  › Al ser sólo seis jugadores por equipo, nos centramos únicamente en la defensa del balón aéreo (no en la colocación de los diez jugadores de campo, como en el ejercicio anterior).
  › Competición de goles encajados

60 Entrenamiento físico
15 Vuelta a la calma

S3-Viernes
20 Calentamiento en formación 1-4-4-2
  › Ejercicios de calentamiento partiendo de las diferentes posiciones
  › Movimientos básicos de presión y repliegue con los tres sistemas previstos:
    - Repliegue medio (10)
    - Repliegue total (casa)

- En ambos repliegues, recordar la presión arriba en saques de banda
    - Presión arriba (11)
  › Flexibilidad
40 Partido 11x11. Contenido táctico ofensivo y defensivo.
  › Dos equipos de once jugadores
  › Sistemas de juego:
    - 10' Equipo 1: presión arriba (11). Equipo 2: repliegue total (casa).
    - 10' Equipo 1: repliegue total (casa). Equipo 2: presión arriba (11).
    - 20' Equipo 1: repliegue medio (10). Equipo 2: repliegue medio (10).
  › Ensayo de los conceptos explicados hasta ahora de estrategia ofensiva y defensiva
60 Entrenamiento físico
15 Vuelta a la calma

S3-Sábado – Descanso

S3-Domingo – Partido amistoso
  › Sistema de juego:
    - 1-4-4-2 (adoptando – improvisando - variantes en función de las características del rival)
  › Táctica ofensiva:
    - Juego elaborado, pero adaptándolo en función del planteamiento defensivo del rival
  › Táctica defensiva:
    - Repliegue medio (10) como planteamiento inicial
    - Presión arriba (11) y repliegue total (casa): otras opciones disponibles si el partido lo requiere.
  › Estrategia ofensiva:
    - Saques de esquina: 1, 2 y 3
    - Saques de banda
      - Iniciación: posicionamiento
      - Creación: movimientos
      - Finalización: 1, 2 y 3
    - Faltas laterales: 1, 2 y 3
  › Estrategia defensiva:

- Saques de esquina: (dos jugadores en zona primer palo y balón, 5 marcajes individuales, uno a la salida, uno arriba y uno que empieza arriba y acaba en la frontal; a la corta, el del borde y el del primer palo).
- Saques de falta lateral: (barrera de dos jugadores en función del lanzador (dos delanteros), cinco marcajes individuales, un jugador al balón y dos jugadores a la salida).
- Saques de falta frontales (y laterales con golpeo): (barrera de tres, cuatro o cinco jugadores. Diferenciar falta de tiro de falta de centro).
- Contrarrestar bloqueos: -

SEMANA 4

S4-Lunes
15 Calentamiento con balón
20 Sistema defensivo: práctica de la presión arriba.
> Descripción: Equipos de ocho jugadores. Triangular. Sistema obligatorio 1-3-3-1. Partidos de 3' ó dos goles. Rey de la pista.
> Normas: 2 toques por jugador.
> Repetición del objetivo: Presión arriba. Incidir en el posicionamiento y en la actitud. Importante la actitud para ir arriba a presionar.
> Equipo que espera fuera. Juego ofensivo: con ocho jugadores y un portero, ejercicio en el que se manifieste velocidad en el juego.

24 Técnica ofensiva: zona de finalización.[22]
> Equipo dividido en tres grupos (un portero cada uno):
  8 Ejercicios de definición
  8 Ejercicios de remate
  8 Ejercicios de tiro a puerta
> Rotación de los grupos
> Variar ángulos, superficies y procedencias del balón.

60 Entrenamiento físico
15 Vuelta a la calma

S4-Martes
20 Calentamiento

---

[22] No es recomendable realizar ejercicios de finalización en los que no hay posibilidad de recoger el rechace, puesto que no sólo no se mecaniza el automatismo tiro – ir al rechace, sino que se fomenta la práctica inversa.

10 Sistema defensivo. Zonas de rechace. Posicionamiento y actitud. Automatizar.
- › En dos campos, los dos entrenadores explican de forma analítica las zonas de rechace en cada parte del campo.
- › Movimientos analíticos para dominarlos.

15 Sistema defensivo. Zonas de rechace.
- › Se juntan ambos grupos y los porteros realizan saques largos a las diferentes zonas. Disputa aérea y en la zona de rechace.
- › Lo importante no es ganar el salto, sino la segunda jugada.

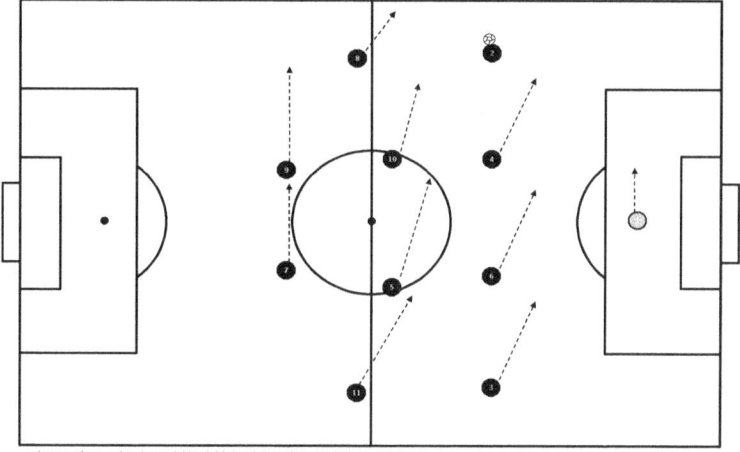

• Juego aéreo sobre la posición del lateral derecho: movimientos del resto de jugadores para ocupar las posibles zonas de rechace, sabiendo que si el compañero gana el duelo, intentará orientar el balón hacia la banda.

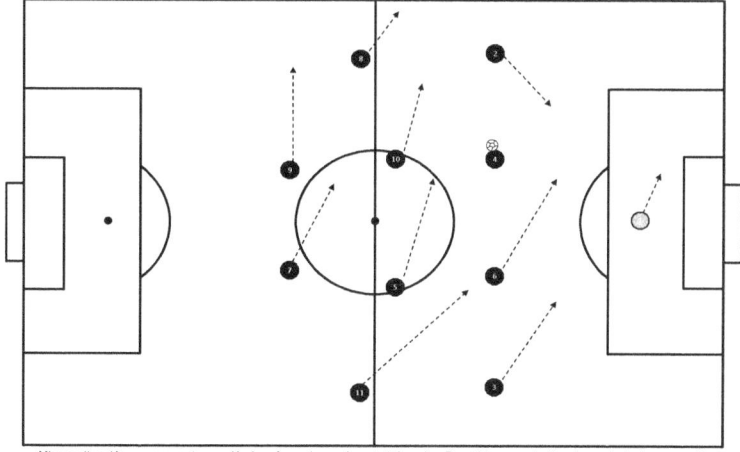

• Misma situación, pero en esta ocasión la referencia es el central derecho. Repetiríamos este tipo de movimientos con cada uno de los once jugadores, incluido el portero.

15 Sistema defensivo: práctica de la presión arriba.

> Descripción: Equipos de ocho jugadores. Triangular. Sistema obligatorio 1-3-3-1. Partidos de 3' ó dos goles. Rey de la pista.
> Normas: 2 toques por jugador.
- Repetición del objetivo: Presión arriba. Incidir en el posicionamiento y en la actitud. Importante la actitud para ir arriba a presionar.
- Equipo que espera fuera. Juego ofensivo: con ocho jugadores y un portero, ejercicio en el que se manifieste velocidad en el juego.

60 Entrenamiento físico
15 Vuelta a la calma

S4-Miércoles
20 Calentamiento
45 Partido amistoso
> Sistema de juego:
- 1-4-4-2 (adoptando – improvisando - variantes en función de las características del rival)
> Táctica ofensiva:
- Juego elaborado, pero adaptándolo en función del planteamiento defensivo del rival
> Táctica defensiva:
- Presión arriba (11) como planteamiento inicial
- Repliegue medio (10) y repliegue total (casa): otras opciones disponibles si el partido lo requiere.
> Estrategia ofensiva:
- Saques de esquina:
  ▪ Recordar posicionamiento (dos cierran, uno medio, otro borde, rematan cinco) y la número 1 y 2.
- Saques de banda:
  ▪ Iniciación: posicionamiento
  ▪ Creación: movimientos (clave el movimiento de los delanteros)
  ▪ Finalización: 1, 2, 3
- Faltas laterales:
  ▪ Dos cierran, uno medio (el que saca), otro borde, rematan seis.
- **Estrategia defensiva**
  - Saques de esquina: (dos jugadores en zona primer palo y balón, 5 marcajes individuales, uno a la salida, uno arriba y uno que empieza arriba y acaba en la frontal; a la corta, el del borde y el del primer palo).

- Saques de falta lateral: recordar posicionamiento (barrera de dos jugadores en función del lanzador (dos delanteros), cinco marcajes individuales, un jugador al balón y dos jugadores a la salida).
- Saques de falta frontales (y laterales con golpeo): recordar posicionamiento (barrera de tres, cuatro o cinco jugadores. Diferenciar falta de tiro de falta de centro).
- Contrarrestar bloqueos: -

45 Entrenamiento físico
15 Vuelta a la calma

S4-Jueves
15 Calentamiento
20 Juego ofensivo y transición ataque-defensa: presión tras pérdida. Por grupos:
10 Primer ejercicio.
- › Descripción: 6x6 en 50x30. Tres porterías, dos en los fondos y una en el centro, abierta por los dos lados. Se puede marcar en las tres porterías por igual.
- › Normas: dos toques por jugador. Deben tocar todos los jugadores, incluido un portero, para que valga el gol.

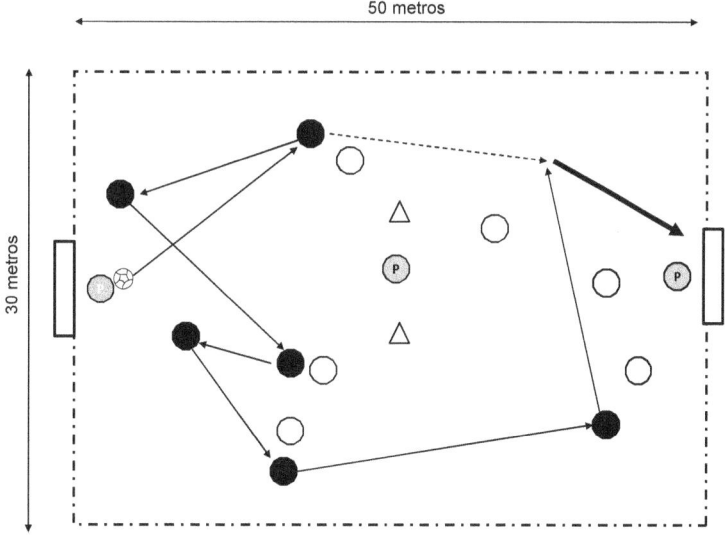

1º Segundo ejercicio.
- › Descripción: tres equipos de 6 jugadores en un espacio de 40x40 metros
- › Normas: 2 equipos de 6 juegan contra un tercero (12x6). Defiende el equipo que pierde la posesión del balón.
- › Repetición del objetivo: Incidimos en el pressing al poseedor cuando se produce una pérdida de balón en una de las zonas; gran exigencia en cuanto al cambio de mentalidad ataque-defensa.

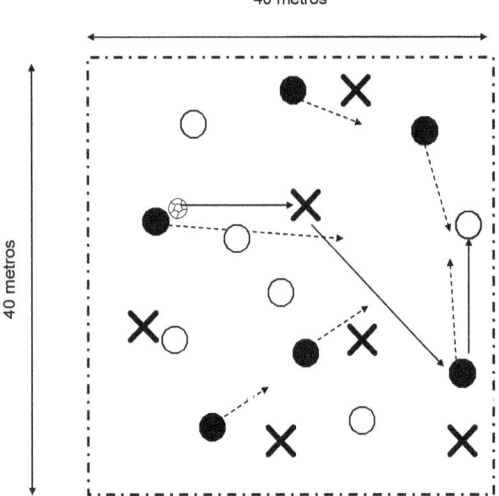

2º Entrenamiento táctico defensivo (repliegue):
- › Descripción:
  - Tres equipos de ocho jugadores. Van rotando en posición ofensiva y defensiva.
  - Sistema 2-4-2 (y otros) para atacar x 1-4-4 para defender
  - Espacio: medio campo
- › Normas: Juego real. Distintos inicios del juego: balón aéreo, balón ya en banda y pase atrás, inicio lateral...
- › Conceptos importantes en la vertiente defensiva del ejercicio:
  - Portero: voz de mando
  - Línea de cuatro: concentración, agresividad y contundencia
  - Medio campo: colocación e intensidad defensiva
  - Distancia entre líneas: achique-repliegue
- › Conceptos importantes en la vertiente ofensiva del ejercicio:
  - Incidir en el movimiento sin balón y en el ritmo de juego (zonas de creación y finalización)

- Variar el sistema de juego: zona de creación y finalización con sistemas 2-4-1-2 (2-3-1-2), 2-1-4-1, 2-4-1-1.
- Incidir en los apoyos en corto en las bandas: el punta o media punta debe buscar allí superioridad numérica para intentar paredes o cambios de orientación.

60 Entrenamiento físico
15 Vuelta a la calma

S4-Viernes
20 Calentamiento
40 Estrategia ofensiva (saques de esquina, de falta y de corner)
15 Tres saques de esquina
10 Tres faltas laterales
15 Saques de banda en zona de iniciación, creación y finalización
› Secuencia: explicación y práctica en grupos.
60 Entrenamiento físico
15 Vuelta a la calma

S4-Sábado – Descanso

S4-Domingo – Partido amistoso
› Sistema de juego:
- 1-4-4-2 (adoptando – improvisando - variantes en función de las características del rival)
› Táctica ofensiva:
- Juego elaborado, pero adaptándolo en función del planteamiento defensivo del rival
› Táctica defensiva:
- Presión arriba (11) como planteamiento inicial
- Repliegue medio (10) y repliegue total (casa): otras opciones disponibles si el partido lo requiere.
› Estrategia ofensiva:
- <u>Saques de esquina:</u>
  ▪ Recordar posicionamiento (dos cierran, uno medio, otro borde, rematan cinco) y la número 1 y 2.
- <u>Saques de banda:</u>
  ▪ Iniciación: posicionamiento
  ▪ Creación: movimientos (clave el movimiento de los delanteros)
  ▪ Finalización: 1, 2, 3

- Faltas laterales:
    - Dos cierran, uno medio (el que saca), otro borde, rematan seis.
- Estrategia defensiva
    - Saques de esquina: (dos jugadores en zona primer palo y balón, 5 marcajes individuales, uno a la salida, uno arriba y uno que empieza arriba y acaba en la frontal; a la corta, el del borde y el del primer palo).
    - Saques de falta lateral: recordar posicionamiento (barrera de dos jugadores en función del lanzador (dos delanteros), cinco marcajes individuales, un jugador al balón y dos jugadores a la salida).
    - Saques de falta frontales (y laterales con golpeo): recordar posicionamiento (barrera de tres, cuatro o cinco jugadores. Diferenciar falta de tiro de falta de centro).
    - Contrarrestar bloqueos: -

SEMANA 5

S5-Lunes – Descanso

S5-Martes
15   Calentamiento
45   Entrenamiento físico
25   Entrenamiento táctico[23]
35   Entrenamiento físico
15   Vuelta a la calma

S5-Miércoles
15   Calentamiento
25   Entrenamiento físico
20   Sistema defensivo: repliegue y distancia entre líneas
   - Descripción: 1-3-3x1-3-3 en 50x30. Obligatorio el repliegue tras medio campo propio. Hay fuera de juego.
   - Normas: Toques libres. Para que valga el gol, todos los jugadores del equipo deben haber tocado el balón, incluido el portero.
   - Repetición del objetivo: Repliegue rápido, intensidad defensiva, distancia entre líneas. Importante para que todo esto pueda ma-

---

[23] De esta forma (sin detallar) identificaremos los espacios tácticos que quedan en blanco en la planificación. Su contenido vendrá determinado por las carencias detectadas hasta ese momento.

nifestarse correctamente: velocidad juego ofensivo y mucho movimiento sin balón.

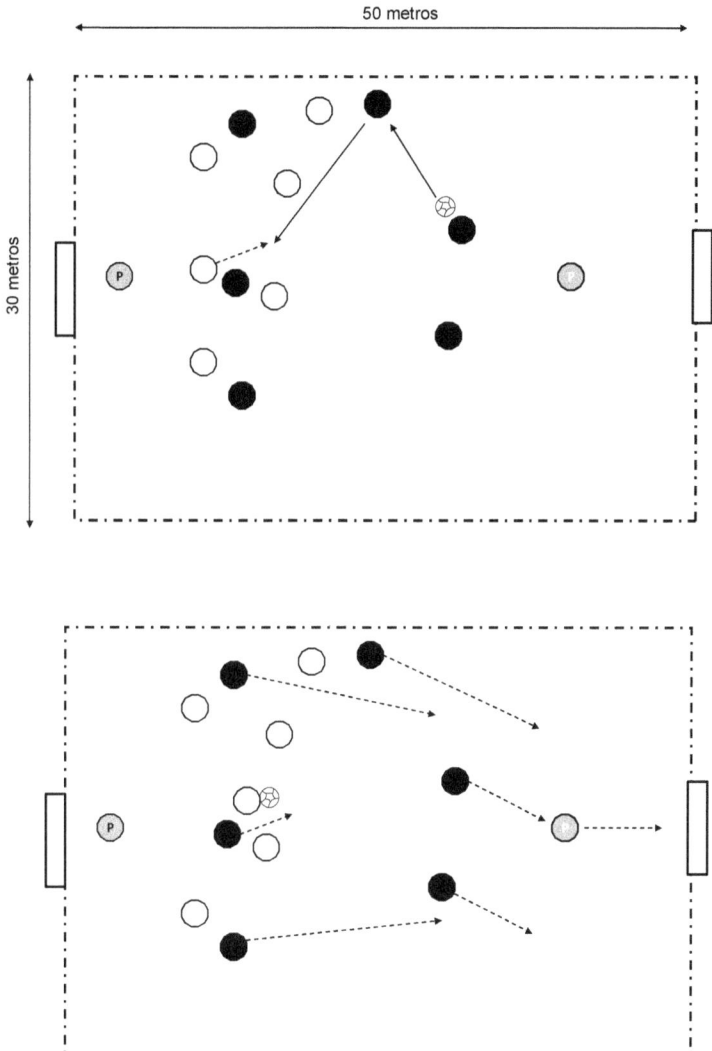

• Presión al poseedor del balón tras pérdida y repliegue total

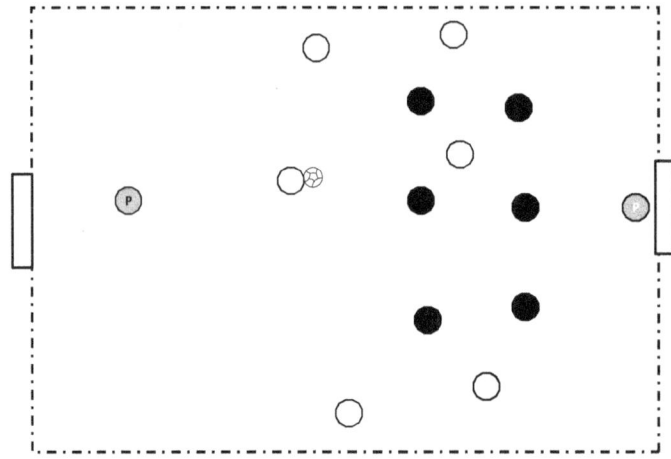

• Replegados los seis jugadores en campo propio, se entrena la distancia entre líneas y el bloque defensivo; ; el equipo blanco manifiesta conservación del balón al tener que intervenir todos los jugadores, incluido el portero, antes de marcar gol

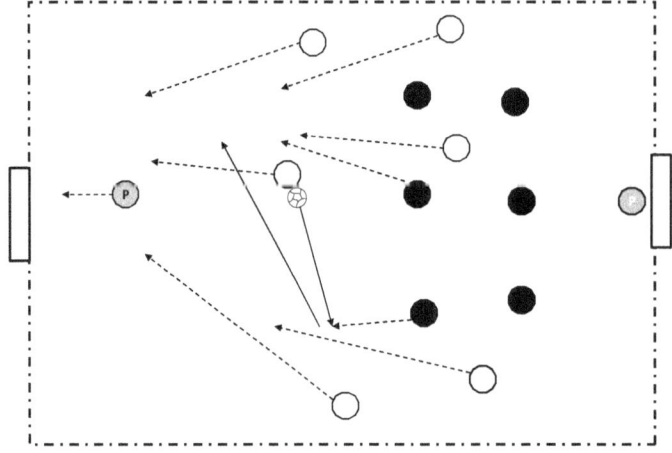

• Variante: se anula la obligatoriedad de que todos los jugadores toquen el balón para que el gol sea válido; aparece el contraataque y el repliegue gana en realidad y en dificultad

25 Juego ofensivo. Contraataque.
> Descripción: 3x2 en cada mitad de un campo de fútbol-7 (es un 5x5 dividido).
> Con juego real, se suceden los contraataques en superioridad numérica en cada portería.
> Normas: toques libres. No se puede pasar al campo contrario.
> Repetición del objetivo: contraataque. Recordar los principios básicos: vigilancia defensiva cuando mi equipo defiende, verticalidad, pocos toques, movimientos sin balón variados y pertinentes,

amplitud, arrastrar al defensa hacia el balón para aprovechar al compañero libre.

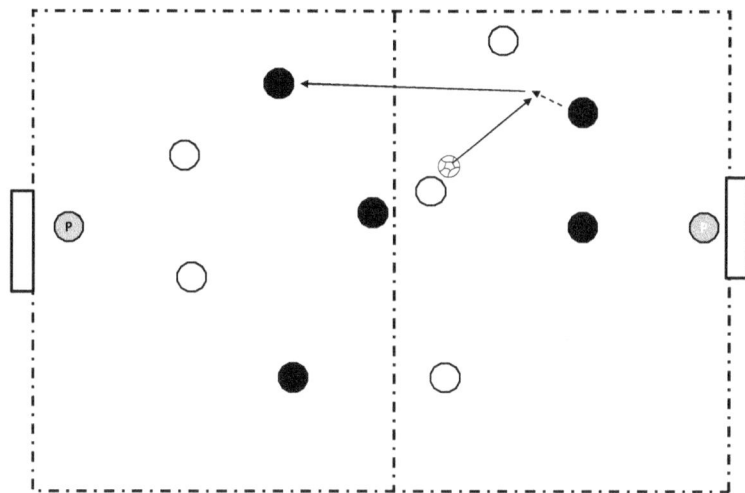

35 Entrenamiento físico
15 Vuelta a la calma

S5-Jueves
15 Calentamiento en formación 1-4-4-2
> Ejercicios de calentamiento partiendo de las diferentes posiciones
> Movimientos básicos de presión y repliegue con los tres sistemas previstos:
- Repliegue medio (10)
- Repliegue total (casa)
    - En ambos repliegues, recordar la presión arriba en saques de banda
- Presión arriba (11)
> Flexibilidad
30 Entrenamiento físico
15 Sistema defensivo. Zonas de rechace.
> Partido 11x11 dirigido para manifestar el objetivo.
> Los porteros realizan saques largos a las diferentes zonas.
> Disputa aérea y en la zona de rechace. Juego real a partir de ahí.
> Lo importante no es ganar el salto, sino la segunda jugada.
40 Partido 11x11 con sistemas alternativos de juego (1-4-2-3-1, 1-4-3-3) y sistemas de diez jugadores (1-3-4-2 y 1-4-4-1)

  10 Equipo 1: 1-4-2-3-1 (repliegue total). Equipo 2: 1-4-3-3 (11).
  10 Equipo 1: 1-4-3-3 (11). Equipo 2: 1-4-2-3-1 (repliegue total).
  10 Equipo 1: 1-4-4-1 (repliegue total). Equipo 2: 1-3-4-2 (10).
  10 Equipo 1: 1-3-4-2 (10). Equipo 2: 1-4-4-1 (repliegue total).
20 Estrategia ofensiva y defensiva
- Partido 11x11 con interrupciones dirigidas del juego para practicar todo tipo de jugadas a balón parado (ofensivas y defensivas).
- El juego sigue de forma real a partir de estas jugadas

15 Vuelta a la calma

S5-Viernes
15 Calentamiento
45 Entrenamiento físico
30 Por grupos:
  15 Técnica. Entrenamiento de la pierna menos hábil.
- Descripción: 4x4 en 30x45. Una portería con portero. Gol regate. Para atacar (tras recuperación) hay que salir por detrás de una línea situada a 25 metros de la portería.
- Normas: toques libres. Predominante: pierna menos hábil.
- Repetición del objetivo: entrenamiento de la pierna menos hábil

  15 Velocidad en el juego ofensivo. Acciones combinadas.
- Acción combinada entre cuatro jugadores. Postas definidas y evolución dictada. Rotación. Tres acciones combinadas distintas, acabando en tiro a puerta, centro y remate, y finalización 1x1. Todas tienen cambios de orientación, primer toque, controles orientados, desdoblamientos ofensivos y movimientos de apoyo y de ruptura.
- Repetición del objetivo: precisión y velocidad en todas las acciones técnicas, e intensidad en los movimientos sin balón y cambios de ritmo.

30 Técnica ofensiva: zona de finalización.
- Equipo dividido en tres grupos (un portero cada uno):
  - 10 Ejercicios de definición
  - 10 Ejercicios de remate
  - 10 Ejercicios de tiro a puerta
- Rotación de los grupos
- Variar ángulos, superficies y procedencias del balón.

15 Vuelta a la calma

S5-Sábado – Partido amistoso
> Sistema de juego:
- 1-4-4-2 (adoptando – improvisando - variantes en función de las características del rival)
> Táctica ofensiva:
- Juego elaborado, pero adaptándolo en función del planteamiento defensivo del rival
> Táctica defensiva:
- Presión arriba (11) como planteamiento inicial
- Repliegue medio (10) y repliegue total (casa): otras opciones disponibles si el partido lo requiere.
> Estrategia ofensiva:
- Saques de esquina: 1, 2 y 3
- Saques de banda
  - Iniciación: posicionamiento
  - Creación: movimientos
  - Finalización: 1, 2, 3
- Faltas laterales: 1, 2 y 3
> Estrategia defensiva
- Saques de esquina: (dos jugadores en zona primer palo y balón, 5 marcajes individuales, uno a la salida, uno arriba y uno que empieza arriba y acaba en la frontal; a la corta, el del borde y el del primer palo).
- Saques de falta lateral: (barrera de dos jugadores en función del lanzador (dos delanteros), cinco marcajes individuales, un jugador al balón y dos jugadores a la salida).
- Saques de falta frontales (y laterales con golpeo): (barrera de tres, cuatro o cinco jugadores. Diferenciar falta de tiro de falta de centro).
- Contrarrestar bloqueos: explicar de forma teórica cómo contrarrestar los bloqueos.

S5-Domingo – Descanso

SEMANA 6 (PRIMERA SEMANA DE COMPETICIÓN)

S6-Lunes
15 Calentamiento
15 Entrenamiento físico

60 Entrenamiento táctico
15 Vuelta a la calma

S6-Martes – Descanso

S6-Miércoles
15 Calentamiento
25 Entrenamiento físico
50 Entrenamiento táctico
15 Vuelta a la calma

S6-Jueves
15 Calentamiento
20 Entrenamiento físico
55 Entrenamiento táctico
15 Vuelta a la calma

S6-Viernes
15 Calentamiento
20 Entrenamiento físico
55 Entrenamiento táctico
15 Vuelta a la calma
Fin de semana – Primer partido de liga

2.10. ENTRENAMIENTO DE LOS PORTEROS

La figura del portero es fundamental en un equipo que tenga aspiraciones de cosechar resultados positivos. Podemos contar con buenos futbolistas, realizar entrenamientos de calidad e incluso ver cómo nuestro grupo rinde a un buen nivel dentro del campo, pero si no tenemos un jugador de garantías bajo palos, demasiado a menudo sufriremos la pérdida de puntos por encajar goles muy baratos para el rival.

El primer (y principal) paso en este sentido fue abordado en el capítulo 1 y consiste en incorporar a la plantilla a un portero de garantías, como mínimo[24]. El segundo será prestar la mejor atención posible a esta figura tan especial dentro del equipo, que necesita un trato totalmente personalizado. Con ese objetivo, éstas son las recomendaciones básicas que realizamos:

---

[24] Al tratarse de fútbol aficionado, será normal que demos la alternativa al portero suplente con frecuencia (si no, pronto tendremos sólo un guardameta en la plantilla porque es muy difícil mantener a un jugador que nunca participa). Por este motivo, no es realista pensar que con un solo portero de buenas cualidades tenemos solucionada la papeleta. Hay que contar también con un recambio de un nivel mínimo o seguiremos perdiendo puntos cuando el titular no juegue (bien porque demos minutos al suplente para evitar que se vaya o bien porque el principal sea baja obligada y no tengamos más porteros en el grupo).

- Si es posible, disponer de una persona que se ocupe de dirigir este entrenamiento específico en pretemporada supone un gran paso de calidad (durante la temporada regular, normalmente, esta figura ya está contemplada en la mayoría de los clubes de fútbol, un día a la semana). Si no podemos contar con este rol dentro del cuerpo técnico, no es una excusa para no separar el entrenamiento de los porteros. Se puede optar por citarlos a una hora diferente para que se ejerciten bajo nuestra dirección o, si el perfil de los jugadores es favorable, poner en sus propias manos su trabajo, explicándolo con detalle y concienciándoles de su importancia. También se puede coordinar el entrenamiento de los porteros con otros equipos del club para llevarlo a cabo de forma conjunta, aunando recursos y esfuerzos.
- La planificación de la pretemporada de los porteros debe ser un documento distinto de la del resto de los futbolistas. Su entrenamiento físico, técnico y táctico es diferente, salvo cuando intervienen en los ejercicios de los compañeros de campo.
- Siguiendo con el punto anterior, es necesario revisar el plan de los jugadores de campo y extraer una relación de los tiempos en los que los porteros trabajan de forma individual o junto al resto del grupo. Esto nos dará un resultado, en cada sesión, similar al que muestra el ejemplo:

    Analizamos la siguiente sesión que tomamos de los capítulos 2.8 y 2.9:

    - Martes de la semana 4

    20 Calentamiento + juego de velocidad de reacción sin salida

    10 Sistema defensivo. Zonas de rechace. Posicionamiento y actitud. Automatizar.
    - En dos campos, los dos entrenadores explican de forma analítica las zonas de rechace en cada parte del campo.
    - Movimientos analíticos para dominarlos.

    15 Sistema defensivo. Zonas de rechace.
    - Se juntan ambos grupos y los porteros realizan saques largos a las diferentes zonas. Disputa aérea y en la zona de rechace.
    - Lo importante no es ganar el salto, sino la segunda jugada.

    15 Sistema defensivo: práctica de la presión arriba.
    - Descripción: Equipos de ocho jugadores. Triangular. Sistema obligatorio 1-3-3-1. Partidos de 3' ó dos goles. Rey de la pista.
    - Normas: 2 toques por jugador.
    - Repetición del objetivo: presión arriba. Incidir en el posicionamiento y en la actitud. Importante la actitud para ir arriba a presionar.

- Equipo que espera fuera. Juego ofensivo: con ocho jugadores y un portero, ejercicio en el que se manifieste velocidad en el juego.

Parte física (en el campo-botas):

30 Circuito de fuerza con pesas + transferencia

10 Flexibilidad pasiva

20 Capacidad anaeróbica láctica:

- 800 metros, 500 metros y 2x300 metros

15 Vuelta a la calma

Y determinamos los siguientes tiempos para los porteros:

30 Entrenamiento específico

15 Sistema defensivo. Zonas de rechace.

15 Sistema defensivo: práctica de la presión arriba.

60 Entrenamiento específico

15 Vuelta a la calma

- Realizada esta operación con todas las sesiones de la pretemporada, tendríamos una relación como ésta:

SEMANA 2

- Lunes

40 Entrenamiento específico

- Martes

20 Entrenamiento específico
20 Defensas y porteros. Línea de cuatro. Movimientos analíticos defensivos.
20 Juego aéreo y zona de rechace
60 Entrenamiento específico
10 Vuelta a la calma

- Miércoles

30 Entrenamiento específico
10 Juego aéreo y zona de rechace
80 Entrenamiento específico
10 Vuelta a la calma

- Jueves

20 Calentamiento táctico junto al grupo
20 Juegos lúdicos con balón junto al grupo
80 Entrenamiento específico

10 Vuelta a la calma

- **Viernes**

20 Calentamiento táctico junto al grupo
20 Entrenamiento táctico ofensivo
20 Entrenamiento táctico general. Partido 11x11.
60 Entrenamiento específico
10 Vuelta a la calma

- Como se aprecia, tanto el calentamiento como el entrenamiento físico son incluidos dentro del trabajo específico del portero, puesto que se trata de partes que requieren una distinción y una especialización.
- El siguiente paso será, con los tiempos de entrenamiento específico en la mano, planificar los contenidos concretos, incluyendo los físicos, técnicos, tácticos y psicológicos. Existe infinidad de bibliografía específica sobre porteros para ello. Pondremos un ejemplo de esa segunda semana:

SEMANA 2

- **Lunes (40' Entrenamiento específico)**

10   Calentamiento general (movilidad articular y flexibilidad)

Primer contacto con las manos:

Individual

2 Botes con ambas manos (con una o con las dos a la vez), haciendo variar la altura de los mismos y efectuando un desplazamiento del jugador simultáneamente.

1 Piernas ligeramente separadas, cuerpo erguido: el jugador rodea con el balón su cintura.

1 Piernas separadas: se ha de sostener el balón entre las piernas y volver a cogerlo sin dejar que caiga, alternando el sentido de las manos de izquierda a derecha y de derecha a izquierda.

1   En un punto fijo, realizamos ochos entre las piernas, separadas y ligeramente flexionadas.

Por parejas

1 Con una sola mano, se lanza el balón y se recepciona con la otra mano. Se lanza con la mano que se recepciona.

Calentamiento de la cintura:

1 Los dos porteros, situados próximos espalda con espalda, se pasan el balón a la altura de la cintura, por izquierda y derecha, alternativamente.
1 Igual, por arriba y abajo.

4 Calentamiento zona abdominal y lumbar:
- Abdominales con recepción de la pelota y lanzamiento al volver a subir. Frontales. (30)
- Lumbares (individual) (20)
- Abdominales. Igual, pero recepcionando a los lados (15 a cada lado=30).
- Lumbares (individual) (20)
- Tres series

Flexibilidad:

1 Llevar el balón delante, con las piernas cerradas o abiertas (alternar) y llevar después balón y piernas por encima de la cabeza, hasta tocar el suelo detrás de ella (individual).

Calentamiento del juego con los pies:

2 Pases cortos al primer toque, con las dos piernas.

Blocaje:

3 Lanzamiento con las manos (raso o a media altura) a las manos del compañero. Blocaje a ras de suelo, de pecho a media altura, de manos a la altura de la cara o de manos arriba, sin salto o con salto).

Suelo:

3 Caída lateral. Balón suave (media altura) lanzado por el entrenador. El portero evita que toque uno de los dos conos que tiene a derecha e izquierda.
3 Igual, balón raso y a los lados.
3 Lanzamiento alto con la mano y blocaje arriba con salto, protección y grito. Balón rápidamente al pecho.

- Martes (80' Entrenamiento específico: 20 de calentamiento y 60 de entrenamiento)

10 Calentamiento general (movilidad articular y flexibilidad)
10 Calentamiento específico

General y coordinación:

Individual

2 Botes con ambas manos (con una o con las dos a la vez) haciendo variar la altura de los mismos y efectuando un desplazamiento simultáneamente.
1 En carrera, el portero hace rodar el balón a un lado y al otro.
1 Piernas separadas y flexionadas, rodar el balón alrededor.
1 Dejar rodar el balón por la espalda para recogerlo metiendo los brazos entre las piernas. Alternar con el ejercicio opuesto (dejar caer por delante y recoger por delante, pero con los brazos entre las piernas)

1 El portero está sentado en el suelo, con las rodillas ligeramente flexionadas. La práctica consiste en dejar el balón a la espalda y recogerlo por el lado contrario lo más rápidamente posible.

1 De pie, con las piernas abiertas y flexionadas, botar el balón entre ellas, planteándose, al tiempo, una progresión en movimiento y una alternancia entre derecha e izquierda.

Blocaje:

1 Piernas separadas, se ha de sostener el balón entre las piernas y volver a cogerlo, alternando el sentido de las manos de izquierda a derecha y de derecha a izquierda.

Por parejas

1 Uno enfrente del otro, distantes, se pasan dos balones, uno por arriba (tenso, a la altura de la cara, con gesto de lanzamiento con la mano) y el otro por abajo, con bote.

1 Igual, pero hay un balón por arriba y otro a ras de suelo.

20 Defensas y porteros. Línea de cuatro. Movimientos analíticos defensivos.

20 Ejercicio con el grupo: Juego aéreo y zona de rechace (trabajo de portería)

6 Calentamiento fuerza resistencia zona abdominal y lumbar:
- Abdominales con recepción de la pelota y lanzamiento al volver a subir. Frontales. (35) (Parejas)
- Lumbares (individual) (25)
- Abdominales. Igual, pero recepcionando a los lados (15 a cada lado=30) (Parejas)
- Lumbares (individual) (25)
- Cuatro series

2 Portero tumbado boca arriba. Coge el balón que le sitúa el entrenador a derecha o izquierda, un poco por encima del suelo. El portero lo recoge y, con rapidez, lo lleva al lado opuesto para volver a situarse en el centro.

Por parejas

Blocaje:

5 Cada portero defiende una portería pequeña (apenas un poco más de lo que abarcan con su cuerpo, más o menos 1 metro). Sentados, deben blocar los lanzamientos con la mano de su compañero. Si bota tras la parada=gol. Importante: el objetivo del juego no es que vayan al suelo, para lo que es importante que las porterías sean pequeñas (deben blocar cerca de la cabeza).

4 Lanzamientos por parejas, con el pie, de bolea. Blocajes a todas las alturas. Los seis primeros, al pecho, flojos.

Caída lateral:

2 El entrenador envía balones suaves, rasos, y el portero se deja caer a un lado y a otro blocando la pelota.

Velocidad de reacción (y caída lateral):

3 El entrenador tiene un balón en cada mano, suelta uno y el portero reacciona y se lanza para blocarlo antes de que bote.
3 Idem, lanzamiento arriba, reacción del portero y blocaje lo antes posible
5 Desplazamiento lateral, tocar el palo y estirada al lado contrario. Cambio cada dos repeticiones. Una vez cada lado.

Desplazamiento lateral:

4 Balones a los lados a diferentes alturas, enviados por el entrenador de menos a más velocidad. El portero no puede tirarse al suelo. Debe desplazarse rápido y blocar correctamente. Los fallos en el lanzamiento por parte del entrenador se descartarán (no hay estirada).

Desplazamiento lateral, blocaje y caída lateral:

6 Repetición del ejercicio del palo. El portero sólo se lanzará a por aquellos balones que lo precisen. Tratará de basarse en su rapidez de piernas para llegar a los balones.

Parte física:

10 Fuerza resistencia: tren superior e inferior, y zona abdominal y lumbar
10 Carrera continua. Ritmo medio-bajo. Capacidad aeróbica.
10 Vuelta a la calma

- Miércoles (110' Entrenamiento específico: 30 de calentamiento y 60 de entrenamiento)

15 Calentamiento general (movilidad articular y flexibilidad)
15 Calentamiento específico

Individual

1 Jugador estático, piernas ligeramente separadas, cambiará de mano el balón, con los brazos en cruz, lanzándolo por encima de su cabeza.
1 El portero lanza el balón por encima de su cabeza y lo coge por la espalda
1 El portero hace botar dos balones a la vez contra el suelo

Por parejas

1 Con la derecha se recepciona y con la izquierda se envía la pelota (se pasa de derecha a izquierda). Cambio posterior.
1 Se lanzan dos balones a la vez (se incrementan la dificultad y la concentración)

Velocidad de reacción:

1 Mano sobre mano, hay que tocar el anverso de la mano del compañero. El otro reacciona y la quita.

1 Mano sobre mano, hay que tocar el hombro del compañero. El otro reacciona y quita todo el cuerpo.

2 Sentados dos porteros frente a frente. Manos en la nuca y un balón en medio. Cuando alguno de los dos tome la decisión, intenta desplazar el balón por sorpresa. El otro debe reaccionar y detenerlo antes de que sobrepase una distancia marcada (una vuelta sobre sí mismo, por ejemplo).

6 Calentamiento fuerza resistencia zona abdominal y lumbar:
- Abdominales con recepción de la pelota y lanzamiento al volver a subir. Frontales. (35) (Parejas)
- Lumbares (individual) (25)
- Abdominales. Igual, pero recepcionando a los lados (15 a cada lado=30) (Parejas)
- Lumbares (individual) (25)
- Cuatro series

10 Ejercicio con el grupo: Juego aéreo y zona de rechace (trabajo de portería)

Agilidad:

1 Lanzamiento al aire + voltereta + recepción sin bote (2 veces) y lanzamiento al aire + vuelta rodando + recepción sin bote (2 veces)

Técnica de saque de meta:

1 Explicación y ensayo de la técnica de golpeo en el saque de meta, sin golpear.

Blocajes:

2 Blocajes baja, media, alta altura (calentamiento) a envíos con la mano (saque).

Coordinación más agilidad más blocaje:

3 Diez setas en skipping, realizando técnica de carrera y, a la salida, lanzamiento del entrenador fuerte a la altura de la cabeza, para que el portero bloque (sin ir al suelo).

2 Igual, pero con blocaje a ras de suelo.

Blocajes más velocidad reacción:

5 Los tres porteros sentados, defendiendo una portería de más o menos un metro, lanzan y blocan. No blocar es igual a un gol para el lanzador.

3 De espaldas, balón por encima (señal visual), levantarse, girar y blocar sin ir al suelo. Balón duro. Jugador atento al rechace si el portero no bloca.

Juego aéreo:

10 Con la mano, primeros centros y blocajes arriba (balón plano). Zonas 1, 2 y 3 (lateral, esquina del área grande y frontal). Corregir y ser exigente en un ejercicio de baja dificultad.

15 Centros desde las zonas 1, 2 y 3 (distintos ángulos), con el pie (práctica del golpeo). Blocaje arriba. Exigencia. Técnica correcta.

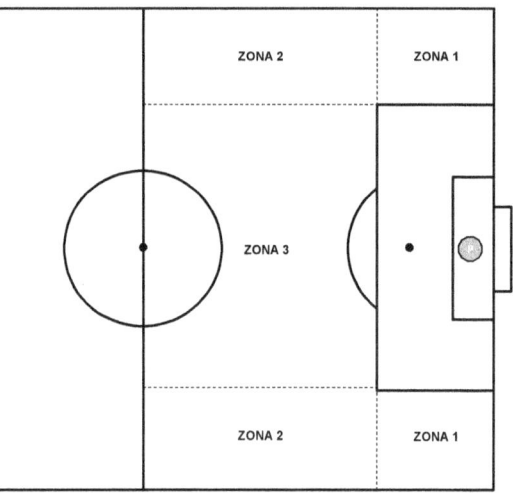

Parte física:

15 Fuerza resistencia: tren superior e inferior, y zona abdominal y lumbar
10 Entrenamiento de flexibilidad (PNF)
13 Carrera continua. Ritmo medio-bajo. Capacidad aeróbica.
10 Vuelta a la calma

- **Jueves (80' Entrenamiento específico: 18 de calentamiento y 62 de entrenamiento)**

20 Calentamiento táctico junto al grupo
20 Juegos lúdicos con balón junto al grupo

En esta sesión, buscaremos entrenar la resistencia específica: ejercicios de más intensidad y más recuperación.

Calentamiento específico:

3 En triángulo, saques con la mano al compañero, que recepciona. Altura baja, media y alta. De menos a más intensidad.
3 En triángulo, pase al compañero, recepción y pase. Distancia media. Usar las dos piernas para controles y pases.
2 Individual. Práctica de la técnica de saque de puerta.

10 Portería de dos caras: lanzamiento duro de bolea por uno de los lados para blocaje y lanzamiento a un lado por el otro (dificultad en progresión). Series de cuatro repeticiones, con 20" de recuperación entre cada serie.

Colocación:

12 Diez balones repartidos en todas las zonas de tiro posibles. Colocación e intervención. Mínima pausa entre tiro y tiro (dejar que se coloque). Incentivar el movimiento de piernas y la intervención sin suelo, además del blocaje en lugar del desvío. Series de diez balones durante el tiempo estipulado.

Juego aéreo y suelo:

15 Centro desde un lado (salida y blocaje), enviar con la mano el balón a la otra banda, dar la vuelta e ir a tocar el palo más cercano a la posición de la que provino el primer centro y realizar una estirada al sitio contrario para responder al tiro desde la frontal (respuesta completa, hasta que el balón es blocado y devuelto al entrenador con un saque con la mano o desviado fuera de la zona de peligro). Intervención ante un centro de la banda contraria y saque con la mano al lado opuesto. Nueva respuesta ante un último tiro desde la frontal después de tocar el palo contrario. Cambio de portero tras cada serie. El portero debe iniciar el trabajo de portería no por encima de las 120 pulsaciones.

Salidas, juego con el pie, saques con la mano, uno contra uno:

15 Portero en el área, situado en función de un cono que coloca y mueve durante el ejercicio el entrenador y que representa la posición de la defensa. Un compañero, que hará de delantero, se coloca en esa misma situación, a la altura del cono. El entrenador enviará balones desde distintas posiciones por detrás de los conos a los que el delantero tratará de llegar. En principio, serán balones claros para el portero, que recepcionará dentro del área y jugará con la mano sobre el tercer compañero, que pedirá la pelota en un costado (alternará igualmente). Después, el balón será más dividido y el portero habrá de jugar con los pies fuera del área. Por último, los balones serán claros para el delantero, que encarará al guardameta en uno contra uno. La imprecisión lógica en los envíos proporcionará variedad e improvisación al ejercicio. El cono que representa a la defensa irá desde el medio campo hasta la frontal del área.

Parte física:

20 Fuerza resistencia: tren superior e inferior, y zona abdominal y lumbar
10 Vuelta a la calma

- Viernes (60' Entrenamiento específico: 7 de calentamiento y 53 de entrenamiento)

20 Calentamiento táctico junto al grupo
20   Entrenamiento táctico ofensivo
20   Entrenamiento táctico general. Partido 11x11

Calentamiento, coordinación, agilidad:

2 Salto a la comba, con una pierna, con las dos...

1 De pie, el portero mantiene el balón en el aire palmeándolo con una sola mano, y luego con la otra

2 Hacer rebotar contra una pared dos balones, de forma simultánea, con la mano y con los pies

2 Recorrido en el que el jugador salta al potro por encima de un compañero, pasa por entre las piernas de otro y, a la salida, detiene el balón lanzado por el entrenador (con la mano, a un lado)

Parte física:

12 Recorrido de fuerza intermitente (resistencia a la fuerza explosiva), con contenido técnico. 3 repeticiones por jugador. Recuperación mientras trabajan los compañeros.

- Saque de bolea a una zona señalada (precisión y potencia)
- Colocación y respuesta (incompleta si es necesario) ante tres disparos consecutivos desde la frontal
- Salto de vallas (conos) x5
- Salida de 10 metros y golpeo a modo de despeje de un balón (puede ser un golpeo dirección hacia el lateral, donde haya red).
- Trote de recuperación (20 metros)
- Estirada a la derecha y estirada a la izquierda (balones enviados con la mano)
- 1x1
- Zigzag en conos
- Salto a por un balón arriba
- Saque con la mano al lugar indicado
- Salida de 5 metros, retroceso de espaldas y nueva salida de 10 metros

Juego con los pies y saque de meta:

3 Los cuatro porteros formando un cuadrado, como si cada uno estuviera situado en su área. Reciben un pase del compañero a modo de cesión, controlan orientado y juegan sobre el compañero situado en el otro lado de forma rápida, utilizando correctamente las superficies y los pies.

5 Saques de meta y saques de bolea (en la devolución)

3 Golpeo en largo con la pierna mala desde estático

Juego aéreo:

10 Introducimos la oposición. Balón aéreo lanzado por el entrenador desde cerca. El portero, con un compañero como oposición, debe despejar la pelota, con dos puños primero y con uno después. Unos dos minutos cada portero (según el tiempo real).

Juego aéreo, suelo, colocación y blocaje:

12 Cuatro tiros a puerta desde la frontal, en los que el portero debe realizar una intervención completa. Incentivar el movimiento de piernas y la intervención sin ir al suelo, además del blocaje en lugar del desvío. Tras estos cuatro disparos, actuará ante dos centros desde la banda derecha (con la oposición del compañero que había tirado desde la frontal), y otros dos desde la izquierda (idéntica situación). Si ha elegido blocar, devuelve el balón con un lanzamiento con la mano al lado contrario. Cambio de papeles después de cada serie.

Parte física:

8 Carrera continua. Ritmo alto. Potencia aeróbica.
10 Vuelta a la calma
15 Reunión con los porteros para explicarles su rol dentro del equipo y los conceptos clave

- Por último, ya no queda sino poner en práctica la planificación de la mejor manera posible y modificarla en función de las conclusiones que vayan dejando los partidos y los entrenamientos de la pretemporada.

2.11. INCORPORACIONES TARDÍAS

Frecuentemente, las plantillas no están cerradas al 100% en las primeras semanas de la pretemporada e incluso puede darse la circunstancia de que sepamos con certeza que varios futbolistas de peso en el equipo van a incorporarse al grupo cuando el período de preparación ya esté avanzado.

En estos casos, puede plantearse la duda de qué hacer en esos primeros días. Por ejemplo, nuestro mejor delantero se encuentra todavía de vacaciones: ¿dedicamos tiempo al entrenamiento de los puntas o esperamos a que esta pieza clave se incorpore para hacerlo?; o puede ser que no hayamos conseguido fichar a ningún medio centro que nos convenza: mientras continuamos buscando alguno, ¿trabajaremos el centro del campo o no merecerá la pena al no contar con ningún futbolista que realmente dé la talla?

La recomendación, como norma general, es entrenar siempre como si la plantilla de que disponemos en un día concreto fuera la única y definitiva. Es decir, si nuestro delantero estrella se encuentra de vacaciones (o si está lesionado), no podemos ni debemos perder el tiempo y habrá que trabajar como si no fuera a venir nunca, apostando por los chavales que sí están disponibles porque son la única opción real que tenemos.

En el segundo caso (ausencia de jugadores de nivel en una demarcación concreta), mientras buscamos fichajes que compensen esta carencia no debemos quedarnos de brazos cruzados y haremos bien en optimizar todo lo posible, mediante el entrenamiento táctico, el rendimiento de los futbolistas que creamos que lo pueden hacer mejor, reubicando a alguno que actúe en demarcaciones distintas pero que pueda cumplir en ésta en concreto o simplemente colocando allí a los chavales que tengamos disponibles. Nuevamente, la norma es actuar como si ese plantel fuera el único con el que vamos a contar cuando la competición dé comienzo, por lo que debemos procurar que alcance el nivel de rendimiento más alto posible.

En caso de que finalmente tengamos la fortuna de contar con los jugadores que necesitábamos, lo normal es que, si hemos construido un grupo sólido, con una identidad definida, las nuevas incorporaciones se integren de forma rápida, asimilando rápidamente todo lo que el plantel ha absorbido a lo largo de varias sesiones de entrenamiento[25].

- Mimetismo táctico y grupal

En la temporada 2009-2010, cuatro piezas básicas del Cadete 'A' del Barrio Alto, entre los que se encontraban los dos delanteros titulares, se incorporaron al grupo con dos semanas de retraso. Con este bagaje de entrenamiento a su espalda, la preparación del equipo ya estaba avanzada en todos los sentidos. Sin embargo, los nuevos jugadores se pusieron rápidamente al nivel de sus compañeros, beneficiándose de los automatismos que éstos habían adoptado.

Lo mismo ocurrió un año después, en el Juvenil 'C' del mismo club. En esta ocasión, el goteo de chavales a lo largo de la pretemporada fue incesante. Una vez más, el esqueleto básico de futbolistas que realizaron la preparación desde el primer día se mostró lo suficientemente sólido como para que los nuevos refuerzos agilizaran su proceso de integración dentro del grupo en todos los aspectos del entrenamiento.

- Optimizar lo que hay

Volviendo al Cadete 'A' 09-10, el cuerpo técnico se esforzó desde junio hasta septiembre por incorporar a un central de garantías a la defensa. Fue imposible y, cuando dio comienzo la liga, sólo había un futbolista con experiencia en esta demarcación. Sin embargo, dado que durante la pretemporada se habían trabajado otras opciones (jugadores procedentes de la competición municipal, o habituales en otras posiciones), el rendimiento de la zaga fue muy bueno y contribuyó a la conquista de puntos importantes hasta que el club logró incorporar a un central experimentado unas semanas después.

---

[25] Se trata de un proceso de imitación muy curioso, puesto que el nuevo jugador identifica rápidamente una serie de hábitos adquiridos en el grupo y los calca de forma natural y rápida.

3. GESTIÓN DE LA TEMPORADA REGULAR

Dejamos atrás el período de pretemporada y nos adentramos en la temporada regular, que se compone de una secuencia constante de bloques de tres o cuatro días de entrenamiento más el partido de competición. Veamos cuáles son las claves para sacar el máximo rendimiento de nuestros equipos en esta fase, partiendo de la buena base que hemos construido en la pretemporada.

3.1. METODOLOGÍA PARA LA PLANIFICACIÓN DE ENTRENAMIENTOS

Si bien hemos visto cómo el período de pretemporada se encuentra regido por una planificación previa de cuatro o cinco semanas en la que un gran porcentaje de los contenidos puede ser previsto de antemano, la temporada regular debe ser gestionada de un modo diferente, puesto que entran en juego los partidos de competición, que lo condicionan todo. Veamos en detalle cómo podemos organizar la planificación de estos entrenamientos.

3.1.1. Preparación física

Una vez más, cuando hablamos de preparación física en este libro, partimos de la base de que el equipo no cuenta con un preparador específico. El entrenador no tiene más remedio por lo tanto que apañárselas él solo y aquí aportaremos algunas recomendaciones para llevar a cabo un trabajo físico de garantías.

La preparación física es uno de los contenidos que sí debe ser planificado a medio y largo plazo. Tomaremos como punto de partida ese entrenamiento de base que hicimos en pretemporada (cuatro semanas de Acumulación y de Transformación, si utilizamos como referencia la metodología ATR) y que culminaba con tres semanas de entrenamiento de calidad (Realización), con el que buscábamos potenciar la velocidad y la fuerza rápida. Una vez terminada esta fase (casi dos meses), proponemos una planificación sin picos de forma y la explicación es la siguiente:

En un deporte como el fútbol, en el que todos los encuentros valen tres puntos y no hay ninguno más importante que otro o, al menos, no tanto como para diseñar una preparación física alrededor de unos partidos determinados, tiene sentido que la planificación física sea lineal. De esta manera, el equipo llegará en muy buenas condiciones a todos los choques, aunque nunca alcanzará un pico de forma extraordinario.

Con esta idea, dividiremos la temporada completa en dos mesociclos. Uno abarcará hasta Navidad y el otro hasta el final de la temporada. El primero constará de aproximadamente doce semanas, mientras que el segundo estará compuesto por alrededor de veinte. Como se ha dicho, todas serán similares entre sí, sin picos de forma, excepto aquéllas en las que no haya competición (puentes), y que serán aprovechadas para introducir una carga superior a lo habitual, y las cinco primeras del segundo mesociclo (Navidad), que constituirán una mini pretemporada en la que volveremos a llenar las pilas de nuestros jugadores.

Así pues, una semana 'tipo' del primer mesociclo tendrá unos contenidos muy similares a otra del segundo. Pero ¿qué trabajaremos exactamente en estos entrenamientos físicos?:

Proponemos el siguiente gráfico[26] (figura 9) en el que están recogidos todos los principios físicos que deberíamos entrenar. Las letras que identifican a cada semana en función de su contenido, responden al siguiente código:

- (PR): Entrenamiento de Acumulación y de Transformación realizado en pretemporada o en Navidad.
- (pr): Entrenamiento de Acumulación y de Transformación menos intenso que el de pretemporada. Realizado en semanas sin partido de competición (puentes).
- (D): PERIODO DE DESCANSO:
- (Re): Entrenamiento de Realización. Trabajo de calidad.
- (M): Entrenamiento de mantenimiento del estado de forma.

---

[26] El ejemplo es del Juvenil 'A' del C.F. Oeste (Liga Nacional), de la temporada 2010-2011.

FIGURA 9.
EJEMPLO DEL CUADRO DE ENTRENAMIENTO FÍSICO ANUAL.

| | AGOSTO | | | SEPTIEMBRE | | | | OCTUBRE | | | | NOVIEMBRE | | | | DICIEMBRE | | | | ENERO | | | | FEBRERO | | | | MARZO | | | | ABRIL | |
| | PR | | | Re | | | M | M | | | | | | | | pr | M | D | PR | Re | pr | | | | M | | | | M | | | D | M |
	11	18	25	1	8	15	22	29	6	13	20	27	3	10	17	24	1	8	15	22	29	5	12	19	26	2	9	16	23	2	9	16	23	30	6	13	20	27
Tipología de microciclo																																						
ENTRENAMIENTO GLOBAL (mantenimiento-competición)																																						
RESISTENCIA																																						
Capacidad aeróbica (+de12')	X																																					
Potencia aeróbica (6'-12')		X						X		X				X				X				X					X				X					X		
Resistencia aeróbica (general)		X																																				
Capacidad anaeróbica láctica (400-800m.)			X																			X	X	X														
Potencia anaeróbica láctica (180-400m.)			X																				X	X														
Resistencia anaeróbica (general)			X	X		X											X					X	X	X														
Capacidad anaeróbica aláctica (100-180m.)				X		X											X							X														
Potencia anaeróbica aláctica (-de100m.)																								X														
Resistencia específica	X	X	X	X	X	X	X	X	X	X	X	X	X	X	X	X	X	X	X	X	X	X	X	X	X	X	X	X	X	X	X	X	X	X	X	X	X	X
FUERZA																																						
Fuerza resistencia tren superior	X	X	X	X					X		X		X				X				X	X				X				X					X			
Fuerza resistencia tren inferior	X	X	X	X	X	X															X	X																
Fuerza resistencia complementaria	X	X	X	X	X	X	X	X	X	X	X	X	X	X	X	X	X	X	X	X	X	X	X	X	X	X	X	X	X	X	X	X	X	X	X	X	X	X
Fuerza máxima tren superior	X	X			X	X	X															X					X				X					X	X	X
Fuerza máxima tren inferior	X	X			X																	X																
Prevención de lesiones	X	X	X	X	X	X	X	X	X	X	X	X	X	X	X	X	X	X	X	X	X	X	X	X	X	X	X	X	X	X	X	X	X	X	X	X	X	X
Trabajo adicional de transferencia		X	X																	X		X																
Fuerza explosiva tren superior				X	X	X	X		X		X		X				X				X	X	X			X		X		X		X				X	X	X
Fuerza explosiva tren inferior				X	X	X	X		X	X	X	X	X	X	X	X	X	X	X	X	X	X	X	X	X	X	X	X	X	X	X	X	X	X	X	X	X	X
Fuerza intermitente (resistencia a la fuerza explosiva)				X	X	X			X	X	X	X	X	X	X	X	X	X	X			X	X	X	X	X	X	X	X	X	X	X	X	X		X	X	X
Potencia tren inferior		X	X		X	X												X										X				X						
Componente de fuerza tren inferior en trabajo de resistencia (cuestas suaves...)		X	X														X						X	X	X													
VELOCIDAD																																						
Técnica de carrera	X	X	X	X	X	X	X	X	X		X		X				X				X	X	X	X	X	X	X	X	X	X	X	X	X	X		X	X	X
Velocidad de reacción	X	X	X	X	X	X	X	X	X	X	X	X	X	X	X	X	X	X	X	X	X	X	X	X	X	X	X	X	X	X	X	X	X	X		X	X	X
Velocidad de aceleración y de desplazamiento					X	X	X	X	X	X	X	X	X	X	X	X	X	X	X	X	X	X	X	X	X	X	X	X	X	X	X	X	X	X		X	X	X
Velocidad resistencia				X	X	X			X	X	X	X	X	X	X	X	X	X	X			X	X	X	X	X	X	X	X	X	X	X	X	X		X	X	X
Resistencia a la velocidad				X	X	X			X		X		X				X				X	X	X	X	X	X		X		X		X				X		
OTRAS CUALIDADES																																						
Flexibilidad (entrenamiento)	X	X	X	X				X	X	X	X	X	X	X	X	X	X	X	X	X	X	X	X	X	X	X	X	X	X	X	X	X	X	X				X
Equilibrio	X	X	X			X				X				X				X					X				X				X						X	
Coordinación	X	X	X		X			X		X				X				X					X				X				X					X		

Nos centraremos sólo en las semanas de competición, puesto que las de pretemporada ya han sido explicadas y las de la mini pretemporada de Navidad serán abordadas posteriormente. Expliquemos los conceptos que aparecen en este cuadro:

- **Resistencia específica** (entrenamiento integrado). Se trata del entrenamiento de la resistencia específica de fútbol que llevan implícitos todos los ejercicios tácticos y técnicos que se realizan. Basta con contemplarlo en la planificación y con ser conscientes de que trabajamos físicamente siempre que jugamos al fútbol.

- **Fuerza intermitente** (resistencia a la fuerza explosiva). Repetición sucesiva de esfuerzos intensos y cortos, tales como multisaltos, carreras de frente, de espaldas, golpeos, cambios de dirección y de ritmo... Durante 1'30" se intercalan de forma coherente distintas acciones que el futbolista afronta habitualmente en el campo, incluido el trote de recuperación. El objetivo es entrenar la resistencia a la repetición de ese tipo de esfuerzos, es decir, que la intensidad (máxima) con la que se realizan disminuya lo menos posible como consecuencia de la fatiga que conlleva la reiteración.

- **Entrenamiento Global**. Una de cada dos semanas en la etapa de mantenimiento, dedicaríamos un día a potenciar de forma conjunta las cualidades que, de un modo explícito, intervienen en el fútbol (resistencia a distintas intensidades de carrera de corta duración, pero repetitivas, intercaladas con manifestaciones de fuerza explosiva). Es lo que en el gráfico denominamos como 'Entrenamiento Global' y su objetivo es el mantenimiento del estado de forma. Es necesario plantear un ejemplo de este tipo de ejercicios:

    Realizados por grupos (la pareja es una buena fórmula) y con una duración de entre 20 y 30 minutos en total, los jugadores llevan a cabo un recorrido en el que se les plantea diferentes retos:
    - <u>Fuerza Intermitente</u>. El recorrido comienza con una parte de fuerza intermitente (resistencia a la fuerza explosiva). Ejercicios muy rápidos con pesas, transferencia, multisalto, carreras de frente, de espaldas, golpeos, cambios de dirección, trote de recuperación... En definitiva, se intercalan de forma coherente distintas acciones que el futbolista afronta habitualmente en el campo. Tiempo: 1'30".
    - <u>Resistencia mixta</u>. Sin detenerse en ningún momento, los chavales completan un minuto y medio jugando con tres ritmos de carrera. Se trataría de una pequeña fracción de un fartlek de tres ritmos. Tiempo: 1'30".
    - <u>Resistencia específica</u> (entrenamiento integrado). Sin dejar que los jugadores se detengan, participan en juegos o partidos de fútbol en los que una

buena organización garantice un buen ritmo de entrenamiento y la ausencia de pausas. Tiempo: 2'.

El circuito se reinicia una y otra vez hasta completar el tiempo total.

El balón debe estar presente siempre que sea posible.

Las recuperaciones (activas) deben ser contempladas en el diseño del recorrido.

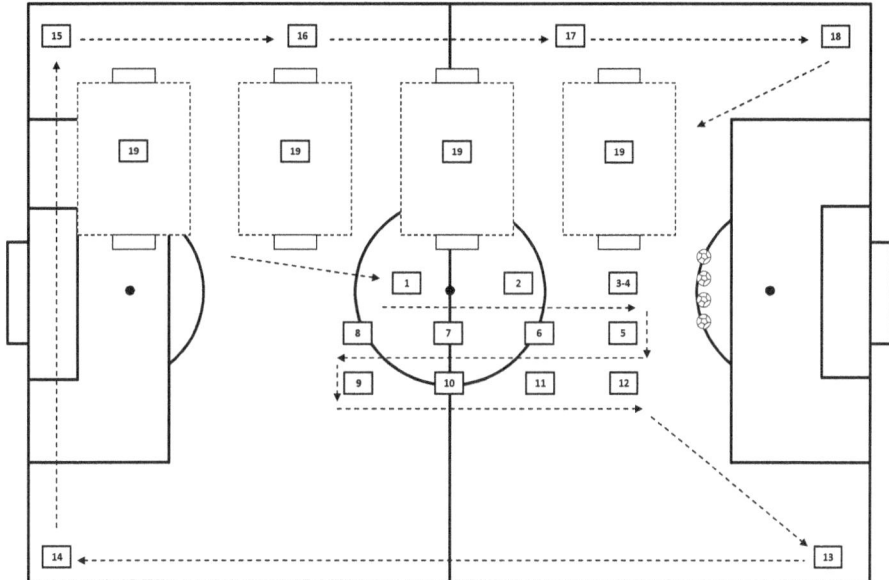

Por parejas:
1. 6x flexión profunda de rodilla (carga moderada, ejecución muy rápida)
2. Zancada frontal (10 metros)
3. 2 golpeos (uno con cada pierna) con empeine total, buscando sólo potencia
4. Trote de recuperación (colocan los balones en su sitio)
5. 2x cuerpo a tierra (explosivo) y levantarse
6. Slalom explosivo entre picas
7. 16x pases cortos al primer toque (alta intensidad)
8. Trote de recuperación
9. 10x flexoextensión explosiva de gemelos (carga moderada)
10. 5x saltos verticales de competición
    → Desde media sentadilla
    → Frontal cargando al compañero
    → Lateral
    → Frontal cargando al compañero (intercambio de perfil)

→ Lateral
11. Secuencias cortas de aceleración-deceleración-aceleración, con cambios de dirección
12. Trote de recuperación
13. Ritmo del 75% de carrera (100 metros)
14. Ritmo del 60% de carrera (60 metros)
15. Ritmo del 90% de carrera (25 metros)
16. Ritmo del 60% de carrera (50 metros)
17. Ritmo del 90% de carrera (25 metros)
18. Trote de recuperación
19. Partidos de 2x2 en 20x10 metros, con porterías pequeñas

- **Resistencia/Potencia aeróbica**. También cada dos semanas (alternando con el Entrenamiento Global), dedicaremos una sesión al entrenamiento de la potencia aeróbica.

- **Fuerza resistencia de tren superior**. Al margen de introducir ejercicios de autocarga en la parte de vuelta a la calma, nos referimos a montar circuitos con pesas dos veces al mes. Esta atención específica se debe a que el tren superior no suele ser contemplado en los ejercicios del Entrenamiento Global.

- **Fuerza resistencia complementaria** (abdominales y lumbares) y **prevención de lesiones**. Inscritas dentro de la vuelta a la calma todos los días.

- **Resistencia a la velocidad**. Se trata de entrenar la capacidad del futbolista para completar distancias cortas al 100% de forma consecutiva, con una recuperación incompleta. El mejor ejemplo son las carreras de relevos con varias salidas de cada jugador en una misma serie.

- **Entrenamiento de calidad**. Además del entrenamiento para el mantenimiento de las cualidades relacionadas con la resistencia y con la fuerza resistencia, también hay que prestar atención al entrenamiento de calidad, que nos permita potenciar capacidades como la velocidad en todas sus modalidades y la fuerza rápida. Dentro de este saco entran la fuerza explosiva de tren inferior, la técnica de carrera, la velocidad de reacción o el entrenamiento de la velocidad de aceleración y de desplazamiento.

Si dedicamos un tiempo a planificar el cuadro, a lo largo de la temporada éste nos permitirá, con un solo vistazo cada semana, ver de forma muy gráfica y clara qué conceptos hemos de trabajar (ver figura 9).

Mini pretemporada de Navidad

Tras unos días de vacaciones en las fiestas de Navidad, los primeros del nuevo año son ideales para realizar una segunda fase de acumulación de trabajo, aprovechando el descanso del que ha disfrutado la plantilla. Será el último avituallamiento serio antes del final de la liga.

En la figura 9 puede apreciarse los conceptos que serían tratados. Si en la primera semana de entrenamiento tras la Navidad no tenemos competición, estos días se asemejarán mucho a una semana de la pretemporada de verano, en cuanto a duración y a contenidos en la parcela física.

Una vez que la liga se haya reanudado, la mini pretemporada debe continuar, pero podemos acomodarla en los primeros días (lunes o martes) de cada una de las tres o cuatro semanas posteriores, con el fin de no saturar físicamente a los jugadores de cara a los partidos oficiales.

En definitiva, cuando finalice enero, habremos llenado la despensa y los futbolistas no tienen por qué acusar una excesiva carga física si hemos tenido cuidado a la hora de planificar. Cuando la mini pretemporada concluya, volveremos a las 'semanas tipo', que ya hemos explicado.

Entrenamiento físico específico por posiciones

Como demuestran numerosos estudios, el tipo de esfuerzo físico que realiza un lateral no es igual que el de un delantero o un central. Generalizando, los jugadores de banda y los centrocampistas recorren más metros durante un partido, mientras que los centrales y los delanteros llevan a cabo esfuerzos más explosivos. Tendría sentido, por lo tanto, que los primeros recibieran un entrenamiento físico más basado en la resistencia y que los segundos dedicaran más tiempo a ejercicios relacionados con la fuerza explosiva y con la velocidad, tanto en cantidad (resistencia a la velocidad y a la fuerza explosiva), como en calidad (mejora cualitativa de estas cualidades).

Sin obsesionarse con esta circunstancia (porque haría falta un preparador físico, y bueno, para sacar todo el rendimiento de este modelo de entrenamiento), el técnico puede tenerla en cuenta a la hora de diseñar sus sesiones, reforzando determinados ejercicios para ciertos jugadores, en función de su posición en el campo.

> Por ejemplo, generalizando y simplificando, en un Entrenamiento Global, los laterales y centrocampistas ven ampliada la parte dedicada a la resistencia, mientras que los delanteros y centrales deben completar unas series adicionales de fuerza explosiva y de velocidad al comienzo de la sesión.

3.1.2. Planificación táctica y técnica

La metodología que proponemos para planear este tipo de sesiones se basa en el corto plazo (una semana) y atiende a los siguientes pasos:

1. Último partido de competición: conclusiones.
2. Conclusiones = Necesidades de mejora o de refuerzo positivo.
3. Próximo rival: análisis.
4. Análisis del próximo rival = Planteamiento nuestro para hacerle frente.
5. Planteamiento = Necesidades de entrenamiento.
6. Necesidades de mejora o de refuerzo positivo + Necesidades de entrenamiento de la semana.
7. Conceptos de entrenamiento de la semana = Distribución en sesiones y desarrollo.

Explicaremos cada uno de estos pasos:

1. Partido de competición: conclusiones.

Un alto porcentaje del proceso de planificación táctica y técnica tiene su génesis en el último partido disputado. Durante el mismo, el entrenador (salvo situaciones especiales que sí lo requieren) no puede limitarse a ser un mero animador del grupo o, menos aún, un locutor del encuentro. El papel fundamental del técnico en los partidos (repito: salvo ocasiones excepcionales) consiste en observar, analizar y comprender lo que está pasando sobre el campo para diseñar tácticas eficaces que coloquen a su equipo en la mejor situación posible para hacer frente al rival (profundizaremos en esta idea en el punto 3.4).

Anotándolas en una libreta, recordándolas de memoria o extrayéndolas en una revisión posterior de la grabación del vídeo del partido (o todas a la vez), lo cierto es que este constante proceso de observación y de autocrítica arrojará numerosas conclusiones acerca del rendimiento de nuestros jugadores.

    Pondremos como ejemplo las siguientes conclusiones de un hipotético partido:

1. Jorge (portero) realiza mal los saques de meta.
2. Saúl (lateral derecho) ha mejorado mucho su rendimiento respecto al último día y ha completado un gran partido.
3. La línea de cuatro juega demasiado adelantada y todavía muestra síntomas de descoordinación.
4. El juego ofensivo del equipo tiene mucho margen de mejora. Hay poca fluidez del balón y muy poco movimiento sin balón.
5. Los delanteros han fallado muchas oportunidades de gol.

2. Conclusiones = Necesidades de mejora o de refuerzo.

El entrenador tomará esas conclusiones y las traducirá en necesidades concretas de mejora (o de refuerzo positivo) de cara a los entrenamientos de la semana siguiente[27]:

1. Reunión colectiva: balance del último partido.
2. Entrenamiento de los saques de puerta del portero.
3. Reforzar a Saúl, con el fin de que dé continuidad a su buen partido.
4. Entrenamiento de la línea de cuatro. Incidir en su posición de partida (más retrasada) y en la coordinación de los movimientos defensivos.
5. Entrenamiento del juego ofensivo del equipo. Ritmo de juego y movimiento sin balón.
6. Entrenamiento de la zona de finalización (en general y, específicamente, los delanteros).

3. Próximo rival: análisis.

Una vez que hemos extraído los mensajes que nos ha dejado el equipo en el último enfrentamiento, debemos situar la mirada en otro factor que definirá los contenidos del entrenamiento táctico y técnico durante la semana en cuestión: el rival.

Próximamente, explicaremos los conceptos mínimos que debe contener un informe técnico del contrario. De momento, para continuar con nuestro ejemplo, nos remitiremos directamente a las conclusiones que nos habría dejado y las simplificaremos para facilitar la explicación:

(El partido es en casa, contra uno de los colistas de la clasificación, mientras que nosotros optamos a los puestos altos).

1. Sistema de juego del rival:
   a. Sistema 1-4-1-4-1.
2. Planteamiento defensivo y características defensivas:
   a. Repliegue intensivo. Tratan de ralentizar mucho el ritmo del partido y de desesperar al contrario.
   b. Centro del campo muy agresivo.
   c. Línea defensiva fuerte en el juego aéreo, pero lenta.
3. Planteamiento ofensivo y características ofensivas:

---

[27] Puede darse el caso de que el equipo haya manifestado un defecto, pero sobre un aspecto del juego que no vamos a repetir en los encuentros sucesivos. En ese caso, lo mejor será dejar anotada esa carencia para recordarla y entrenarla cuando vayamos a poner de nuevo en práctica ese aspecto del juego. Por ejemplo, podemos haber fallado en la presión arriba, pero si en los próximos encuentros tenemos previsto realizar un repliegue, no merecerá la pena dedicarle tiempo. Lo anotaremos y lo guardaremos. Cuando volvamos a plantear un partido con presión arriba, deberemos recordar los aspectos que precisan mejora y entrenamiento.

- a. Juego directo en ataque (no quieren el balón y no se descolocan cuando lo tienen).
  - b. Intentan salir rápidamente en el contraataque (aunque les cuesta porque les falta calidad y rapidez).
  - c. Intentan provocar faltas y jugadas a balón parado constantemente.
4. Estrategia ofensiva:
  - a. Tanto en saques de esquina como de falta (desde cualquier posición en campo contrario), suben los cuatro defensas, que van muy bien de cabeza. Rematan con seis jugadores y los tres medios cierran atrás, mientras que uno de los interiores (el que no saca) coge el borde del área.
  - b. Mucho peligro en las jugadas a balón parado.
  - c. Todos los balones parados en campo contrario son sacados directamente al área.
5. Estrategia defensiva:
  - a. Marcaje zonal en todas las jugadas a balón parado.
  - b. Vulnerables en este tipo de jugadas, a pesar de destacar en el juego aéreo (falta de seguridad, de concentración y de organización).
6. Jugadores destacados (para bien o para mal):
  - a. El portero es inestable y depende de sus primeras intervenciones para crecerse o venirse abajo. Es ágil (tiros a puerta), pero inseguro en el juego aéreo.
  - b. El delantero centro es rápido en el 1x1. Le gusta encarar y provocar faltas. Es mejor evitar que se gire.

4. Análisis próximo rival = Planteamiento

Tomando como base estas características básicas que pronosticamos en el rival, diseñaremos nuestro planteamiento táctico para enfrentarnos a él.

- **Planteamiento:**
  1. Sistema de juego
     - a. Sistema 1-4-4-2.
     - b. Variante defensiva en 1-4-4-1-1 para facilitar el marcaje zonal del medio centro defensivo del rival.
  2. Planteamiento defensivo:
     - a. Línea defensiva (+portero) adelantada y presión arriba, buscando recuperaciones rápidas de balón.
     - b. Transiciones ataque-defensa muy rápidas, para evitar el contraataque del rival.
     - a. Importancia de las faltas tácticas (lejos del área), para evitar los contraataques del rival.
     - b. Evitar, en la medida de lo posible, las jugadas a balón parado en contra.
     - c. Ante el juego directo del rival, óptima defensa del juego aéreo y de las zonas de rechace.
     - d. Atención al delantero centro (sin darle más importancia de la que merece).

3. Planteamiento ofensivo:
   a. Juego elaborado predominante. Movimiento sin balón y ritmo alto de juego.
   b. Paciencia como premisa fundamental.
   c. Sorprender con cambios de orientación y juego directo de forma esporádica.
   d. Superar la presión en el centro del campo mediante pases: huir de las conducciones excesivas.
   e. Zonas de creación y de finalización: buscar la espalda de la defensa rival con balones rasos y desmarques de ruptura. Seleccionar bien el último pase (no caer en la precipitación).
   f. Procurar que las primeras intervenciones del portero rival sean en balones aéreos, donde más puede fallar y acumular inseguridad.
4. Estrategia ofensiva:
   a. Jugadas de estrategia válidas para neutralizar un marcaje zonal.
5. Estrategia defensiva:
   a. La premisa fundamental en las jugadas a balón parado es intentar evitarlas.
   b. Una vez que se han producido, cualquier jugada a balón parado, desde cualquier posición, será afrontada como una acción de máximo peligro.
   c. Colocación y directrices claras para cada una de las posibles jugadas a balón parado (saques de esquina, faltas laterales, faltas frontales, faltas lejanas y saques de banda).

5. Planteamiento = Necesidades de entrenamiento

Los puntos que definan nuestro planteamiento del próximo partido derivarán en necesidades concretas de entrenamiento para esa semana:

1. Reunión colectiva: características del próximo rival.
2. Reunión colectiva: planteamiento para el próximo partido.
3. Charla previa al encuentro: recordar puntos clave.
4. Partido de entrenamiento 11x11: 1-4-4-2 contra 1-4-1-4-1.
5. Entrenamiento de la presión arriba.
6. Entrenamiento de la defensa del contraataque (repliegue rápido y ordenado, y faltas estratégicas en campo contrario).
7. Incidir toda la semana en evitar las faltas, en la medida de lo posible.
8. Entrenamiento de la defensa del juego aéreo y de la zona de rechace.
9. Entrenamiento del juego ofensivo en la zona de iniciación ante un repliegue intensivo. Movimientos sin balón, rapidez en la circulación del balón y selección del pase. Paciencia y variedad (sorprender con juego directo esporádico o cambios de orientación).

10. Entrenamiento del juego ofensivo en las zonas de creación y finalización. Manejar principios ofensivos.

11. Entrenamiento de la estrategia ofensiva.

12. Entrenamiento de la estrategia defensiva.

6. *Necesidades de mejora o de refuerzo positivo + Necesidades de entrenamiento + Planificación a largo plazo = Conceptos de entrenamiento de la semana.*

Llega el momento de sumar los puntos que hemos identificado como necesidades de mejora a raíz de las conclusiones extraídas del último partido, las necesidades de entrenamiento derivadas de nuestro planteamiento y de las características del rival, y los conceptos que vengan definidos por la planificación técnica y táctica a largo plazo[28]:

1. Reunión colectiva: balance del último partido.
2. Entrenamiento de los saques de puerta del portero.
3. Reforzar a Saúl, con el fin de que dé continuidad a su buen partido.
4. Entrenamiento de la línea de cuatro. Incidir en su posición de partida (más retrasada) y en la coordinación de los movimientos defensivos.
5. Entrenamiento del juego ofensivo del equipo. Ritmo de juego y movimiento sin balón.
6. Entrenamiento de la zona de finalización (en general y, específicamente, los delanteros).
7. Reunión colectiva: características del próximo rival.
8. Reunión colectiva: planteamiento para el próximo partido.
9. Charla previa al partido: recordar puntos clave.
10. Partido de entrenamiento 11x11: 1-4-4-2 contra 1-4-1-4-1.
11. Entrenamiento de la presión arriba.
12. Entrenamiento de la defensa del contraataque (repliegue rápido y ordenado, y faltas estratégicas en campo contrario).
13. Incidir toda la semana en evitar las faltas, en la medida de lo posible.
14. Entrenamiento de la defensa del juego aéreo y de la zona de rechace.

---

[28] Apenas nos hemos referido a una posible planificación técnica y táctica a largo plazo. Se trata de un método complementario, útil para no olvidar entrenar conceptos que no se reflejan directamente en la competición y que, por lo tanto, se quedarían fuera de las sesiones si su entrenamiento no estuviera previsto de forma periódica a lo largo del año. Suele tratarse de conceptos tácticos que pretendemos que sean inherentes en nuestro grupo y a los que, para ello, prestamos una especial atención todas las semanas, aunque no detectemos una carencia en este aspecto concreto (por ejemplo, los ejercicios de posesión siempre estarán presentes en un equipo que quiera diferenciarse del resto por su buen trato del balón). Algunos clubes, sobre todo las canteras de élite, manejan este tipo de planes preestablecidos.

15. Entrenamiento del juego ofensivo en la zona de iniciación ante un repliegue intensivo. Movimientos sin balón, rapidez en la circulación del balón y selección del pase. Paciencia y variedad (sorprender con juego directo esporádico o cambios de orientación).

16. Entrenamiento del juego ofensivo en las zonas de creación y finalización. Manejar principios ofensivos.

17. Entrenamiento de la estrategia ofensiva.

18. Entrenamiento de la estrategia defensiva.

19. Entrenamiento técnico de la pierna no dominante (largo plazo).

20. Ejercicios técnicos de primer toque (largo plazo).

7. Conceptos de entrenamiento de la semana = Distribución en sesiones y desarrollo.

Ya tenemos, por lo tanto, una lista de contenidos que queremos entrenar a lo largo de la semana y que atienden a un criterio totalmente fundado y coherente (siempre plenamente enfocado a que el equipo juegue mejor y a que esté en condiciones de ganar a su próximo rival), y no a la improvisación o a la mera intuición.

El último paso consiste en distribuir estos conceptos a lo largo de la semana, en traducirlos en ejercicios concretos, en articularlos en entrenamientos por grupos con el fin de optimizar el trabajo y en asignarles tiempo y recursos:

Lunes

20 Reunión colectiva:
- Balance del último partido disputado:
    - Lectura del partido
    - Aspectos positivos
        - Saúl (lateral derecho) ha mejorado mucho su rendimiento respecto al último día y ha completado un gran partido.
        - Otros...
    - Aspectos de mejora:
        - La línea de cuatro juega demasiado adelantada y todavía muestra síntomas de descoordinación.
        - El juego ofensivo del equipo tiene mucho margen de mejora. Hay poca fluidez del balón y muy poco movimiento sin balón.
        - Los delanteros han fallado muchas oportunidades de gol.
- Otros temas (situación del equipo, planteamiento de la semana, temas extradeportivos...).

40 Entrenamiento físico

15 Entrenamiento del juego ofensivo del equipo. Ritmo de juego y movimiento sin balón.

15 Por grupos:
15 Defensas. Línea de cuatro. Movimientos analíticos defensivos:
- Entrenamiento de la línea de cuatro. Incidir en su posición de partida (más retrasada) y en la coordinación de los movimientos defensivos.

15 Resto del grupo. Entrenamiento de la pierna no dominante.
15 Entrenamiento de la defensa del juego aéreo y de la zona de rechace.
15 Vuelta a la calma

Reunión individual:
- Reforzar a Saúl, con el fin de que dé continuidad a su buen partido.

Entrenamiento específico (dentro del entrenamiento específico de porteros de los lunes)[29]:
- Entrenamiento de los saques de puerta del portero.

Martes
Descanso

Miércoles
30 Reunión colectiva:
- Próximo rival:
1. Contexto (situación, descripción básica…)
2. Sistema de juego:
    a. Sistema 1-4-1-4-1.
3. Planteamiento defensivo y características defensivas:
    a. Repliegue intensivo. Tratan de ralentizar mucho el ritmo del partido y de desesperar al rival.
    b. Centro del campo muy agresivo.
    c. Línea defensiva fuerte en el juego aéreo, pero lenta.
4. Planteamiento ofensivo y características ofensivas:
    a. Juego directo en ataque (no quieren el balón y no se descolocan cuando lo tienen).
    b. Intentan salir rápidamente en el contraataque (aunque les cuesta porque les falta calidad y rapidez).
    c. Intentan provocar faltas y jugadas a balón parado constantemente.
5. Estrategia ofensiva:
    a. Tanto en saques de esquina como de falta (desde cualquier posición en campo contrario), suben los cuatro defensas, que van muy bien de cabeza. Rematan con seis jugadores y los tres medios cierran atrás, mientras que uno de los interiores (el que no saca) coge el borde del área.
    b. Mucho peligro en las jugadas a balón parado.

---

[29] En este ejemplo, contamos con que los lunes los porteros entrenan de forma específica con su preparador. En este caso, le informaríamos de la necesidad concreta de que trabaje el saque de puerta con el portero que fue titular el fin de semana anterior.

c. Todos los balones parados en campo contrario son sacados directamente al área.
6. Estrategia defensiva:
   a. Marcaje zonal en todas las jugadas a balón parado.
   b. Vulnerables en este tipo de jugadas, a pesar de destacar en el juego aéreo (falta de seguridad, de concentración y de organización).
7. Jugadores destacados (para bien o para mal):
   a. El portero es inestable y depende de sus primeras intervenciones para crecerse o venirse abajo. Es ágil (tiros a puerta), pero inseguro en el juego aéreo.
   b. El delantero centro es rápido en el 1x1. Le gusta encarar y provocar faltas. Es mejor evitar que se gire.

- Nuestro planteamiento:
1. Sistema de juego
   a. Sistema 1-4-4-2.
   b. Variante defensiva en 1-4-4-1-1 para facilitar el marcaje zonal del medio centro defensivo del rival.
2. Planteamiento defensivo:
   a. Línea defensiva adelantada y presión arriba, buscando recuperaciones rápidas de balón.
   b. Transiciones ataque-defensa muy rápidas, para evitar el contraataque del rival.
   c. Importancia de las faltas estratégicas (lejos del área), para evitar los contraataques del rival.
   d. Evitar, en la medida de lo posible, las jugadas a balón parado en contra.
   e. Ante el juego directo del rival, óptima defensa del juego aéreo y de las zonas de rechace.
   f. Atención al delantero centro (sin darle más importancia de la que merece).
3. Planteamiento ofensivo:
   a. Juego elaborado predominante. Movimiento sin balón y ritmo alto de juego.
   b. Sorprender con cambios de orientación y juego directo de forma esporádica.
   c. Paciencia como premisa fundamental.
   d. Superar la presión en el centro del campo mediante el toque: huir de las conducciones excesivas.
   e. Zonas de creación y de finalización: buscar la espalda de la defensa rival con balones rasos y desmarques de ruptura. Seleccionar bien el último pase (no caer en la precipitación).
   f. Procurar que las primeras intervenciones del portero rival sean en balones aéreos, donde más puede fallar y acumular inseguridad.

4. Estrategia ofensiva:
    a. Jugadas de estrategia válidas para neutralizar un marcaje zonal.
5. Estrategia defensiva:
    a. La premisa fundamental en las jugadas a balón parado es intentar evitarlas.
    b. Una vez que se han producido, cualquier jugada a balón parado, desde cualquier posición será afrontada como una acción de máximo peligro.
    c. Colocación y directrices claras para cada una de las posibles jugadas a balón parado (saques de esquina, faltas laterales, faltas frontales, faltas lejanas y saques de banda).

20 Calentamiento, incluyendo el calentamiento con balón, con ejercicios técnicos al primer toque

Premisa general para todo el entrenamiento: evitar las faltas todo lo posible.

20 Entrenamiento de la presión arriba.

20 Iniciación, creación y finalización:
- Iniciación ante un repliegue intensivo. Movimientos sin balón, rapidez en la circulación del balón y selección del pase. Paciencia y variedad (sorprender con juego directo esporádico o cambios de orientación).
- Zonas de creación y finalización. Manejar principios ofensivos.

30 Entrenamiento físico

15 Vuelta a la calma

Jueves

30 Entrenamiento físico y calentamiento con balón

60 Partido de entrenamiento 11x11:
- Sistemas 1-4-4-2 contra 1-4-1-4-1 (intercambio de roles).
- Equipo 1-4-4-2:
    o Variante defensiva en 1-4-4-1-1 para facilitar el marcaje zonal del medio centro defensivo del rival.
    o Línea defensiva adelantada y presión arriba, buscando recuperaciones rápidas de balón.
    o Transiciones ataque-defensa muy rápidas, para evitar el contraataque del rival.
    o Importancia de las faltas estratégicas (lejos del área), para evitar los contraataques del rival.
    o Evitar, en la medida de lo posible, las jugadas a balón parado en contra.
    o Ante el juego directo del rival, óptima defensa del juego aéreo y de las zonas de rechace.
    o Observar los saques de puerta del portero.
    o Juego elaborado predominante. Movimiento sin balón y ritmo alto de juego.
    o Sorprender con cambios de orientación y juego directo de forma esporádica.

- Paciencia como premisa fundamental.
- Superar la presión en el centro del campo mediante el toque: huir de las conducciones excesivas.
- Zonas de creación y de finalización: buscar la espalda de la defensa rival con balones rasos y desmarques de ruptura. Seleccionar bien el último pase (no caer en la precipitación).
- Procurar que las primeras intervenciones del portero rival sean en balones aéreos.
• Equipo 1-4-1-4-1:
- Repliegue intensivo.
- Juego directo en ataque.
- Buscar contraataques rápidos.
- Provocar jugadas a balón parado.
• Estrategia ofensiva y defensiva. El entrenador detiene el encuentro allí donde lo estima conveniente para entrenar jugadas ofensivas y defensivas de táctica fija en un contexto cercano al de la competición real.

15 Vuelta a la calma

Viernes
25 Calentamiento, incluyendo el calentamiento con balón, con ejercicios técnicos al primer toque y de posesión (movimiento sin balón y ritmo de juego)
20 Juego para entrenar los cambios de orientación.
20 Entrenamiento de la zona de finalización.
20 Contraataque. Acción ofensiva y defensiva (defensa del contraataque).
15 Vuelta a la calma.

Sábado
Descanso

Domingo
Charla previa al partido:
• Otros aspectos (contexto, alineación, psicología...)
• Contenido táctico:
    - 1-4-1-4-1 del contrario: 1-4-4-2 por nuestra parte, con variante de 1-4-4-1-1 en defensa y presión arriba (recordar el 'plan b' y la señal para, si procede, adoptarlo).
    - Juego directo en ataque por parte del rival: concentración en el juego aéreo y en las zonas de rechace. Ojo a la espalda de la zaga (portero adelantado).
    - El contrario explota el contraataque: repliegue rápido e importancia de faltas estratégicas.
    - El oponente intenta provocar jugadas a balón parado constantemente: evitarlas como medida preventiva.

- o Repliegue intensivo del contrario: movimiento, rapidez y paciencia en la elaboración y sorprender con juego directo esporádico y cambios de orientación.
- o Línea defensiva del rival fuerte en el juego aéreo, pero lenta: buscar su espalda con balones rasos y desmarques de ruptura.
- o Centro del campo del contrario, agresivo: superar la presión en el centro del campo mediante el toque; huir de las conducciones excesivas.
- o Procurar que las primeras intervenciones del portero rival sean en balones aéreos, donde más puede fallar y acumular inseguridad.
- Estrategia ofensiva y defensiva: recordar las características del contrario y el posicionamiento del equipo en cada situación, además de las jugadas ofensivas, siempre con los nombres propios que van a intervenir.

En definitiva, a pesar de haber descrito siete pasos en este método de planificación, serán seis los documentos que manejemos todas las semanas para la planificación del entrenamiento táctico global del grupo:

1. Planificación táctica y técnica a largo plazo.
2. Conclusiones del último partido (positivas y negativas)
3. Características del próximo rival
4. Planteamiento del equipo para el próximo partido
5. Contenidos de entrenamiento (alimentado de los documentos 1, 2 y 4).
6. Planificación de la semana (alimentada del documento 5 y a la que añadiremos los contenidos físicos y los individuales y psicológicos que veremos a continuación)

Este proceso puede ser realizado de manera informal por el entrenador. Se trata de un esquema lógico y que atiende al sentido común, y es fácil pensar que podemos hacerlo de forma mental, improvisando y aprovechando el talento innato del técnico. Sin embargo, llevarlo a cabo de manera metódica es recomendable porque evita que perdamos (en una cantidad para nada despreciable) información acerca de nuestro equipo. El hecho de no anotar algo o de no procesarlo de forma adecuada y disciplinada puede conllevar que lo olvidemos y que sólo lo recordemos días después, cuando el fallo vuelva a repetirse y, tal vez, nos cueste puntos.

Además, como se ha visto en los ejemplos, estos documentos serán muy prácticos en sí mismos como guión para las charlas dirigidas a los jugadores. Concretamente, los que recogen las conclusiones del último partido, las características del próximo rival y nuestro planteamiento para el siguiente partido contienen casi toda la información que habremos de proporcionar a nuestro equipo cuando abordemos estos temas.

3.1.2.1. Análisis de rivales. Informes.

Como hemos visto, conocer al próximo contrario constituye uno de los pilares fundamentales para idear nuestro planteamiento táctico y para realizar una correcta y solvente planificación a corto plazo. Pero ¿cómo debe ser el informe de un rival? Será frecuente que estos documentos sean realizados por colaboradores sin mucha formación ni experiencia, así que será bueno acotar lo más posible las características del contrario que queremos conocer para que les resulte más fácil acertar[30].

Lo ideal sería contar con un informe del juego habitual (y de lo que es previsible que hagan contra nosotros) de este equipo en casa o fuera (según donde vayamos a enfrentarnos a él), lo más genérico posible (es decir, no centrado en una sola observación).

En otras palabras, en lugar de hacer un informe del último partido como local de este equipo, del que obtendremos una información muy incompleta, veríamos diferentes encuentros en su campo y realizaríamos un informe general de todos ellos y una previsión sobre lo que esperamos que haga contra nosotros. A partir de aquí, con esa práctica ideal en la cabeza, lógicamente, haremos lo que podamos, teniendo en cuenta que se trata de deporte no profesional.

Basados en uno o en varios partidos, estos informes deben contener, sobre todo, aquellos conceptos que el entrenador considere útiles a la hora de plantear sus encuentros. Es algo muy subjetivo y dependerá de la concepción del fútbol de cada técnico, pero podemos recomendar la siguiente información, que seguramente será útil para cualquier entrenador:

Datos técnicos:
- Últimas alineaciones
- Últimos resultados y goleadores
- Número de tarjetas acumuladas (si computan para sanción por acumulación)
- Bajas y alineación previsible contra nuestro equipo (si es posible)
- Características del terreno de juego (si actuamos como visitantes)

Informe individual:
- Nombre, dorsal, demarcación y edad de los jugadores.
- Descripción individual, especialmente de aquéllos que sean importantes porque destacan por encima o por debajo de la media.

---

[30] Una buena idea puede ser que estos colaboradores protagonicen la parte de la reunión colectiva en la que se explica las características del rival. Esto reforzará su compromiso y su nivel de exigencia a la hora de hacer los informes, puesto que serán ellos quienes lo expongan ante los jugadores. Luego, el entrenador titular puede reforzar los puntos que considere más importantes con vistas al partido en cuestión.

Informe colectivo:

Sistema de juego y posibles variantes del sistema.

Planteamiento defensivo y características defensivas:

- Dónde realizan el repliegue y dónde la presión
- Fortalezas defensivas
- Debilidades defensivas

Planteamiento ofensivo y características ofensivas:

- Tipo de juego que realizan (descripción)
- Fortalezas ofensivas
- Debilidades ofensivas
- Otros aspectos (nivel de agresividad, espíritu de equipo, entrenador, saber competir, aportación de los jugadores de refresco, fondo físico aparente...)

Estrategia ofensiva (saques de puerta, de centro, de banda, de esquina, de falta lateral y de falta frontal):

- Colocación de los jugadores (defensa, medio, rechace y remate).
  - › Características del lanzador.
- Características de los rematadores.
- Jugadas ensayadas.

Estrategia defensiva:

- Colocación de los jugadores y tipo de marcaje.
- Fortalezas.
- Debilidades.
- Jugadas ensayadas.

Detalles importantes de los rivales de nuestros rivales:

Si alguno de los equipos a los que hemos visto enfrentarse al protagonista de nuestro informe ha manifestado algún principio táctico o planteamiento que ha tenido éxito (o todo lo contrario), será interesante reflejarlo, con el fin de extraer el aprendizaje correspondiente de esa experiencia en piel ajena.

Además, deberemos añadir al informe el parte meteorológico del día del partido para tener en cuenta las variantes que puede implicar un clima u otro.

En muchas ocasiones, al estar el documento en cuestión irremediablemente basado en un solo encuentro, las características que presentemos a nuestros jugadores sobre el rival variarán en la práctica obligándonos a adaptar el plan sobre la marcha. A pesar de esto, no debemos olvidar que uno de los puntos más positivos de estudiar a los rivales y de exponerlos ante nuestros futbolistas es la sensación que estamos creando en el equipo de que se estamos llevando a cabo un trabajo serio y parecido al profesional. Para evitar sorpresas, podemos explicar a los jugadores cómo se realizan los informes, el amplio e inevitable margen de error que conllevan y que siempre deben estar preparados para un cambio de planes.

En cuanto a la visualización de vídeos de los equipos contrarios, sin duda contribuyen a incrementar esa sensación de profesionalismo que aumenta la motivación del futbolista y su nivel de implicación y de trabajo. Sin embargo, será mejor ver en directo dos partidos del rival antes que grabar y editar el vídeo de uno de ellos, puesto que, como decíamos antes, en el último supuesto estaremos trabajando con información parcial de un solo día, que tiene un margen de error muy elevado.

Las fotografías, sobre todo para describir las jugadas de estrategia, pueden resultar muy útiles como complemento al informe.

En cualquier caso, debemos huir de un informe periodístico, que se limite a una crónica del último partido del rival y que no aporte la información táctica que requerimos para armar nuestro planteamiento.

3.1.3. Entrenamientos específicos (individuales-adicionales)

Antes de pasar la página dedicada a la planificación de los contenidos físicos, tácticos y técnicos, debemos hacer una parada en los entrenamientos individuales de los jugadores, que marcan la diferencia entre lo que puede ser una buena planificación de las sesiones y otra excelente.

Las lesiones y las bajas prolongadas por otros motivos propician a lo largo de la temporada que algunos chavales permanezcan alejados de la rutina de entrenamientos y partidos, con la consiguiente pérdida de tono físico y de ritmo de competición. Incluso los futbolistas que no participan de forma habitual se van quedando poco a poco rezagados respecto a los que sí están contando asiduamente.

En el caso de los jugadores que pasan un tiempo en el dique seco, no es coherente que cuando regresan a la disciplina del equipo retomen el trabajo con la misma carga y el mismo contenido de entrenamiento que sus compañeros. Su pérdida de tono físico y de ritmo de competición hace necesaria una planificación individual que les permita recuperar la forma y alcanzar al grupo para, entonces sí, ejercitarse íntegramente dentro de él.

- **Poco a poco, pero mejor**

Por ejemplo, un futbolista que ha estado en la enfermería todo el mes de octubre habrá perdido gran parte del trabajo acumulado durante la pretemporada. A su regreso, el entrenamiento físico de sus compañeros consiste en ejercicios de mantenimiento y en la potenciación de la fuerza explosiva y la velocidad (trabajo de calidad). El jugador en cuestión no puede retomar la actividad en este punto, puesto que ya no posee íntegramente la base que necesita para realizarlo.

El técnico deberá pedir al preparador físico que elabore un plan especial para reintegrarle a la rutina del grupo. Si no contamos con esta figura, tendremos que tirar de nuestros propios conocimientos de preparación física y podríamos optar por un trabajo individual de dos semanas en el que nos centraremos, durante la primera, en ejercitar la potencia aeróbica y la resistencia aeróbica con cambios de ritmo (fartlek de dos ritmos), la fuerza resistencia, y la fuerza con pesas y transferencia; mientras que durante la segunda lo haremos en la resistencia con contenido anaeróbico (fartlek de tres ritmos), la fuerza con pesas y transferencia, y en el entrenamiento de la velocidad. Estos ejercicios tendrían lugar en los mismos espacios de tiempo que el resto del grupo dedica al entrenamiento físico y, si no fuera suficiente, antes o después de las sesiones, como un trabajo suplementario.

Por último, con el fin de ayudar al jugador a que recupere lo mejor posible el ritmo de la competición, siempre en concordia con las necesidades de entrenamiento del grupo, el técnico puede planificar algún partido amistoso en el que darle minutos para que retome el pulso del fútbol de competición. Otra opción es coordinarse con algún otro equipo del club que tenga previsto un encuentro de este tipo, para que pueda disputarlo con ellos.

En cuanto a los futbolistas que no están jugando, las consecuencias negativas de no competir pueden ser paliadas (nunca compensadas al 100%) con entrenamientos adicionales y especiales, tanto físicos como tácticos. Los partidos amistosos también formarían parte de estas medidas, que tienen como objetivo lograr que todos los efectivos estén en perfectas condiciones de competir cuando les necesitemos.

Es importante que los jugadores entiendan este entrenamiento adicional como un esfuerzo que realizamos para su propio beneficio y no como un castigo. Es incluso buena idea plantearlo como un trabajo voluntario, de tal forma que sientan que realmente es algo que ganan para ellos mismos, como así es. Para el técnico sería mucho más fácil estandarizar las sesiones, pero se toma su tiempo en individualizar estos ejercicios adicionales. Eso es algo que el futbolista tiene que ver y valorar, por mucho que toda la situación se derive de que no estamos contando con él.

Por último, el entrenamiento adicional e individual puede constituir una extraordinaria herramienta para ejercitar determinadas cualidades de los chavales que creemos que deben mejorar. Si un medio centro con un gran talento es muy deficitario a la hora de saltar y golpear de cabeza, podemos intentar paliar esta carencia con un trabajo adicional, fijo durante un mes cuando finaliza la sesión. Lo mismo podría suceder con un portero que tiene un mal saque de portería... Son aspectos que difícilmente tendrán cabida en el entrenamiento global, pero que haríamos muy mal en descuidar porque forman parte de la progresión del futbolista y pueden reportar beneficios a corto plazo para nuestro equipo.

En definitiva, el técnico puede utilizar una lista de sus jugadores que repasará semanalmente y en la que actualizará el estado de forma actual de cada uno y apuntará el trabajo adicional que considere oportuno, teniendo en cuenta los aspectos anteriores (ver figura 10). De esta manera, se asegurará de cubrir en gran medida la demanda de atención individual (táctica, física, técnica...) que siempre genera un grupo formado, al fin y al cabo, por personas con unas necesidades y unas circunstancias totalmente diferentes en cada caso.

Como hemos visto, en el proceso de planificación semanal del entrenamiento de la plantilla también podemos detectar necesidades de trabajo específico e individual. Ambos métodos son complementarios y lo importante es que, por uno o por otro, cubramos en definitiva las necesidades que existan.

FIGURA 10.
EJEMPLO DEL DOCUMENTO PARA ORGANIZAR EL ENTRENAMIENTO ADICIONAL.

JUGADOR	ESTADO DE FORMA	ENTRENAMIENTO ADICIONAL		
		FÍSICO	TÁCTICO	TÉCNICO
David	Normal	-	-	-
Pablo	Normal	-	-	-
Álex	Normal	Fortalecimiento de tobillos	-	Golpeo largo
Álvaro	Normal	-	Movimientos ofensivos en zona finalización	-
Javier	Lesionado	-	-	-
Manuel	Lesionado	-	-	-
Andrés	Normal	-	-	Lanzamiento de balón parado
Pablo	Normal	Velocidad	-	-
Luis	Bajo	Lunes: Fartlek 3 ritmos + fuerza pesas+transferencia Miércoles: Recorrido de fuerza intermitente	-	-
Ignacio	Normal	-	-	Golpeo de cabeza
Adrián	Normal	-	Visualización vídeo Xabi Alonso	-
Roberto	Muy bajo	Lunes: Fartlek 2 ritmos + fuerza resistencia pesas Miércoles: Potencia aeróbica+ fuerza máxima compañero Viernes: Fartlek 2 ritmos + fuerza resistencia pesas Sábado (indiv.): Potencia aeróbica+ fuerza resistencia	-	-
Sergio	Normal	-	-	-
Marcos	Normal	-	Repasar principios defensivos lateral derecho	-
Raúl	Normal	-	-	-

3.2. PSICOLOGÍA

El aspecto psicológico de un grupo resulta ineludible cuando estamos hablando de obtener su máximo rendimiento. Las fuerzas y las posibilidades de un equipo se multiplican si las connotaciones psicológicas son positivas y pueden disminuir de forma decisiva si ocurre lo contrario.

3.2.1. Nivel de activación

Los libros de psicología deportiva sintetizan ese estado mental en un concepto: el nivel de activación. Se trata de un indicador que, de forma global, expresa cómo se encuentra un equipo o un jugador desde el punto de vista psicológico, en un momento dado.

El nivel de activación óptimo es el término medio, ni muy alto, ni muy bajo, y se compone de tres variantes: motivación, autoconfianza y estrés. Definiremos estos tres conceptos para que no haya dudas terminológicas. Lo haremos en el plano individual, aunque puede hacerse extensible fácilmente al colectivo:

La motivación es el grado de voluntad, de implicación y de compromiso que tiene el jugador en relación con el fútbol, con el equipo, con los objetivos propuestos y con su propia carrera como futbolista. En otras palabras, son las ganas que tiene de ir a entrenar cada día y de dar el máximo esfuerzo y rendimiento en partidos y entrenamientos, así como de sacrificarse y de soportar situaciones desfavorables como derrotas, suplencias o lesiones. La motivación nunca es demasiado alta y siempre será positivo que un futbolista se encuentre muy motivado. Sin embargo, hay que tener en cuenta que el incremento de la motivación puede conllevar un aumento del estrés, un concepto que abordaremos a continuación.

Por autoconfianza, entendemos la percepción que el jugador tiene de sí mismo y de sus posibilidades, en relación al nivel que le exige la competición y a los objetivos que debe alcanzar (extensible al ámbito colectivo). Al igual que ocurría en el caso de la motivación, el aumento de la autoconfianza es muy positiva, pero es preciso ser conscientes de que el incremento de este factor puede implicar un descenso del estrés (relajación y menosprecio del rival).

Y el nivel de estrés se refiere al grado de presión (alto o bajo) que soporta el futbolista, y puede provenir de distintos orígenes: de uno mismo, del entrenador, del público, de los padres, de la situación en la clasificación, de la calidad del rival...

Por lo tanto, la norma general podría ser procurar siempre elevar todo lo posible los índices de motivación y de autoconfianza, y, una vez logrado esto, preocuparnos de que el nivel de estrés los complemente apropiadamente.

Lo ilustraremos con tres ejemplos:

> 1. Al comenzar una semana, con partido de competición a la vista el domingo siguiente, somos conscientes de que nuestro equipo posee un nivel de motivación alto (nuestro objetivo es el ascenso y vamos bien encaminados), de que su autoconfianza también es elevada (cree en sus posibilidades para alcanzar los objetivos propuestos y saben que pueden ganar a cualquiera) y de que, tras varios partidos difíciles ante rivales directos por los primeros puestos, el próximo encuentro será contra uno de los colistas, por lo que el nivel de estrés de los chavales es bastante bajo.
>
> En definitiva, el nivel de activación (la suma de los tres factores anteriores) será inferior al idóneo para afrontar el compromiso y corremos el riesgo de que el equipo no juegue un buen partido debido a la falta de tensión. Deberemos actuar durante la semana y utilizar las herramientas que estimemos necesarias para incrementar el nivel de estrés en los jugadores.
>
> 2. Tras cuatro derrotas consecutivas, el equipo se ha colocado en una posición peligrosa, cerca de los puestos de descenso (el objetivo es la permanencia). La motivación del grupo es alta (quieren salvar la categoría y se encuentran en un club en el que tienen posibilidades de promoción individual), la autoconfianza es baja tras los malos resultados y el nivel de estrés es elevado, puesto que su entorno y ellos mismos exigen un marcador positivo en el próximo enfrentamiento.
>
> En esta situación, la labor del entrenador deberá encaminarse sobre todo hacia el refuerzo de la autoconfianza y, en menor medida, hacia la reducción del estrés para situarlo en un término medio que no agarrote a los futbolistas, pero que tampoco les libere de la responsabilidad que realmente tienen en el siguiente partido.
>
> 3. A falta de diez jornadas para el final de la competición, nuestro equipo, que tenía como objetivo evitar el descenso en División de Honor Juvenil, ha cumplido con creces y se encuentra instalado en la parte media alta de la tabla, a muchos puntos de los puestos de descenso (virtualmente salvado) y sin posibilidades de luchar por el título. El nivel de motivación grupal, por lo tanto, ha disminuido mucho, al igual que el de estrés, mientras que el de la autoconfianza es alto.
>
> Si el técnico no quiere que su equipo se deje llevar en las últimas jornadas del campeonato (las que decidirán en realidad si termina rozando el descenso o en

la parte más noble de la tabla), deberá trabajar duro para incrementar la motivación de sus futbolistas, sin descuidar en ningún momento el nivel de estrés.

3.2.1.1. Motivación

Fundamentalmente, la motivación se basa en un establecimiento de objetivos coherente en el tiempo y adecuado desde el punto de vista formal. Es decir, en objetivos que resulten atractivos en el momento en el que se plantean y que estén bien formulados (que sean retadores pero alcanzables y que puedan ser evaluados cuando llegue el momento).

Existe numerosa bibliografía sobre la teoría de la motivación y el establecimiento de objetivos en el mundo del fútbol. Aquí sólo daremos algunas pautas generales:

Ante todo, el entrenador siempre debe velar porque cada miembro del equipo sepa identificar con claridad los objetivos colectivos e individuales a largo (años), medio (meses o semanas) y corto (días) plazos. Se trata de seis (3x2) metas diferentes que nos permitirán mantener al futbolista centrado en su actividad y que nos ayudarán a orientarle cuando se tope con dificultades individuales o colectivas. Son las importantes bases que van a justificar su esfuerzo diario. El técnico sólo debe establecer algunos de ellos de forma explícita, pero debe enseñar a cada jugador a gestionar los suyos y ayudarle a hacerlo si se encuentra con dificultades.

- Alejandro. Objetivos:

Colectivos:

Largo plazo: Contribuir al crecimiento del club.
Medio plazo: Ascenso de categoría con el Juvenil 'C'.
Corto plazo: Tres puntos contra el próximo rival.

Individuales:

Largo plazo: Ser futbolista profesional.
Medio plazo: Formar parte del Juvenil 'A' en División de Honor.
Corto plazo: Ganar un puesto en el once para el siguiente partido.

Sin motivación y sin objetivos, no hay fútbol de alto rendimiento. Durante la temporada, hay momentos en los que la motivación viene implícita dentro de la propia competición o de la situación del futbolista. El entrenador debe poner más atención cuando estas circunstancias no se dan:

- **Recursos varios en Segunda Juvenil**
En la temporada 2006-2007, el Juvenil 'C' del C.F. Rayo Majadahonda fue creado de la nada y comenzó jugando en Segunda Juvenil. Era una categoría muy débil para el nivel de preparación de los futbolistas y hasta la jornada 21 el

equipo no cedió ningún punto. El ascenso e incluso el liderato, los objetivos principales del año, se habían convertido por lo tanto en retos demasiado fáciles y habían dejado de ser útiles como un factor psicológico positivo.

El cuerpo técnico tuvo que replantear la situación y propuso a los jugadores que se centraran en sus objetivos individuales a medio y largo plazos (su progresión como futbolistas) e introdujo como nueva meta grupal la idea de que el equipo estaba en condiciones de competir dos categorías por encima: en Juvenil Preferente. Con esa propuesta, de forma habitual, organizó partidos amistosos los miércoles frente a rivales de estas ligas. La plantilla aceptó con mucho interés este nuevo reto y se esforzó por estar a la altura de estos contrarios de categoría superior. El resultado fue que el nivel de motivación se mantuvo alto entre los jugadores en los entrenamientos, lo que ayudó a seguir creciendo de forma individual y colectiva, al menos durante un tiempo.

Cuando el efecto positivo de este objetivo se hubo diluido, fue necesario introducir otros distintos, pero complementarios, como la adopción de un nuevo sistema táctico que exigía a los jugadores un esfuerzo añadido. Se pasó de un cómodo 1-4-4-2 que estaba reportando buenos resultados y en el que los chavales se sentían muy a gusto, a un 1-4-3-3 que debían asimilar desde cero. Una vez más, el resultado fue que la plantilla se mantuvo en tensión, sin tener nunca la posibilidad de relajarse ante la poca exigencia de la competición.

- Mientras dure…

En la temporada 2008-2009, el objetivo del Cadete 'A' de la A.D. Grada Baja en Primera División Autonómica era la permanencia. Sin embargo, el inicio del equipo fue espectacular en cuanto a puntos y durante las primeras jornadas del campeonato estuvo situado en los puestos más altos de la tabla. En estas circunstancias, aunque el cuerpo técnico tenía muy claro que el objetivo principal continuaba siendo el número de puntos estimado para lograr la salvación, resultaba poco estimulante para los chavales afrontar duelos directos con los líderes de la clasificación pensando sólo en la permanencia.

De esta forma, se establecieron objetivos secundarios, más ambiciosos, que permitieron que los jugadores vivieran con más intensidad estos enfrentamientos. El fin último y que todos tenían por prioritario era el de no descender, pero ¿por qué no podían soñar con quedar entre los cinco primeros si ahora eran terceros? El grado extra de motivación que supuso afrontar así estos encuentros reportó varios puntos. Una vez que la realidad puso al equipo en su sitio, los objetivos volvieron a ser ajustados, con la permanencia como referencia absoluta, pero con la firme convicción de que la plantilla siempre tiene que estar jugándose algo.

Por último, es importante señalar que para que la motivación se mantenga siempre viva en una plantilla, es fundamental que la realidad dé soporte a los objetivos que estamos proponiendo. No se trata sólo de que se cumplan o no esas metas, sino de que, por ejemplo, si estamos hablando de que los objetivos implican un alto grado de sacrificio por parte del futbolista porque se argumenta que forma parte de un gran club que tiene mucho que ofrecerle, no podremos responder con entrenamientos poco planificados, falta de seriedad en las sesiones o ausencia de medios y de material. Por ese motivo hemos señalado en otros capítulos que incorporar elementos parecidos a los que se usan en el mundo profesional nos ayudará a incrementar la motivación del futbolista.

3.2.1.2. Autoconfianza

¿De qué herramientas disponemos para elevar la autoconfianza de nuestros jugadores? Principalmente, del discurso, de la palabra: de su contenido y su tono. Si el equipo se encuentra falto de autoestima (o algún chaval, en el plano individual), deberemos realizar lecturas de la realidad que, de forma creíble y coherente, nos permitan ver el vaso medio lleno y que destaquen las fortalezas que posea el grupo. El entrenador nunca debe perder la fe en su equipo, o estará pidiendo a gritos un relevo en el banquillo. Sus discursos, tanto en las charlas como en el desarrollo de los propios ejercicios de entrenamiento, deben ser positivos (contenido y tono de voz), aunque realistas, y el jugador tiene que recibir una carga de autoestima que le aporte fuerzas para seguir adelante, con fe en sus opciones.

Además, el entrenador ha de cuidar otros aspectos importantes. Por ejemplo, si el grupo está tocado, puede que no sea el mejor momento para organizar un partido de entrenamiento frente al Primer Equipo, contra el que siempre hemos recibido goleadas. En el plano individual, lo mismo ocurrirá con un futbolista, enfrentándole a un reto que creemos que no superará (la apuesta contraria consiste en darle toda la confianza y en reforzarle, de cara a que encare y supere ese obstáculo, del que saldrá muy reforzado; sin embargo, hay que medir muy bien el riesgo porque el batacazo puede ser definitivo).

Por último, en otro capítulo habíamos descrito el rol del entrenador en los partidos como el de una figura técnica cuya principal misión consiste en leer lo que acontece dentro del terreno de juego para diseñar soluciones y aportarlas a sus jugadores, con el fin de que hagan frente en las mejores condiciones posibles al rival, y hablábamos de excepciones a esta norma. Bien, ésta es una de ellas porque si el equipo está tocado anímicamente, lo que realmente necesitará de su entrenador es que refuerce y apoye a los futbolistas desde la banda, antes que frías instrucciones tácticas.

3.2.1.3. Estrés

De los tres factores analizados, el estrés es el único componente del nivel de activación que nos puede interesar que disminuya en un momento dado. Como hemos visto, si la motivación y la autoconfianza son altas, el estrés será la llave maestra que nos permitirá ajustar el estado psicológico con el que llegan nuestros jugadores a un partido determinado.

Para aumentar el estrés, el discurso debe contener argumentos de peso, que logren agitar al futbolista e incluso crearle inquietud. El tono durante toda la semana, en charlas y entrenamientos, debe ser exigente, muy activo, y el contenido de las palabras tiene que ser audaz y coherente. Hay que 'picar' al jugador y evitar que se acomode en una situación propicia para ello. Serán muy útiles ejercicios excesivamente difíciles que los futbolistas no logren completar con éxito. Para ello, podemos reducir los espacios, aumentar la dificultad y exigirles más, sabiendo que no van a llegar al listón.

Ponderemos ejemplos ficticios para ilustrarlo:

> "Después de ganar al segundo clasificado, somos primeros, dos puntos delante de ellos. Es una buena situación. Ahora tenemos dos partidos en casa contra dos contrarios de la mitad baja de la tabla. Mirad, os veo muy relajados tras el buen encuentro que hicimos el sábado, así que quiero contaros algo: si no sumamos estos seis puntos, en dos semanas seremos terceros porque nuestros perseguidores no van a fallar, ya que se enfrentan a equipos que no se juegan absolutamente nada. Mientras, nuestros rivales están con el agua al cuello y van a venir aquí a encerrarse y a luchar cada balón, con el cuchillo entre los dientes. Son dos encuentros decisivos si queremos ganar la liga. Y son partidos con mucha trampa. Yo diría que son los más peligrosos de los cuatro que nos quedan. Por aquí pasa la liga".

> "Sólo quedan cinco jornadas para el final de la competición y estamos salvados. Pero ¿vais a ser tan mediocres como para no aspirar a quedar más arriba de donde estamos ahora? Os vais a arrastrar por el campo como en el entrenamiento de hoy? De cara al año que viene, para saber dónde va a jugar cada uno de vosotros, lo que se tendrá en cuenta es lo que habéis hecho en los últimos partidos de liga y os puedo asegurar que por este camino no va a quedar nadie de esta plantilla. ¿Vais a tirar a la basura el esfuerzo de todo el año en los pocos partidos que quedan? Espabilad a partir de mañana".

En cuanto a la disminución del nivel de estrés, puede llevarse a cabo mediante la distensión en términos generales de la dinámica que envuelve al vestuario, tanto en el desarrollo de los entrenamientos, como en el contenido y la forma de las charlas. El exceso de presión nunca es positivo para competir a un buen nivel, por lo que, si el equipo acumula demasiada, será recomendable abrir la tapa de la olla mediante dinámicas de grupo (juegos, ejercicios amenos) y un tono positivo de compañerismo y de unidad en todas las actividades que se lleven a cabo. Es importante plantear ejercicios en los que los jugadores alcancen los objetivos propuestos.

Otras dos buenas opciones son:

- Relativizar la situación a la que se enfrenta el equipo.

    Se trata de poner en contexto la situación para quitarle hierro. Estamos hablando de deporte, de fútbol, en principio no hay dinero de por medio y la vida seguirá si no se alcanzan los objetivos. El fin sería tranquilizar a los jugadores y permitirles afrontar el reto en una posición psicológica más adecuada (sin llegar nunca a la relajación, por supuesto).

- Aislarla, con el fin de afrontarla en mejores condiciones.

    Si la situación global es mala, la propuesta consiste en arrancar la clasificación de la pared del vestuario y de marcar como único objetivo el siguiente partido. No se hablará de nada más y no se mencionarán las circunstancias negativas que rodean al equipo tomando la temporada completa como referencia. Sólo existe esta semana, nada más (y luego, haremos lo propio con la siguiente, y con la siguiente... hasta invertir la situación).

3.2.2. Reuniones individuales y colectivas

Al margen del refuerzo y de la retroalimentación que proporcionamos durante los entrenamientos, la herramienta fundamental para desarrollar las estrategias psicológicas son las reuniones, tanto las colectivas, como las individuales.

Las primeras son las clásicas charlas de vestuario. La recomendación es organizar una reunión colectiva al comienzo de cada sesión. De mayor o menor duración, en el vestuario o en el terreno de juego, su contenido mínimo será evaluar del estado de la plantilla (confirmar altas y bajas) y explicar a los jugadores el contenido y los objetivos de la sesión. A partir de ahí, el primer día de la semana es aconsejable hacer un balance del último encuentro disputado y contextualizar al grupo de cara al siguiente partido, mientras que el segundo podría servir para hablar del próximo rival y del planteamiento del equipo de cara a este choque.

Ahora bien, la disposición y la organización de las reuniones colectivas son asuntos bastante subjetivos y que cada entrenador debe disponer según su filosofía de dirección del equipo y en función de los medios de que dispone.

> Si sólo entrenamos tres veces a la semana, dejar la exposición sobre el rival y el planteamiento del grupo para la segunda sesión puede significar posponerla demasiado y es posible que debiéramos incluirla en la reunión del primer día.

> Si el equipo entrena a una hora muy temprana, tal vez sea una buena idea dividir la reunión colectiva y colocar el grueso de la misma al final de la sesión, con el fin de aprovechar mejor los tiempos.

En cualquier caso, es aconsejable preparar un guión con los puntos principales que queremos abordar. Es importante adoptar un tono adecuado, siempre en consonancia con el mensaje y dar voz a los jugadores cuando lo estimemos conveniente. Como ya se ha dicho, la incorporación de medios audiovisuales o de otro tipo de aportaciones creativas son muy recomendables, siempre que no distraigan a los jugadores del mensaje principal (no hay que olvidar que el objetivo es que lo asimilen lo mejor posible) y que, lógicamente, contribuyan a enriquecer y diversificar estas reuniones.

En cuanto a las individuales, éstas responden a la necesidad de tratar con cada uno de los chavales, de forma personalizada, los asuntos específicos que les afectan. Por lo general, las programaremos cuando tengamos algo importante que hablar con un jugador, pero si sólo nos regimos por este criterio, corremos el riesgo de reunirnos siempre con los mismos y de olvidar irremediablemente a otros (normalmente, a los que menos problemas dan o aquéllos con los que, a veces inconscientemente, menos contamos).

Por este motivo, es aconsejable llevar un control y un registro de las reuniones que mantenemos. Anotaríamos la fecha de cada cita y una breve alusión al contenido de la misma. De esta forma, contaríamos con un registro de qué hemos hablado con cada futbolista y cuándo (algo muy útil para gestionar los contenidos), y veríamos de un vistazo (figura 11) con qué jugadores hace tiempo que no hablamos, con el fin de mantener una comunicación fluida con todos ellos.

No sólo hay que citarse con un chaval cuando hemos detectado problemas, sino que debemos contemplar el refuerzo positivo si lo merece o, simplemente, programar reuniones en las que charlemos un rato con el jugador, con el único fin de mantener abierto el canal de comunicación.

Como complemento a la planificación física y táctica de cada sesión de entrenamiento, las reuniones individuales también deben ser planeadas previamente, al igual que su contenido.

FIGURA 11.
EJEMPLO DE HOJA DE CONTROL DE LAS REUNIONES INDIVIDUALES.

	JUGADOR	1	2	3	4	5	6	7	8	9	10	11	12	13	14	15	16	17	18	19	20	21	22	23	24	25
1	ALBERTO	x	x	x	x	x				x	x	x	x													
2	RUIZ	x	x	x		x																				
3	ROMÁN	x	x	x	x		x																			
4	RICARDO SIERRA	x	x	x	x			x	x	x	x	x	x	x												
5	COSTA	x	x	x	x		x	x	x	x	x	x	x													
6	LUIS PRIETO	x	x	x		x	x	x	x	x	x															
7	RODELGO	x	x	x							x															
8	ARMARIO	x	x	x		x	x		x																	
9	PATXI	x	x	x	x		x																			
10	JORGE MORA	x	x	x	x	x	x	x	x	x	x															
11	MORÓN	x	x	x	x	x	x					x	x													
12	NÉSTOR	x	x	x	x	x	x	x			x	x	x	x	x											
13	ROBERTO	x	x	x	x					x	x															
14	JERO	x	x	x	x		x	x	x	x	x	x	x	x												
15	YERAY	x		x																						
16	WALTER	x	x	x	x	x	x	x	x	x	x	x	x	x	x	x										
17	ZÁRATE	x	x	x	x	x	x		x	x		x	x	x	x	x										
18	NACHO	x	x	x	x	x	x	x	x	x	x	x	x	x	x		x									
19	PABLO	x	x	x	x	x	x		x	x									x	x						
20	PAUL	x	x	x	x	x	x	x	x	x	x			x							x					

16-3-09
MALA ACTITUD EN EL ENTRENAMIENTO DE HOY. TIENE QUE TIRAR DEL GRUPO. JUGARÁ DE LATERAL IZQUIERDO. ENTRENÓ MUY BIEN LA SEMANA PASADA. EN LA MISMA LÍNEA, NO LO DE HOY.

3.2.3. Mantener 'enchufados' a los futbolistas que no están jugando

Como ya se ha mencionado a lo largo de la obra, el entrenador nunca ha de caer en el error de centrar su atención únicamente en el grupo de jugadores en los que deposite una mayor confianza (ya se trate de once futbolistas o de un número más amplio). Por supuesto, siempre tendrá preferencia por una serie de nombres que, en definitiva, serán los que más minutos disputen, pero los que no se encuentran en este selecto grupo nunca deben ser olvidados. Tanto en el entrenamiento táctico, como en la atención psicológica, todos los chavales deben recibir un cuidado preferente.

El motivo va más allá de criterios puramente éticos o de respeto hacia su trabajo, y es que el técnico nunca debe olvidar que la temporada es muy larga, que en cualquier momento puede necesitar la participación de estos jugadores y que entonces la diferencia entre el éxito o el fracaso dependerá de que esos chavales den la talla sobre el césped porque se han mantenido 'enchufados' al equipo mientras no participaban.

¿Cómo puede el entrenador mantener el compromiso y la motivación de un futbolista que no está entrando en las convocatorias? Principalmente, contará con dos herramientas: las reuniones individuales y, sobre todo, el refuerzo y la atención constantes en los entrenamientos.

Las primeras deben ser frecuentes y su contenido, realista y sincero (las falsas promesas son el camino más corto hacia la renuncia y la dimisión por parte de un jugador). Si el chaval está descontento con el técnico porque esperaba participar más, deberemos recordar que nuestro objetivo no es llevarnos bien con el chico o que entienda nuestras decisiones (es algo casi imposible si realmente apenas entra en las convocatorias), sino lograr que no baje el ritmo de los entrenamientos para que cuando tengamos que contar con él esté preparado y obtengamos el máximo rendimiento. Eso lo podremos conseguir invitándole a que piense en su desarrollo individual y a que se ejercite con la intensidad más alta posible para no quedarse definitivamente atrás.

En cuanto a la segunda herramienta, se trata de prestar una atención especial en los ejercicios a los futbolistas que menos están contando. Les exigiremos el máximo y les reforzaremos cuando lo merezcan. Sobre todo, les pondremos el mismo (o mayor) cuidado que a los titulares.

Lo normal es que si nos encontramos ensayando un jueves una táctica de cara al partido del sábado, estemos más encima de los futbolistas con los que, en principio, vamos a contar. Del resto, no nos importará tanto que entrenen mejor o peor. Los jugadores se dan perfecta cuenta de todo esto y agradecerán que les hagamos caso, que les exijamos el máximo siempre, que les corrijamos cuando se equivoquen y que les reforcemos cuando lo hagan bien. Es la mejor forma de mantenerlos 'vivos' dentro del grupo porque se sienten parte de él. La actitud del entrenador es clave en este sentido y una buena gestión de la motivación de los futbolistas más secundarios en nuestros planes puede terminar reportando puntos importantes para la consecución de los objetivos.

3.2.4. Cuestionarios (figura 12)

En las reuniones individuales y en las colectivas, así como en los entrenamientos y en los partidos, recibiremos constante información acerca de lo que piensa el grupo como colectivo, y los jugadores de forma individual, en relación con todos los asuntos que atañen al equipo.

Se trata de una información muy útil. Sin embargo, será siempre sesgada, puesto que no son comentarios anónimos, tampoco reflexivos (generalmente) y, si son emitidos delante del grupo, estarán lógicamente condicionados por esta circunstancia.

Los cuestionarios son, por lo tanto, una buena alternativa para pulsar la opinión de los jugadores acerca de los aspectos del equipo que queramos conocer. Podremos preguntar desde cuestiones tácticas, pasando por las relacionadas con la dinámica del grupo, con la idea que tienen del cuerpo técnico y de los entrenamientos, hasta llegar a conceptos individuales, sobre aspectos de mejora que querrían trabajar o sus aspiraciones en la vida.

El punto clave de los cuestionarios es su carácter anónimo. Esto implica no sólo que el nombre del jugador no figure en el papel, sino que el método de entrega garantice asimismo el anonimato. Si hay preguntas para las que necesitamos conocer la identidad del futbolista (acerca de él mismo), podemos dividir el formulario en dos partes, de tal forma que una sea anónima y la otra no.

FIGURA 12.
EJEMPLO DE CUESTIONARIO.

PARTE 1 (ANÓNIMO)

En este cuestionario, anónimo y que nos servirá para conocer mejor al grupo, tienes que responder a preguntas relacionadas con el equipo. Contesta haciendo balance de los últimos meses, y no sólo de los últimos días de entrenamiento o de los últimos partidos. Cuando se te pida una puntuación, ten en cuenta que 0 es la puntuación mínima y 10, la máxima.

1. En general, los entrenamientos están bien preparados y organizados (de 0 a 10) __

2. Valora de 0 a 10 la calidad media de los ejercicios
   Físicos __
   Técnicos __
   Tácticos __
3. Valora de 0 a 10 lo divertidos que son para ti los entrenamientos. __
4. Entiendo lo que el entrenador explica (haz un círculo alrededor):
   Siempre __ La mayoría de las veces __ Sólo a veces __ Casi nunca __ Nunca __
5. Describe tus aspiraciones en el fútbol (empezando por el año que viene y, a partir de ahí, hasta donde quieras llegar):
   ....
   ....
6. Valora de 0 a 10 la motivación con la que vienes a entrenar _____ y a los partidos _____
7. Valora de 0 a 10 tu esfuerzo en entrenamientos _____ y partidos _____
8. Valora de 0 a 10 tu integración dentro del vestuario __
9. Valora de 0 a 10 el ambiente que se vive en el vestuario __
10. Valora de 0 a 10 la comunicación que existe entre tú y el cuerpo técnico.
11. Valora de 0 a 10 el trabajo en general que está realizando el equipo (tanto en los entrenamientos como en los partidos) __
12. Ahora, serás el entrenador por unos minutos:
Escribe alguna virtud de nuestro equipo:
....
....
Escribe algún defecto:
....
¿Qué cuatro equipos crees que van a descender en nuestro grupo?:
Escribe tu once ideal dentro de nuestro equipo, con el sistema de juego que quieras (y con todos los jugadores disponibles):

Comentarios generales (escribe lo que quieras):

PARTE 2 (CON NOMBRE)

Nombre del jugador:
_____

Imagina que tuvieras que presentarte en un nuevo equipo de fútbol y tuvieras que decir todas las cosas buenas que tienes como futbolista. ¿Qué dirías?
(Recuerda que puedes hablar de técnica, táctica, físico, rendimiento dentro del campo, relación con los compañeros, comportamiento... y de todo lo que consideres importante).

Imagina ahora que vas a una escuela de perfeccionamiento y vas a poder entrenar sólo los aspectos que necesitas mejorar. ¿Qué tendrías que entrenar? ¿Qué defectos tienes?

Notas escolares (la última evaluación que hayas tenido):

Para no saturar a los jugadores, una buena opción será pasar un cuestionario a mitad del año (Navidad) y otro al final.

Algunos entrenadores pueden manifestar una resistencia a la realización de encuestas, que responde simplemente al temor de encontrarse con respuestas desfavorables. Es preciso superar estos prejuicios, puesto que esos resultados negativos sólo serían el primer paso hacia una serie de medidas de mejora que, sin duda, serán beneficiosas para el técnico y para el equipo. Cerrar los ojos no significa que los problemas no existan, sino todo lo contrario. El uso del cuestionario es una medida valiente y, sobre todo, inteligente.

Por último, hay que destacar que existen interesantes herramientas en Internet que permiten organizar encuestas gratuitas en las que el anonimato está totalmente garantizado y que ayudan a organizar y a analizar los resultados obtenidos.

3.2.5. Comunicación (Internet)

En conexión con el último apunte, la red, Internet, ofrece hoy en día múltiples opciones de comunicación que pueden ser aprovechadas por los técnicos para gestionar sus equipos.

La herramienta más evidente es el correo electrónico, que nos permitirá hacer llegar a los chavales información como por ejemplo planes de entrenamiento individual, así como artículos de prensa o documentos de interés para ellos.

A partir de ahí, las redes sociales pueden constituir una excelente plataforma si son bien gestionadas (se les encuentra una utilidad real) y si se evitan problemas como que un futbolista descontento pueda escudarse en el anonimato del grupo o en un 'nick' para realizar comentarios que dinamiten la autoridad del entrenador. En cualquier caso, se trata de construir una herramienta de trabajo y el técnico no tiene que inmiscuirse en el terreno puramente social, que debe quedar en manos de los jugadores.

3.2.6. Padres

Sin duda, en el puzzle que conforma el fútbol español de cantera, la figura de los padres constituye una pieza ineludible y de un peso importante. Es tal la fuerza potencial de este colectivo, que la mejor actitud que puede adoptar un entrenador al respecto es la de fijar, siempre con respeto y con la máxima educación, unas fronteras muy estrictas y marcadas respecto a ellos. No es mala idea que se establezcan unas reglas de juego claras y sencillas, que sean explicadas de forma explícita al comienzo de la temporada (por ejemplo, en una reunión).

Los padres observan la realidad de una forma inevitablemente subjetiva. Su opinión siempre estará condicionada por la situación particular de su hijo y así mismo ocurrirá con la relación que mantenga con el técnico. Por ello, es con los jugadores, y sólo con ellos, con quienes el entrenador debe gestionar los asuntos, tanto colectivos como individuales, del vestuario.

El técnico que escoja mantener una relación estrecha con los padres de sus jugadores, se expondrá a que aquéllos utilicen esa confianza para exigir explicaciones adicionales cuando haya un problema con el chaval o para emitir opiniones de todo tipo acerca del equipo. Es lo que comúnmente se llama 'dar la mano y tomar el brazo'. En esas circunstancias, será muy difícil para el técnico recuperar el terreno que ha cedido.

Es tan compleja y reporta un beneficio tan exiguo la gestión de ese tipo de relación con los padres, que la recomendación general es tajante: tratarlos con tanta cordialidad como distancia.

3.2.7. Conocer bien lo que pasa en el vestuario

Un vestuario deportivo es un micromundo muy complejo. Además, es totalmente distinto cuando el entrenador está presente y cuando no lo está. Por lo tanto, se puede decir que el técnico no puede conocer a simple vista lo que sucede dentro e él y que el vestuario que él percibe no es del todo real porque los jugadores se encuentran condicionados por su presencia.

Para la gestión psicológica y grupal del equipo, es necesario que el míster conozca lo mejor posible sus entrañas. Algunos técnicos eligen para ello estrechar mucho su relación con los jugadores y ganar su confianza, de forma que tendrán acceso a más información.

Esto no es siempre posible y, sobre todo, no es una buena práctica: dentro de las funciones del entrenador no está el ser amigo de los futbolistas debido a las evidentes consecuencias negativas que puede acarrear en una actividad en la que las relaciones humanas son lo suficientemente complejas como para añadir sospechas de favoritismos o, simplemente, de decisiones poco transparentes, sin olvidar la pérdida de respeto hacia su figura que esta dinámica puede acarrear.

Entonces, partiendo de la base de que el técnico debe guardar las distancias para realizar con mayor profesionalidad su trabajo, pero todavía con la necesidad de conocer lo mejor posible los entresijos del vestuario, surge la opción de contar para ello con el segundo entrenador. Es ésta una figura que puede compaginar el trato cercano con los jugadores y su rol de integrante del cuerpo técnico. Servirá de enlace entre el entrenador y los futbolistas, y suministrará al primero mucha información valiosa, sin la necesidad de que éste pierda su posición profesional y objetiva.

Del mismo modo que hablamos del segundo entrenador, podríamos hacerlo del preparador físico o del ayudante. Se trata por lo tanto de una tarea importante que habremos de tener muy en cuenta cuando confeccionemos el cuerpo técnico. ¿Quién se va a encargar de ejercer ese rol de enlace? Quien lo asuma tendrá que empatizar con los futbolistas, pero deberá ser lo suficientemente maduro como para que no haya dudas de a qué vestuario pertenece.

3.2.8. Navidad

Ya hemos hablado en capítulos anteriores de la interesante oportunidad que ofrecen las fiestas de Navidad para dar descanso a los jugadores, tanto en lo psicológico como en lo físico, y para volver a cargar las pilas después, en una segunda pretemporada.

En los aspectos táctico y físico, está claro que el trabajo duro y constante es la mejor receta para esa minipretemporada. Sin embargo, en el plano psicológico, es necesario tener en cuenta que el futbolista se encuentra de vacaciones y que está afectado por múltiples estímulos propios de estas fechas. Y puede darse la circunstancia de que simplemente con entrenar mucho tiempo y con hacerlo de forma intensa, incluso añadiendo partidos de preparación, no baste para que lleguen en buenas condiciones al primer encuentro de competición del año.

Es por este motivo que dedicamos un apartado especial a este período del año. Con frecuencia, se da la circunstancia de que equipos que vuelven al trabajo la misma semana del retorno a la liga (coincidiendo con el regreso a clase) lo hacen en una situación mental mejor que otros que han estado entrenando duro los quince días anteriores. ¿Por qué?

Probablemente, los jugadores que vuelven a entrenar con tanta antelación lo hacen siendo conscientes de que queda muchísimo tiempo para competir de nuevo y saben que no todos los rivales lo están haciendo, lo que crea un sentimiento añadido de autoconfianza. Los días van pasando y el futbolista se acostumbra a esa rutina de sesiones sin competición. Si el entrenador no es capaz de alertarles y concienciarles de verdad conforme se acerca el retorno a los partidos con puntos en juego, es muy probable que lleguen 'sin haber cambiado el chip', es decir, con un nivel de tensión muy parecido al que habrían mantenido durante toda la minipretemporada, que no es el idóneo para competir.

Este problema no lo sufren los equipos que no entrenan en Navidad. Físicamente, quien sí lo ha hecho llega en mejores condiciones, no hay duda, pero el factor psicológico puede ser aún más importante, al menos a corto plazo. Si se realiza una minipretemporada en Navidad, el técnico deberá por tanto estar muy atento para que sus jugadores se concien cien de verdad cuando se pase de las sesiones digamos atemporales, perdidas en los últimos días de diciembre y los primeros de enero, a las que preceden al partido de competición, en el que ya hay puntos en juego.

- **Empanada navideña**

    En la temporada 2008-2009, el Juvenil B del C.F. Rayo Majadahonda realizó una minipretemporada de Navidad muy exigente y completa. Ésta constó de dos semanas. La primera fue genérica en todos los sentidos y terminó con un amistoso. La segunda estuvo centrada en el primer partido de liga del año, contra el Atlético de Pinto.

    En él, a pesar de la buena preparación táctica y física, los jugadores hicieron el peor encuentro de la temporada, totalmente carente de ritmo, y perdieron por 0-1 contra un rival que ocupaba los puestos más bajos de la tabla.

    Al margen del resultado, al fin y al cabo coyuntural, el cuerpo técnico se preocupó ante el pésimo rendimiento del grupo. Se buscaron explicaciones y, finalmente, se cayó en la cuenta de que los jugadores, que habían afrontado con muy buena actitud la minipretemporada, habían competido con esa misma activación, buena para entrenar pero insuficiente para disputar puntos. Faltó una marca de inflexión clara en el discurso de los entrenadores y un refuerzo de este discurso en las sesiones, incrementando el nivel de estrés, concienciando al vestuario de que había concluido el tiempo de entrenar con la mirada puesta en el medio plazo y había vuelto la exigencia de la competición, con todo lo que eso conlleva. La minipretemporada tuvo un efecto negativo al no haber sabido gestionar adecuadamente el factor psicológico, extremadamente importante en este momento.

    El equipo reaccionó en la siguiente jornada. La derrota hizo las veces de la llamada de atención que necesitaban. Pero ya se habían perdido tres puntos en el camino.

3.2.9. Elección del capitán del equipo

El capitán del equipo es mucho más que el encargado de realizar los sorteos o de portar el brazalete. Es el líder del grupo y su personalidad debe estar acorde con lo que queremos que sea el colectivo.

Básicamente, podremos escoger al capitán atendiendo a cuatro criterios: a la antigüedad de los jugadores (como se hace en las plantillas profesionales), al capitán habitual de una generación determinada (viene desde abajo y es lo más frecuente en los clubes de cantera), a la votación de los compañeros o a la designación directa del entrenador.

El capitán debe ser un nexo de unión entre el técnico y la plantilla, y, sobre todo, en la medida de lo posible, una prolongación del entrenador y de su forma de entender el fútbol dentro del campo. Partiendo de esta premisa, con las tres primeras vías de designación, el perfil del jugador escogido podría ser equivocado y sólo con la cuarta nos aseguramos una elección más acertada. Al seleccionarlo por este medio, deberemos tener en cuenta tanto que sea adecuado desde un punto de vista técnico (bueno para el entrenador), como que sea 'socialmente correcto' en el vestuario (bueno para sus compañeros, para que realmente tenga influencia sobre ellos).

Una vez que hayamos elegido a nuestro jugador como primer capitán, el principal, no debemos dejar de lado la voz del vestuario y podemos añadir otros capitanes a una lista de dos o tres. La clásica votación nos dará el nombre del compañero preferido por la plantilla para desempeñar este rol. Si queremos sumar un tercero[31], podemos atender al criterio de antigüedad, al del capitán tradicional en una generación o dar cabida al segundo futbolista más votado por el vestuario.

En definitiva, se trata de representar a todas las partes, pero sin olvidar que el líder principal del vestuario ha de ser uno positivo y capaz de ayudar y reforzar positivamente a sus compañeros dentro y fuera del campo, además de promover un comportamiento afín con el modo de pensar del entrenador.

- Líderes temáticos

La práctica general se limita a designar a una serie de futbolistas que, de forma jerárquica, ostenten la capitanía del grupo y lo representen en todos los aspectos.

Sin embargo, si vamos más allá de esa tradición, vemos que en la rutina de un equipo de fútbol hay multitud de tareas, dentro y fuera del campo, y de muy diferente naturaleza (social, deportiva, organizativa...). Con el doble objetivo de maximizar el compromiso del mayor número de jugadores y de mejorar la gestión de esos aspectos concretos, podemos nombrar a diferentes líderes temáticos, que serán responsables de distintas parcelas.

Por ejemplo:

- Líder de vestuario, que representa a la plantilla ante el entrenador o ante el club.

---

[31] Los tres capitanes representarán al vestuario fuera del terreno de juego (incluso con idéntico peso entre ellos) mientras que dentro de él seguirán un orden jerárquico para portar el brazalete.

- Líder de campo, que porte el brazalete en el terreno de juego (normalmente, coincidirá con el anterior, pero no lo tomemos como algo obligatorio e incuestionable).
- Líder por línea. Si el capitán del equipo juega, por ejemplo, en medio campo, tal vez necesitemos un líder en la defensa, que sea quien mande en esa zona.
- Líder de estrategia defensiva, que organizará las marcas y demás aspectos de este tipo de jugadas.
- Líder de estrategia ofensiva, que determina qué acciones se realizan en cada momento.
- Líder de banquillo. En función de los futbolistas que lo integren en cada partido, uno de ellos puede ser el encargado de organizar la recogida del material, de dirigir el calentamiento de los suplentes (si no tenemos un ayudante), de cuidar la imagen del equipo... (Para asignar este rol, necesitaremos contar con chavales muy comprometidos y proactivos).
- Líder de calentamientos, que los organice y ejecute (aconsejable repartir este rol entre más de uno, si no se hace rotatorio).
- Líder social. Si detectamos un candidato adecuado, podemos contar con un jugador que organice actividades constructivas dentro del grupo (como las habituales quinielas o porras), que se encargue de poner música en el vestuario (si procede) o que se responsabilice de conectar al grupo a través de Internet para los fines que determine el técnico.

En definitiva, se trata de que el entrenador case demanda y oferta, es decir, las áreas en las que él necesita un capitán y las habilidades que una plantilla concreta le ofrece (siempre teniendo en cuenta que muchos roles son establecidos de forma espontánea dentro del grupo).

Estos nombramientos no tienen por qué ser realizados de forma expresa y pueden establecerse mediante la rutina de asignar a un jugador siempre un mismo cometido. Ésta es una práctica recomendable en general, pero sobre todo si el liderazgo se refiere a una tarea susceptible de dar lugar a una interpretación peyorativa por parte del propio futbolista o de sus compañeros.

Puesto que nuestro objetivo es el de incrementar la implicación, la responsabilidad y la motivación de los jugadores (haciendo que se sientan importantes), habremos de tener cuidado para que la estrategia no se nos vuelva en contra. Por ejemplo, dejando sólo a unos pocos sin una parcela que liderar u otorgando tareas que son más una carga que otra cosa (mejor establecer en este caso turnos rotatorios[32]).

---

[32] Es importante señalar que el sistema de turnos rotatorios no es recomendable para asignar roles a los que queremos dar una relevancia especial. Un factor decisivo para que el futbolista realmente se sienta reforzado es que perciba que le han escogido a él de forma específica para esa labor concreta. Si asume la responsabilidad simplemente porque le toca dentro

Se trata por lo tanto de una idea que puede dar muy buenos resultados si se ejecuta bien, pero que tiene un traicionero doble filo si se cometen errores, ya que puede generar malos entendidos y un ambiente enrarecido. El técnico debe analizar con detenimiento la cuestión, darse un mínimo de tiempo para conocer a los jugadores antes de adoptar decisiones, tomarlas con pies de plomo y, en caso de duda, no complicarse y refugiarse en la fórmula comúnmente aceptada: la de contar sólo con capitanes de equipo.

3.3. GESTIÓN DE LA PLANTILLA

Como dijimos en capítulos anteriores, dada la baja densidad de la competición en estas categorías, deberíamos apostar por plantillas cortas y manejables. Esto facilitará que pongamos en cada momento a los mejores y que no tengamos que debilitar al equipo con rotaciones que sólo atienden a no enrarecer el clima del vestuario porque dejamos a los futbolistas más rezagados de lado.

A partir de esa premisa, la recomendación es atender al sentido común para ir confeccionando los onces iniciales. Éste se desarrolla con la experiencia y se optimiza cuando las decisiones son tomadas por más de una persona. Cuanto mayor sentido común apliquemos a la hora de gestionar una plantilla, más probabilidades tendremos de acertar cuando se nos presenten dilemas del estilo de: sentar a nuestro mejor futbolista porque ha faltado a entrenar; repetir, o no, un once que nos ha dado buenas sensaciones tras haber perdido un encuentro; darle confianza a un jugador en el que creemos, a pesar de que no está rindiendo; si volver a dejar fuera de la citación a un futbolista que entrena bien pero que no tiene cabida, sabiendo que puede agotar su paciencia y pedir la carta de libertad... Se trata de disyuntivas habituales en el vestuario del cuerpo técnico de cualquier equipo y de ellas dependerá en gran medida su devenir en la clasificación.

Como decíamos con anterioridad, el entrenador debe sentar unas buenas bases para que el escenario que haya de gestionar haga más fácil la toma de estas decisiones (plantilla corta, cuerpo técnico amplio, cultivar su criterio...), pero además, tiene que procurar ser coherente con lo que hace y con lo que dice. Los futbolistas han de saber a qué atenerse y es aconsejable no medir con raseros diferentes dos situaciones distintas.

En cualquier caso, el técnico debe tener claro que un equipo de fútbol no es una democracia y que el recurso del mando directo y de las decisiones unilaterales y subjetivas (e incluso injustas), aunque tiene que ser usado lo me-

---

de una rueda, el efecto del nombramiento perderá mucha fuerza. Por ejemplo, si establecemos un sistema de rotación para llevar el brazalete sobre el césped.

nos posible, siempre está a su alcance y puede ser utilizado como un comodín excepcional, cuando sea necesario.

Ilustraremos este último párrafo con el siguiente ejemplo:

> La norma general de un hipotético equipo juvenil es que el futbolista que falta un día a entrenar no entra en la citación. Es algo aceptado por todos los integrantes del grupo y el nivel homogéneo de la plantilla propicia que si un día falla un jugador, lo sustituye otro que lo hará bien, por lo que la regla termina favoreciendo la competitividad y la asistencia a entrenar.
>
> Sin embargo, el equipo juega este fin de semana contra un rival directo por el título de liga. El delantero centro, puntal en nuestro esquema, ha faltado a entrenar un día y debería quedarse fuera. Los otros tres puntas de la plantilla no han fallado y se han ejercitado a un nivel muy alto. Sabiendo (o creyendo firmemente: apostando) que nuestro delantero goleador rinde por encima de sus compañeros y teniendo en cuenta lo que se juega el colectivo, si el objetivo es obtener el máximo rendimiento del mismo, no deberíamos dejarlo fuera.
>
> En esta ocasión, el entrenador tiene que saltarse la norma y, informando explícitamente en el vestuario de esta excepción, alinear al jugador. Y no debería entrar en discusiones ni en mayores explicaciones. El canal de comunicación sería unidireccional.

Para concluir, el técnico debe confeccionar la alineación sólo del partido siguiente. Parece una obviedad, pero lo cierto es que muchas veces damos descanso a un futbolista que está en racha, frente a un rival más débil, para que luego juegue contra otro que nos interesa más y, en definitiva, proyectamos alineaciones de encuentros futuros sin darnos cuenta. Luego, el jugador que reservábamos se lesiona justo antes del choque importante y termina por no jugar ninguno de los dos.

Hay que decidir la alineación del partido que tenemos el próximo fin de semana. Nada más. Y deben jugar los que mejor estén en todos los sentidos, aprovechando los efectivos disponibles hoy porque no sabemos lo que tendremos mañana. Todos los encuentros valen tres puntos.

- Propuesta de organización de las alineaciones y las convocatorias durante la competición

La propuesta descrita a continuación pretende lograr:

1. Un alto compromiso de los jugadores. Les mantiene alerta y les impide relajarse, sea cual sea su situación dentro o fuera del once titular o de las convocatorias.

2. Rotaciones no programadas, sino en función del rendimiento de los futbolistas. La propia propuesta genera que haya oportunidades para todos a lo largo del año.

3. Un sistema basado en la meritocracia. Por muy bueno que sea un jugador, nadie tiene garantizado un puesto en el equipo si no rinde o no entrena bien, pero tampoco se asegura un porcentaje mínimo de minutos en el caso de los menos dotados. Todo se basa en los méritos (trabajo + rendimiento) que el futbolista ponga encima de la mesa.

4. Fomentar la polivalencia.

5. En última instancia y en definitiva, sacar en todos los partidos el máximo rendimiento del equipo.

Antes del inicio oficial de la competición, durante la pretemporada, la plantilla conocerá las siete normas y criterios básicos para la elaboración de las alineaciones y las convocatorias. La comunicación se hará de forma verbal y nunca se entregará por escrito:

1. Confianza en todos los jugadores. La plantilla ha sido confeccionada por el cuerpo técnico y si un futbolista forma parte de ella es porque se confía en él. Es el punto de partida fundamental: confianza.

2. Búsqueda del beneficio colectivo a través de un criterio totalmente y deliberadamente subjetivo. El objetivo principal del cuerpo técnico no es otro sino ganar a corto, medio y largo plazo, por encima de metas individuales. Eso implica que escogerá a los que considere mejores ante cada partido, rival y circunstancia. Se trata de un criterio totalmente subjetivo, por lo que no pretende tener la razón absoluta y posiblemente cometerá errores, pero siempre con un objetivo claro: que el grupo alcance sus metas como colectivo.

3. Esfuerzo y rendimiento. Para jugar, hay que trabajar y rendir. Si un futbolista entrena muy bien, pero no rinde en los partidos, no juega. Si un chico rinde en la competición, pero no entrena bien (una combinación bastante insostenible a medio plazo), no juega. Entrenar bien es el mínimo, pero no asegura jugar: además hay que rendir en la competición. Cuando hablamos de rendir en la competición, la vara de medida será el nivel y la exigencia del equipo y no el rendimiento individual comparado con las posibilidades del futbolista en cuestión (es decir, que si un chaval está jugando bien en comparación con lo mal que lo estaba haciendo hace sólo unas semanas, pero su nivel sigue siendo insuficiente para lo que el equipo necesita y hay un compañero que creemos que puede hacerlo mejor, tendremos que cambiarle).

4. El titular que trabaja y rinde no se mueve. Por ejemplo, los jugadores que comiencen el año como titulares tendrán en su mano mantenerse de

forma indefinida en el once. Si trabajan y rinden, no tienen por qué salir nunca del equipo inicial (no hay rotaciones sistemáticas).

5. Cómo puede un jugador caerse del once inicial:

- Porque el cuerpo técnico lo considera necesario desde el punto de vista táctico (cambio de sistema de juego o del estilo de juego).
- Porque ha entrenado mal o ha faltado de forma decisiva a entrenar.
- Porque no ha rendido en la competición (aunque siempre jugando con el factor 'dar confianza', es decir, no hay por qué cambiar a un jugador automáticamente si ha tenido un mal día).
- Porque se ha lesionado.
- Porque le han sancionado (incluidas las sanciones de régimen interno).

6. Cómo puede un jugador entrar en el once inicial. Hay por lo tanto muchas formas de salir del once. Eso abre la posibilidad a los futbolistas que no están participando para entrar en él. La idea principal es que aquél que no esté en buenas condiciones (entrenando bien y con capacidad de rendir en la competición) en el momento en el que se produzca la oportunidad, no será titular, aunque lleve todo el año sin jugar. Si hay dos laterales, uno que está jugando y otro que no, y el titular es sancionado, el suplente no ocupará el puesto automáticamente: si no ha estado preparándose adecuadamente para ese momento, puede que haya otro jugador polivalente de otra demarcación que, estando en mejores condiciones, ocupe el sitio disponible.

7. Titulares y suplentes.

- El futbolista que entra en el once una semana adquiere la condición de titular automáticamente y se rige inmediata e indefinidamente por los criterios del punto 5.
- El jugador que sale del once, no importa las jornadas que lleve siendo titular ni su rendimiento hasta entonces, adquiere inmediatamente la condición de suplente y se rige en lo sucesivo por los criterios del punto 6. Es decir, un buen futbolista no vuelve al once de forma automática tras una sanción: lo hará en función del rendimiento del equipo en ese momento y de las necesidades que presente; si el jugador que le reemplazó lo está haciendo bien, el otro tal vez deba esperar, aunque si se trata de una pieza importante y comprometida dentro del grupo lógicamente tendrá muchas opciones de ser titular tan pronto como se produzca una vacante, aunque sea en otra demarcación.

En definitiva, el jugador que no está jugando debe tener claro:

- Que la dinámica propuesta genera por sí sola oportunidades para todos los que las merezcan.

- Que debe entrenar muy bien, mantenerse alerta, totalmente preparado y motivado, para que sea él el escogido cuando se produzca una oportunidad.
- Que cuando entre en el once será él quien tenga en su mano, mediante su esfuerzo y su rendimiento, no perder su sitio.

Y el futbolista que sí está contando en el once titular:

- Que le será muy fácil mantener la condición de titular si aporta trabajo y rendimiento, y muy fácil perderla si no lo hace.
- Que le conviene entrenar su polivalencia, tanto en cuanto a los sistemas de juego como a los estilos de juego, para no caerse si se produce un cambio táctico. (Esto es aplicable a todo el grupo en general).

Los mismos criterios serán aplicados en el caso de las convocatorias y, como colofón, se citará algún caso real que ilustre esta dinámica.

A partir de esa explicación inicial, este mismo argumentario será utilizado por el cuerpo técnico para charlar puntualmente con los chicos que en las primeras jornadas no estén entrando en el once o en las convocatorias, con el fin de recordarles una dinámica en la que si no se esfuerzan por mantenerse vivos y conectados al grupo, cada vez tendrán menos posibilidades de jugar. Adicionalmente, se llevarán a cabo tres iniciativas con estos futbolistas:

1. En la reunión con estos jugadores se incluirán los aspectos tácticos, técnicos, físicos o psicológicos que el chico debe mejorar o corregir para no perder su oportunidad de entrar en el once cuando se produzca una vacante. Es importante dejarles claro que cumplir con estos objetivos individuales no les garantizará jugar, sino que se trata de requisitos que, si no se alcanzan, podrán impedirles hacerlo cuando llegue su oportunidad.

2. Si procede, se programará un plan de entrenamiento adicional voluntario e individual que incida en los aspectos anteriores.

3. El cuerpo técnico prestará una atención especial a estos futbolistas en los entrenamientos, no sólo reforzándoles (que también), sino sobre todo exigiéndoles y corrigiéndoles de forma constructiva, ayudándoles en definitiva a estar preparados cuando llegue el momento.

Una vez más, el jugador debe comprender que el técnico confía en él y que las vacantes en el once terminarán produciéndose, pero también que sólo entrará entonces si cuando llegue ese momento se encuentra en buena forma, teniendo a partir de entonces la posibilidad de defender su condición de titular. Especial atención requerirán los jugadores que, habiendo sido suplentes durante un período de tiempo prolongado, hayan ganado y perdido en un plazo corto un puesto en el once inicial.

3.3.1. Lesiones

Las lesiones son un factor limitante muy importante en la gestión de una plantilla. Reducir al mínimo las bajas y recuperar cuanto antes a los futbolistas, siempre con el máximo respeto a la salud a largo plazo del jugador, puede reportar puntos al final de la competición.

Las medidas preventivas están incluidas en una buena planificación y ejecución del trabajo físico, así como en los ya mencionados espacios dedicados a los ejercicios preventivos.

En cuanto al tratamiento de las lesiones, hay clubes que se encuentran en manos de un equipo de fisioterapeutas, lo que constituye todo un privilegio. Pero el técnico puede verse en la tesitura de ser él quien afronte el cuidado más inmediato de esas lesiones durante los partidos o las sesiones, aunque luego el jugador acuda a un especialista. En los cursos de entrenador, el tipo de lesiones y su tratamiento son abordados hondamente. Sin embargo, creemos conveniente repasar algunos conceptos de la mano de un especialista en este campo como Sebastián Truyols, mediante una serie de pautas básicas que ayudarán al técnico a aconsejar al futbolista durante las primeras horas de convalecencia.

Sebastián Truyols es especialista en fisioterapia deportiva, profesor en distintas universidades e instituciones docentes de la asignatura Prevención y Tratamiento de Lesiones Deportivas y ponente en congresos sobre la materia. Entre 2003 y 2008 formó parte del equipo médico del Club Atlético de Madrid, donde trabajó desde el fútbol base hasta el primer equipo.

3.3.1.1. INTRODUCCIÓN

Existen multitud de lesiones que pueden producirse en la práctica del fútbol, ya que se trata de un deporte de contacto en el que se realizan cantidad de acciones diferentes (arrancadas, saltos, giros, golpes...). Esto hace que resulte relativamente fácil sufrir una lesión a lo largo de una temporada.

Debemos destacar en primer lugar, que el deporte no siempre es fuente de salud y que precisamente el fútbol representa un tipo de práctica deportiva en el que habitualmente se sobrepasan los límites fisiológicos corporales.

En el **FÚTBOL BASE** no es tan acusado como en el alto rendimiento, en el cual el futbolista deberá ser consciente de que se fuerza más de lo normal acortando tiempos en las recuperaciones, lo que llevará en un futuro a pagar una serie de secuelas tales como hernias discales lumbares, artrosis precoces de rodillas y tobillos o dolores en cadera.

A pesar de que hablamos aquí de intentar conseguir el máximo rendimiento de un equipo, es fundamental recalcar la importancia de no perder de vista el valor educativo: éste debe prevalecer por encima del rendimiento siempre que hablamos de salud. Sorprende ver cómo es muy habitual que se fuercen las recuperaciones incluso en chicos que juegan competiciones no federadas (colegios, ligas entre amigos o maratones deportivos). Las ganas del deportista de jugar unido a los intereses de los entrenadores, llevan a que no sólo sean estos los que fuercen las recuperaciones, sino que también son los propios padres los que movidos por ver a sus hijos jugar, animen al fisioterapeuta y al entrenador a realizar recuperaciones aceleradas con el fin de estar el menor tiempo parado. El hecho de jugar con el factor tiempo es muy peligroso puesto que a menor tiempo de recuperación serán más las posibilidades de recaer de la lesión o sufrir otra lesión diferente.

"A menor tiempo de recuperación mayores posibilidades de recaídas"

A continuación, aportaremos nociones e ideas básicas con el fin de tener claro en cada momento cómo podemos actuar con nuestros jugadores con el fin de poder ayudar sobre todo en aquellos casos en los que no existan infraestructuras dotadas de médico fisioterapeuta, o enfermero y en las cuales el entrenador se vea como única persona ante la lesión. Esto no quiere decir que realicemos esta función, sino que lo más interesante es conocer unas pautas de actuación para facilitar el proceso de curación y dar los primeros auxilios para posteriormente ser atendido por personal cualificado.

Como se ha dicho, son muchas las lesiones que se pueden ocasionar en la práctica de este deporte por lo que este capítulo se podría hacer muy extenso. Es por ello que nos limitaremos a dar unas pautas de funcionamiento ante una lesión, las cuales deberían ser conocidas por todos los entrenadores de fútbol.

Antes de analizar algunas lesiones y con el fin de hacernos una idea de cuales son las que más se producen en el fútbol, tomaremos como referencia las estadísticas Champions League año 2002-2007, si bien hay que reseñar que en el fútbol base también aparecerán otro tipo de lesiones (como puedan ser las relacionadas con el crecimiento).

LESIONES MÁS FRECUENTES
01/02 A 05/06

LM ISQUIOSURALES	14%
LM ADDUCTORES	9%
ESGUINCE TOBILLO	7%
LM CUADRICEPS	6%
LLI RODILLA	5%
LM TRICEPS SURAL	4%
LUMBALGIA	4%
T. AQUILES	3%
CONTUSIÓN MUSLO	3%
CONTUSIÓN PIE	3%
LCA	0,9%

*Fuente: UEFA Champions League

En el cuadro podemos apreciar que existe una la alta incidencia de esguinces de tobillo y lesiones musculares. La facilidad con la que se puede producir una inversión del pié (se nos va hacia adentro), hace que sea la zona anatómica que registre mayor número de lesiones por lo que es muy habitual tener este tipo de lesión en nuestros jugadores a lo largo de una temporada. Hay que destacar que aunque es muy típica, no es muy problemática ya que existen buenos medios de sujeción (vendajes) que nos permiten, tras un buen tratamiento, tener al jugador disponible en poco tiempo (siempre dependiendo del grado del esguince).

Son muchas las ventajas que obtendremos en una recuperación de tobillo si aplicamos algunas de las normas básicas que mostraremos más adelante.

Por otro lado, es importante destacar la alta incidencia de las lesiones musculares en la extremidad inferior.

Veamos a continuación cual es la incidencia de las lesiones según el número de horas que practican nuestros jugadores.

RIESGO LESIONAL	
al menos 1 lesión/temporada	
65-91% varones	48-70% mujeres
Jugadores Profesionales: 1000 profesionales de alto riesgo	
Varones	**Mujeres**
1.9 -5.9/ 1.000 h entrenamiento	2.7-7/1.000h entrenamiento
13-34.8/1.000h partido	13.9-24/1.000h partido
29-51/ 1.000h partido selección	24.2-36/1.000h partido selección

*Fuente: UEFA Champions League

Podemos apreciar cómo es durante la competición cuando tenemos el mayor porcentaje de lesiones ya que es el momento en el que el jugador no escatima en esfuerzos y fuerza hasta los límites fisiológicos.

Lo más importante para un entrenador que no cuenta con ningún apoyo a nivel medico es conocer los puntos básicos de funcionamiento con el fin de poder favorecer el proceso de recuperación.

Para ello firmaremos como norma básica la de:

"No hacer más de lo que se está capacitado a realizar"

Y simplemente servir de primer apoyo para una posterior revisión por un médico. **El entrenador debe favorecer el proceso de recuperación.**

Antes de meternos a explicar las medidas más interesantes a realizar ante una lesión, sería interesante recordar el mecanismo que produjo la lesión ya que nos va a proporcionar una información muy interesante para ir haciendo un diagnóstico correcto.

3.3.1.2. MECANISMO DE PRODUCCIÓN DE LAS LESIONES.

Resulta importante saber cómo se producen las lesiones con el fin de poder tener una primera aproximación de la gravedad dicha lesión, así como para facilitar la información útil al facultativo que sirva para hacerse una idea antes de explorar de la zona dañada.

Los mecanismos de producción de las lesiones pueden clasificarse de una manera sencilla de la siguiente manera:

1.- PATOLOGÍAS POR TRAUMATISMO DIRECTO. Son aquellas en las que hemos observado el mecanismo de producción y en las que claramente vemos una relación traumatismo-lesión.

Ejemplo: Patada recibida por un contrario en la tibia tras la disputa de un balón.

Son lesiones de buena evolución normalmente. Suelen producir una inflamación que se resuelve en pocas horas-días. Es conveniente poner hielo en la zona (nunca aplicado directamente ya que puede producir quemaduras) de 15 a 20 minutos dependiendo de lo extensa que sea la zona.

Fernando Torres es atendido tras recibir un traumatismo.

- Emplastes

Resultan muy interesantes y fáciles de hacer para una buena evolución de estas lesiones, la realización de los denominados "**emplastes**". Estos consisten en poner una crema antiinflamatória en la zona lesionada y cubrirlo con papel de plástico de envolver alimentos. (Ej: Traumeels pomada que es una crema homeopática de árnica, caléndula, etc). El deportista deberá tenerlo puesto varias horas e incluso resulta muy útil el dormir con ello y quitárselo al día siguiente.

Es muy importante que la crema no sea tipo gel, ya que, si la aplicamos directamente corremos el riesgo de encontrarnos una herida tipo quemadura. Parece muy básico pero en mi experiencia recuerdo encontrarme algún caso así, incluso en alto rendimiento. Un jugador internacional griego al que se le realizó un emplaste con gel tras un partido con Grecia presentaba al día siguiente una herida en su tobillo derecho. Recalcamos por tanto esta circunstancia para evitar daños añadidos.

2.- PATOLOGÍAS POR TRAUMATISMO INDIRECTO. Son aquellas producidas por una incoordinación o un giro articular. Ejemplo: Giro del cuerpo con rodilla apoyada en el suelo, tras ser desequilibrado por un contrario.

Es fácil, por tanto, el pensar que son mucho más graves que el resto, ya que se pueden ver implicadas diferentes estructuras tendinosas, ligamentosas, articulares, etc. Un ejemplo de esta lesión sería un giro articular de la rodilla teniendo la bota fija sobre el terreno de juego. Esto suele ir acompañado de una impotencia funcional, es decir, el jugador no puede seguir realizando la actividad y nos hace ver que la gravedad es mayor que las de traumatismo directo.

Pueden desencadenar en intervención quirúrgica y ser de larga duración, por lo que se tomarán medidas de inmovilización y frío para ver lo que finalmente diagnostica el médico.

3.- PATOLOGÍAS POR SOBRECARGA. Estas lesiones son las desencadenadas por acciones repetitivas sobre una determinada zona.

No debemos tener en mente la idea de "sobrecarga muscular", sino que nos referimos a aquellas lesiones que debido a unos determinados movimientos repetitivos, terminan por producir una lesión. Se produce afectación de alguna estructura corporal debido a que no dejamos que el cuerpo se recupere de sucesivos traumatismos.

Ejemplo: Tendinitis en el tendón rotuliano por abuso de golpeo y salto. Tras un entrenamiento exigente uno de nuestros jugadores se lleva la mano al polo inferior de la rótula. Podremos pensar en una posible tendinitis rotuliana ocasionada por gestos repetitivos en los que hemos exigido la acción del cuádriceps.

En este tipo de lesiones el entrenador va a tener una función importantísima, ya que será el principal responsable de medir la carga de trabajo con el fin de evitar que la lesión se produzca. Existirán momentos en los que este tipo de circunstancias no se nos deban pasar y en colaboración con el preparador físico decidamos, por ejemplo, que un determinado jugador no realice un ejercicio de saltos sobre una valla con posterior disparo. Eso no quita que realice el resto de entrenamiento, pero de esa manera le protegemos cuando vemos que las molestias pueden derivar en una lesión mayor.

Aparte de estas medidas que se pueden ir tomando sobre la marcha, es imprescindible que exista una buena planificación de la temporada cumpliendo con los principios de entrenamiento deportivo (individualización, progresión en las cargas, trabajo de fuerza que evite lesiones e inclusión de trabajo de elasticidad y propiocepción).

En este punto hay que reseñar la importancia que para nosotros tienen los estiramientos dentro de la prevención de lesiones ya que hay corrientes que le quitan importancia y dicen que no son muy útiles. Para nosotros resultan básicos antes y después de cada entrenamiento.

3.3.1.3.- CONCEPTOS BÁSICOS EN LA RECUPERACIÓN DE LAS LESIONES

3.3.1.3.1 Relación tiempo-riesgo

Es importante recordar lo que todo el mundo sabe pero no todos los entrenadores respetan. **Al modificar el tiempo de recuperación de una lesión el riesgo aumenta**. Como se acelera el proceso, es muy probable que se produzcan recaídas en la misma región o cercanas a la zona donde se produjo la lesión.

> - Profesional: Menor tiempo posible = Aumento del riesgo.
> - Aficionado: Mayor tiempo = Menor riesgo. No debemos equivocar a un deportista profesional con un aficionado.

En las lesiones deportivas habrá que diferenciar entre el deportista aficionado y el profesional, ya que el factor tiempo será diferente para un deportista profesional (quiere recuperarse antes), que para un aficionado.

Además, existe un proceso paralelo al del trabajo del médico y fisioterapeuta del deporte, que es el MANTENIMIENTO DE LA CONDICIÓN FÍSICA (M.C.F.) durante el proceso de la lesión para que cuando se le dé el alta médica pueda incorporarse al reentrenamiento al esfuerzo.

Cuanto mejor sea el mantenimiento de la condición física = menor tiempo de reentrenamiento al esfuerzo = vuelve antes a competir.

- La inmovilidad total no está justificada

No podemos tener a un futbolista parado porque tenga una mano escayolada, por ejemplo. Existen multitud de ejercicios que podemos hacer en gimnasio y piscina que me posibilitarán una vuelta rápida a la práctica deportiva una vez que se le quite la escayola. Si durante ese tiempo el futbolista no ha estado trabajando, la lesión inicial hará que perdamos condición física y se alargará notablemente el proceso de recuperación.

- El papel del entrenador en relación a las lesiones

Con el objetivo de que exista un buen funcionamiento, podemos definir la función de los entrenadores en los siguientes puntos :

1- Prevención de la lesión: Es decir, evitar que ésta se produzca con un buen plan de entrenamiento, óptimo asesoramiento de material, etc.

2.- Primeros auxilios y mecanismo de producción. Hacer lo que estemos capacitados para realizar que ayude a la evolución de la lesión, así cómo recordar el modo en que se produjo dicha lesión. En este punto nos parece fundamental los conocimientos por parte del entrenador de las pautas de primeros auxilios y reanimación cardiopulmonar básica. Aunque no sea nuestra función puede resultar muy útil el saber abrir la vía aérea así como tener un conocimiento acerca de las pautas básicas de actuación ante un accidente.

3.- Mantenimiento de la Condición Física (M.C.F.) y reentrenamiento al esfuerzo. En este punto, deberemos preocuparnos del mantenimiento de:

- **Resistencia aeróbica** (carrera acuática).La piscina nos da una gama inmensa de posibilidades ya que la mayoría de las veces, todo lo que no podemos hacer en el campo debido a una lesión, lo podremos hacer en la piscina. Esto va a posibilitar la aceleración del proceso curativo por lo que la recomendamos desde fases muy tempranas. **El trabajo en el agua es muy recomendable no sólo como mantenimiento, sino también como entrenamiento.**
- Unido a esto deberemos trabajar la **Estimulación Neuromuscular Propioceptiva (E.N.P.) o propiocepción**, consistente en irle dando en la medida de lo posible la estimulación adecuada a la zona afectada.
- Por último y según las posibilidades trabajaremos la **Fuerza General** respetando las buena colocación de cadera, espalda y cintura escapular.

- Un ejemplo: el esguince de tobillo

Con el fin de hacernos una idea de cual sería el funcionamiento normal ante una lesión, veremos las más típica, el esguince del ligamento lateral externo de tobillo.

Ejemplo de la evolución de una lesión de tobillo (esguince leve grado I):

LESIÓN	FISIOTERAPIA	REENTRENAMIENTO	ENTRENAMIENTO	COMPETICIÓN
	M.C.F.			
	6-7 DIAS	2 DÍAS	1-2 DÍAS	
	10 DÍAS			

Podemos apreciar cómo desde el momento en que a nuestro jugador sufre la lesión, iniciaremos las medidas antiinflamatorias que se explicarán más adelante junto a los tratamientos de fisioterapia. Es un momento en el que muchas veces resulta muy interesante el trabajo en agua, ya que nos aporta múltiples beneficios (ganamos movilidad sin cargar y actuamos sobre la inflamación).

Una vez que el jugador está siendo tratado por el fisioterapeuta, es imprescindible mantener la condición física de ese deportista trabajando otras zonas (o en piscina) para evitar perder la condición aeróbica.

En todo este proceso es básico la interacción entre los diferentes profesionales con el fin de tener el mismo objetivo (recuperar lo antes posible al deportista).Todo deberá estar bien coordinado para aprovechar mejor los diferentes recursos que tengamos a nuestra disposición.

Tras conseguir una mejoría, se pasará a la fase de reentrenamiento al esfuerzo en la que se irán superando etapas hasta que veamos que esté preparado para reincorporarse a un entrenamiento con el grupo.

Si logra entrenar con normalidad y no se acuerda de la lesión al hacerlo, empezaremos a pensar en que se puede contar con él. Dependiendo del tipo de lesión, tendremos que tener un poco más o menos de precaución a la hora de contar con él. Veremos más adelante las diferentes progresiones que podríamos realizar con el fin de fortalecer dicho tobillo.

3.3.1.3.2 Concepto de lesiones inevitables y lesiones evitables.

Una vez conocido cómo se pueden producir las lesiones debemos destacar el importantísimo **papel PREVENTIVO que todos los entrenadores** pueden y deben de tener. Aunque parece muy básico nos parece conveniente recordar que **existen dos tipos de accidentes en los cuales el entrenador puede tener un papel preventivo:**

    A.- ACCIDENTES PREVISIBLES.

    B.- ACCIDENTES IMPREVISIBLES.

A.- **ACCIDENTES PREVISIBLES:** Son accidentes que no deberían producirse y que sin embargo son las más numerosas. Éstos habrá que eliminarlos de nuestros entrenamientos. Deberemos asegurarnos de que no se produzcan.

Pongamos a continuación algunos ejemplos que ilustren lo dicho:

- **Material inadecuado** que no posibilita una práctica normal (balones en mal estado o de un tamaño no óptimo para la edad).
- **Terreno de juego en malas condiciones** que facilite las lesiones. Por suerte cada día las infraestructuras van siendo mejores pero todavía hay mucho por mejorar.
- **Calzado**. Este es un punto muy importante ya que un buen calzado no sólo va a repercutir en un mejor juego, sino que va a eliminar dolores de espalda y otro tipo de patologías.
    - Polémica en la 2006-2007

    Destacar la gran polémica surgida en la temporada 2006-2007 en la que aparecieron en una única temporada 15 casos de roturas de ligamentos cruzados de la rodilla (Maxi, Petrov, Cazorla,...). Esto supuso una enorme alarma e inició múltiples estudios para buscar las causas. Tras las investigaciones realizadas, se sacaron como conclusiones que tanto el tipo de bota como el estado del terreno de juego podían haber influido en la lesión.

El tipo de bota ideal es la multitacos para hierba artificial y la de tacos para hierba.

- **Las zapatillas deportivas también son importantes**

Es importante además incidir en la necesidad de una buena zapatilla tanto para correr como para la vida diaria. No escatimar en este punto ya que nos será rentable para evitar lesiones.

¿Qué podemos decir de las zapatillas especiales de andar tipo MTB, Squechers, etc? Nuestra experiencia nos hace afirmar que los pacientes que han venido con molestias en miembro inferior y cadera para ser tratados en la clínica, han tenido buenas experiencias con el calzado MTB, encontrando mejorías en lo relativo a la reducción de sus dolores tipo "fascitis plantar", "espolones calcáneos", "condromalacias rotulianas", etc. El único inconveniente que encontramos a este tipo de calzado es su precio alto (suelen rondar los doscientos euros) y su tosca estética, si bien, últimamente están saliendo modelos cada vez más refinados.

- **Técnica.** Será necesario dotar a los futbolistas de todas las nociones técnicas necesarias con el fin de evitar gestos incorrectos que fuercen articulaciones y músculos.

Como elemento común a todo lo anterior será necesario, como ya se indicó, el fortalecimiento muscular. Esta deberá hacerse de manera inteligente: Precedido por una Educación Física Generalizada. La musculatura debe respetar las reglas de colocación de la pelvis y las caderas, evitando las cargas demasiado fuertes soportadas en posición inclinada, la espalda mal situada (riesgo de hernias discales, por ejemplo).

Por último destacar la **importancia del calentamiento** que tantas veces se descuida. Preparamos músculos, tendones, articulaciones y aumentamos la temperatura corporal con el fin de preparar al organismo para la actividad posterior.

B.- **ACCIDENTES IMPREVISIBLES:** Son aquellos accidentes en los cuales el entrenador no puede hacer nada, ya que son los originados por el deporte en cuestión. Son las diferentes lesiones que se van a ir produciendo en nuestros equipos debidas a múltiples causas como puedan ser la pérdida de concentración o la fatiga (factores que conllevan un gesto incorrecto), los choques prohibidos, empujones o arrancadas bruscas que me provoquen una lesión muscular.

Una vez analizados algunos de los factores que debemos de tener en cuenta en el proceso de entrenamiento, analizaremos la manera de actuar una vez que la lesión se produce.

Antonio López siendo atendido tras un golpe fortuito.

3.3.1.4. PROTOCOLO DE TRATAMIENTO ANTE UNA LESIÓN:

Aunque no suela ser el caso ya que la gran mayoría de entrenadores no cuentan con todos los recursos necesarios para un perfecto funcionamiento, veremos en primer lugar el procedimiento a seguir si contásemos con un Club estructurado con muchos medios para hacernos una idea de lo que sería más óptimo:

- **Valoración responsable médico**: Será el responsable de valorar la gravedad o benignidad de la lesión. A partir de aquí se iniciará el proceso de recuperación.
- **"Estabilización" de la lesión**. Buscamos que no evolucione a peor.
- **Pruebas complementarias**. Nos indicarán la presencia o no de lesiones añadidas.
- **Diagnóstico y tiempo estimado de convalecencia al entrenador**. Se le informa del tiempo estimado de inactividad para el futbolista.
- **Inicio tratamiento médico-fisioterápico**. Una vez conocido el diagnóstico. Empezamos a trabajar con el futbolista para acelerar el proceso de recuperación.

- **Trabajo compensatorio paralelo** (preparador físico).No podemos perder la forma así que trabajaremos las zonas no dañadas para que luego la reincorporación sea lo más rápida posible .Si hemos sufrido una lesión de rodilla, por ejemplo, deberemos trabajar en gimnasio el miembro inferior, podremos trabajar la resistencia aeróbica de bici de brazos, trabajo alternativo en piscina ,etc.
- **Readaptación al esfuerzo**. Fase muy importante para evitar recaídas. Complicada de trabajar. Insistiremos más adelante ya que es causa de múltiples recaídas.
- **Integración a la práctica deportiva**.

Esto sería lo ideal pero no se tiene dicha infraestructura en la mayoría de los casos por lo que veremos a continuación cuál sería el **PROTOCOLO A SEGUIR ANTE UNA LESIÓN si no disponemos de todos los medios necesarios:**

La mayoría de las lesiones pueden ser tratadas siguiendo el PROTOCOLO UNIVERSAL denominado "RICE"

R I C E **R**est (descanso/reposo deportivo).
Ice (Hielo)
Compresión.
Elevation (elevación de la zona afectada).

Con la aplicación del **"RICE"** buscamos la regeneración biológica dirigida a la prevención del exceso de edema y reducción de la lesión permitiendo el proceso de recuperación. Buscaremos equilibrar el organismo para, en una fase posterior, añadirle ejercicios de fortalecimiento que nos permitan volver a la normalidad. Aplicando estas sencillas medidas estaremos favoreciendo el proceso de recuperación.

Antes de seguir especificando las formas de poder llevar todo esto a la práctica, es importante recalcar que una de las normas más básicas y en muchos casos menos respetada es el saber que **"a veces el reposo es parte del trabajo".** Muchas de las lesiones van a requerir de un tiempo de inactividad sin el cual el deportista no va a terminar de recuperarse.

Son multitud de jugadores jóvenes los que aparecen en nuestras consultas solicitando tratamientos acelerados. En este punto parece básico el saber anteponer el bien del jugador por encima del bien del equipo, ya que de otra manera tendremos a un jugador que no estará en plenas condiciones y además estaremos posibilitando una recaída y finalmente el tiempo de recuperación será así mayor.

Preparación de cubeta de inversión para tratamiento de crioterapia.

Es necesario incidir en la rotura fibrilar ya que es una lesión muy típica en la que el futbolista se cree estar en condiciones y en la que es muy fácil que se produzcan dichas recaídas si no hemos seguido bien las pautas de tratamiento y de reentrenamiento al esfuerzo.

Teniendo todo esto en cuenta y siempre que sea posible **haremos uso de los tratamientos funcionales**, es decir, aquellos que buscan una funcionalidad de la articulación, músculo o parte lesionada desde el primer momento.

- ¿Porqué los futbolistas de alto rendimiento recuperan tan rápido?

Es muy frecuente el ser preguntado acerca de si los deportistas tienen algo especial que les hace recuperar mejor que una persona que no lo es... ¿Por qué tal o cual jugador se lesiona el tobillo y a las 2 semanas está jugando y yo necesito un mes?

La respuesta puede resumirse en la gran cantidad de medios que se dedican a dicho deportista, el cual desde el primer momento tiene un grupo de profesionales que le tratarán mañana y tarde con todo tipo de terapias(piscina en primeras fases, tratamientos manuales por parte de los fisioterapeutas dos veces al día, tratamiento médico en todo momento, etc). La recuperación del futbolista se ve facilitada además por la facilidad de seguir la evolución mediante pruebas diagnósticas tipo resonancia magnética .Estas pruebas aunque son muy costosas pueden hacerse cada poco tiempo y nos dan una información muy valiosa para poder seguir el proceso de evolución de dicha lesión.

Un futbolista amateur que es tratado dos veces por semana y con menos medios tendrá una evolución más lenta y la falta en la mayoría de los casos de pruebas diagnósticas que nos confirmen la cuantía de la lesión hace que debamos en muchos casos dejarnos guiar por la sintomatología del paciente para ir pasando etapas.

- **Fases de recuperación de una lesión**

Veamos a continuación el cuadro que se emplea en el Club Atlético de Madrid para ir pasando las diferentes fases de una lesión de la manera más segura evitando recaídas. Este podremos tomarlo como referencia para trabajar con nuestros jugadores de manera lógica.

FASE	LESIONES DEL FUTBOLISTA. REENTRENAMIENTO
FASE 0	Trabajo de fuerza-movilidad en gimnasio
BLOQUE A	EJERCICIOS DE READAPTACIÓN EN CAMPO
FASE I	Andar a 6-7 km/h. x 5 min. (series)
FASE II	Carrera continua 8-10 km./h. (series)
FASE III	Progresivos (finalizando a 60-80% según tolerancia)
BLOQUE B	EJERCICIOS DE MOVILIDAD CON DESPLAZAMIENTOS
FASE IV	Cambios de dirección y de ritmo
FASE V	Cambios de sentido y de dirección
FASE VI	Fuerza y saltos bi y monopodales
BLOQUE C	EJERCICIOS DE READAPTACIÓN CON BALÓN
FASE VII	Conducción de balón (+ cambios de dirección y sentido s/tolerancia)
FASE VIII	Coordinación general sin balón
FASE IX	Golpeo de balón en corto
FASE X	Coordinación y golpeo de balón en largo y tiro a puerta
BLOQUE D	TRABAJO TÉCNICO GLOBAL CONDICIONADO
FASE XI	Ejercicios globales perturbados por carga
FASE XII	Ejercicios globales perturbados por fatiga
FASE XIII	Trabajo global con balón y a ritmo submáximo

Podemos apreciar las diferentes fases por la que debería ir pasando el futbolista durante su reentrenamiento, no debe superar una fase si no se encuentra en un estado óptimo para ello, si durante el desarrollo de una fase de reentrenamiento el futbolista siente molestia, deberá retroceder a la fase anterior para avanzar poco a poco.

Pablo Ibáñez, realizando reentrenamiento de una lesión junto al fisioterapeuta del equipo.

IMPORTANCIA DE LOS TRATAMIENTOS FUNCIONALES

Aunque en algunas lesiones la inmovilización es imprescindible (fracturas o luxaciones), nosotros **siempre que sea posible recomendamos tratamientos funcionales**, es decir, aquellos en los que no se inmoviliza la parte lesionada. Estos son los utilizados sobre todo por la fisioterapia deportiva y con ellos se favorecen la recuperación de la lesión. Pongamos un ejemplo que aclare **por qué recomendamos este tipo de tratamientos**:

En la práctica clínica nos resulta bastante frecuente tratar pacientes con esguinces de tobillo grado I a los que se ha optado por hacer un tratamiento conservador con inmovilización durante dos semanas mediante una férula posterior de escayola siendo preciso además la marcha con muletas sin apoyar el pié. Esta práctica genera una serie de secuelas posteriores:

1. Atrofia muscular: el tríceps sural, formado por el sóleo y el gemelo, pierde tono muscular ya que deja de trabajar.
2. Problemas circulatorios: Al no producirse el apoyo, no se produce la compresión muscular que activa la circulación.
3. Problemas articulares: derivados de la falta de movimiento durante un tiempo de esa articulación.
4. Problemas propioceptivos: pérdida de esa información interna de nuestros receptores.
5. Problemas psicológicos: miedo a apoyar la parte lesionada tras un tiempo.

6. Molestias ocasionadas por la dependencia que en este momento vamos a tener de los demás (al no poder conducir por ejemplo).

Todas estas secuelas decrecen rápidamente con un tratamiento funcional óptimo. Autores como Avci (1998) han demostrado en sus estudios cómo se obtenían mucho mejores resultados sin inmovilizar ya que una larga inmovilización provocaba rigideces y atrofia de la musculatura del miembro inferior, prolongando por tanto la rehabilitación. Señala que aún así muchos médicos preferían optar por dicho tratamiento para controlar el movimiento. A este respecto, hay que señalar que multitud de investigadores han encontrado que el tratamiento funcional es mucho mejor que la inmovilización con férula (Brostrom1966., Evans 1984., Eiff 1994., Klein 1991., Freeman 1965., Kondradsen 1991., Moller-Larsen 1988., Sommer 1993., van Moppens 1982).

Nuestra práctica clínica nos ha demostrado además que el tratamiento funcional aplicado de manera correcta, resulta más útil para el deportista. Podemos acortar los tiempos de vuelta a la actividad deportiva o vida diaria, sin que por ello se produzca una peor o menos segura recuperación.

3.3.1.5. MÉTODOS DE TRATAMIENTO DE LESIONES DEPORTIVAS

Para tratar las lesiones deportivas existen tres tipos de tratamientos dependiendo de la gravedad de la lesión.

3.3.1.5.1. Tipos de tratamientos:

A.- FUNCIONAL. Tratamiento sin inmovilizar el segmento lesionado. Incluye la fisioterapia. Es el que recomendamos ya que evita secuelas. Todo aquello que no se moviliza se atrofia por lo que no es muy difícil encontrarnos con problemas de todo tipo.

B.- ORTOPÉDICO. Al individuo se le inmoviliza (yeso, férula,...) de tal manera que no se mueva el segmento.

> Problema: La inmovilización produce mayor lentitud en la recuperación (pérdida de calcio, menor vascularización).
> - Es la llamada enfermedad post-inmovilización.
> - En el deporte se trata de evitar a no ser que sea totalmente necesario.

C.- QUIRÚRGICO. Se pretende suturar, unir o quitar la parte dañada.

3.3.1.5.2. Puesta en práctica de los tratamientos:

Existen multitud de tratamientos. Desarrollaremos los más interesantes y accesibles.

1. TRATAMIENTO CON FRÍO: Método muy interesante ya que consigue evitar la evolución de la lesión, nos produce analgesia (quita dolor) y es muy fácil de aplicar.

- HIELO: No aplicar directamente. También masaje con hielo.
    - Tiempo de15 a 20 min.
    - Congelar un vaso de plástico para el masaje con hielo.
    - Clorethilo® o sprays similares. Cuidado al aplicarlos que pueden causar quemaduras (mejor que lo aplique personal sanitario).

- En lesiones musculares o áreas muy extensas, el masaje con hielo es bueno. Es interesantísimo la inmersión en agua con hielo. Puede realizarse en pequeños barreños con hielos si se trata de extremidades y resulta muy útil sobre todo en pretemporada la utilización de cubos grandes como los de la basura en los que hemos volcado entre 6-8 bolsas de hielo. En ellos el deportista se introduce hasta la cintura para permanecer ahí unos minutos. Con ello conseguimos una buena regeneración y evitamos los procesos inflamatorios ocasionados de los múltiples golpes. Aunque el deportista es al principio muy reacio a esta práctica, los buenos resultados hacen que sea finalmente el jugador el que lo demande.

2. TRATAMIENTO CON CALOR SECO O HÚMEDO: Se aplica en zonas dolorosas a partir del 2-3 día como método de recuperación. Para ello podemos hacer uso de mantas eléctricas. No es bueno abusar de ellas y con media hora es suficiente. Resultan muy efectivas en lumbalgias, cervicalgias y contracturas musculares (muy bueno como relajante muscular). Señalar que **si el proceso está aún en evolución el calor no es beneficioso**.

3. REPOSO DEPORTIVO: Este deberá adaptarse a la gravedad de la lesión. Puede ser un elemento de discordia entre el preparador físico, médico y fisioterapeuta.

Maxi Rodríguez tuvo que abandonar el partido a pesar de intentar recuperarlo, la gravedad de la lesión no le permitió continuar.

4. ELEVACIÓN DEL MIEMBRO LESIONADO Y VENDAJE COMPRESIVO:

- Se utiliza como antiinflamatorio.
- La gravedad se acentúa con la gravedad. Si tenemos un esguince de tobillo y ponemos el pié encima de una mesa, al corazón le costará más hacer llegar la sangre a dicho pié ya que actúa en contra de la gravedad. Si por el contrario permanecemos con dicho pie bajado o en posición de pié, facilitaremos que llegue sangre y por tanto que se facilite el proceso inflamatorio.
- Vendaje compresivo: No como método de inmovilización, sino para disminuir el edema (inflamación).

5. FISIOTERAPIA: Es una parte muy importante en la rehabilitación del paciente. Ayuda mucho a una rápida evolución en multitud de lesiones deportivas. Es importante que el futbolista lesionado acuda a fisioterapeutas especializados y no se deje llevar por tratamientos no profesionales.

6. INMOVILIZACIÓN: Existen diferentes métodos.

  a. Vendajes funcionales.

  Sus funciones son:
  › Mantener los elementos lesionados en acortamiento (posición neutra).
  › Evitar que pueda producirse de nuevo el mecanismo lesional.

  Existen diferentes tipos:
  1. Vendaje funcional terapéutico: Tras producirse una lesión.

2. Vendaje funcional preventivo: Su objetivo es prevenir la lesión y se caracteriza por permitir mayor movilidad, ser realizado de forma simétrica, estar realizado por tiras adhesivas inextensibles y quitarse tras la actividad que pueda producir la lesión. Muy útil para esguinces de tobillo.

b. Inmovilización mediante yesos: Fracturas, esguinces de mediana gravedad.

7. INFILTRACIONES LOCALES: Presentan un cierto peligro.

Corticoides.
- Grandes contraindicaciones.
- Actualmente nunca más de 2/3 infiltraciones por tratamiento, separadas por una semana.
- <u>Nunca infiltrar para competir</u> y si no hay efecto tras la primera infiltración no repetir.
- Nunca infiltrar un tendón.
- Si en articulaciones, ligamentos.

8. MANIPULACIONES: Son muy interesantes siempre que sean realizados por una persona cualificada. Hay que tener cuidado ya que no todo el mundo está capacitado para hacerlas y es frecuente encontrarse con personas que sin ser osteópatas (para lo que normalmente es necesario ser además fisioterapeuta) no tienen ningún reparo a manipular cualquier articulación. Las manipulaciones las realizan fisioterapeutas especializados en osteopatía y terapia manual).

En columna se utilizan mucho siendo muy eficaces si se practican bien. Ejemplo: Una manipulación de la charnela dorso-lumbar(D12-L5) me puede facilitar la relajación de un aductor para un posterior masaje.

9. EMPLASTES. Resultan muy interesantes y fáciles de realizar. Los haremos tras haber sufrido un incidente traumático colocando sobre la superficie afectada cremas antiinflamatórias cubiertas por un papel transparente

3.3.1.6. CONCLUSIÓN

Son innumerables las lesiones que pueden suceder durante una temporada de fútbol. El entrenador deberá conocer las pautas básicas de actuación ante una lesión, y derivarlo a fisioterapeutas profesionales en caso de que la lesión revista de gravedad. Así mismo, debe ser uno más en el proceso de recuperación, siendo parte activa del equipo multidisciplinar encargado de la recuperación del futbolista.

Durante este capítulo se ha pretendido dar un enfoque básico para los entrenadores de fútbol que no tienen conocimientos sanitarios pero que pueden desarrollar un papel fundamental en el momento en el que el futbolista cae lesionado. Somos conscientes de que siendo escuetos y generalistas en este capítulo, una actuación correcta de las herramientas descritas anteriormente pueden ayudar a acortar y facilitar los tiempos de recuperación del futbolista.

3.4. PLANTEAMIENTO Y GESTIÓN DE LOS PARTIDOS

Al igual que las sesiones de preparación, los partidos requieren del entrenador un rol absolutamente activo. Debemos rechazar la tendencia que invita a pensar que el campo de acción del técnico se circunscribe a los entrenamientos y que durante los partidos sólo tiene capacidad para influir en el estado anímico de sus jugadores. El entrenador es un estratega que debe entender y dominar todos los aspectos del juego para colocar sus fichas de manera correcta y orientar sus acciones de la forma más adecuada. Son fichas vivas y con una autonomía enorme, pero se mueven dentro del marco que determina el responsable técnico y eso supone una matización que puede resultar decisiva, para bien o para mal.

Por lo tanto, durante el desarrollo de un encuentro, como entrenadores deberemos tomar decisiones de forma constante y demostrar una gran flexibilidad y capacidad de improvisación. Aquello que esperábamos encontrar puede sufrir cambios y el planteamiento inicial que habíamos propuesto (punto 3.1.2) tal vez precise adaptaciones en función de múltiples factores como el resultado, el terreno de juego, el clima o las circunstancias del rival.

Por ejemplo, nada más bajar del autobús comprobamos que las dimensiones del campo son menores de lo que esperábamos; o, durante el calentamiento, vemos que en el equipo rival no figura como titular el delantero centro que tanto nos había preocupado durante la semana; o la lluvia o el viento son determinantes; o el técnico del equipo contrario mueve sus fichas durante el encuentro y nos obliga a reaccionar.

La citada toma constante de decisiones nada tiene que ver con la emisión ininterrumpida de información a los jugadores. No se trata de que el entrenador narre el partido ni de que exprese en voz alta todo lo que pasa por su cabeza.

En realidad, lo que el juego requiere del técnico es su máxima capacidad de observación e interpretación sobre lo que está sucediendo sobre el césped, así como unas grandes dotes de estratega, para, partiendo siempre de la personalidad de su equipo, combatir o neutralizar las tácticas del rival. A partir de ahí, será muy selectivo en sus mensajes y los codificará de tal forma que sean de muy fácil asimilación para el futbolista.

La facultad de observar e interpretar lo que está pasando en el campo se cultiva con el hábito y con una buena actitud para visionar los partidos bajo la óptica de un técnico. Hay un abismo entre la forma de ver el fútbol que tienen los entrenadores y la del resto de los espectadores. Entender y asimilar esta diferencia es el primer paso para aprender a realizar lecturas técnicas de los partidos.

En cuanto a las dotes de estratega y a las decisiones que un entrenador puede adoptar a lo largo de un encuentro en función del contexto y de los movimientos tácticos del rival, recomendaremos la lectura de Serrano Niño 'Cómo dirigir un partido de fútbol'.

Sin duda, la intervención de un entrenador puede resultar definitiva para decantar a favor el devenir de un encuentro y es ahí donde reside la magia de esta profesión. Por el contrario, el técnico también puede cargarse literalmente el partido si peca por inoperante (no es capaz de adoptar decisiones) o si se pasa al extremo opuesto y asume un excesivo protagonismo, cambiando aspectos del equipo que están funcionando o implementando medidas extravagantes en las que el protagonista es él y no los jugadores y el colectivo.

Como ejemplo de todo lo anterior, a continuación veremos varias situaciones personales reales en las que se tomaron decisiones que en algunos casos resultaron acertadas y en otras, no.

- Cal y arena en Valdebebas

Temporada 2007-2008. Partido de Primera División Autonómica Juvenil entre el Real Madrid C y el Rayo Majadahonda B en Valdebebas. Séptima jornada. Primero contra sexto. Como es habitual, el Real Madrid jugaría tratando de iniciar todas las acciones en corto, desde el portero. El Rayo Majadahonda contaba con una plantilla de futbolistas agresivos, capaces de ejercer una buena presión lejos de su campo. De esta forma, se planteó un sistema defensivo que consistía en frenar al rival lo más lejos posible de la propia portería, donde realmente era imparable y muy peligroso, y para ello se escogió a los jugadores más agresivos de la plantilla (incluido un delantero que hasta entonces no había sido titular).

La presión arriba ahogó el fútbol elaborado del Real Madrid desde el principio. Perdían el balón muy pronto y muy cerca de su área, y los contraataques del Majadahonda eran rápidos y verticales, de forma que tras un comienzo perfecto, el marcador era de 0-2 a los quince minutos de juego, incluyendo un gol del punta que debutaba como titular.

El resto de la primera parte siguió el mismo guión, con un Real Madrid muy incómodo y un Majadahonda que corrió sin tregua durante 45 minutos, defendiendo en campo contrario y tuteando a un rival teóricamente superior.

El descanso llegó con ese 0-2 y los técnicos creyeron necesario tomar decisiones. El desgaste físico del grupo había sido muy alto y, creyendo que la única forma de ganar el partido era jugando en la segunda parte igual que se había hecho en la primera (es decir, no metiéndose atrás, sino conteniendo lejos al rival), refrescaron al equipo con tres cambios, con el fin de que fuera capaz de mantener el ritmo durante los segundos 45 minutos.

Sin embargo, el Real Madrid mejoró mucho en la reanudación y el Majadahonda no logró sostener el nivel de presión del primer tiempo. Pudo ser debido a los cambios o simplemente porque el rival lo puso mucho más difícil. En cualquier caso, los locales lograron empatar a dos. En una recta final muy abierta, ambos equipos tuvieron opciones para ganar.

El Majadahonda trató de tú a tú al líder indiscutible de la competición y logró cosechar un punto de mucho valor gracias a un buen planteamiento inicial. Sin embargo, los cambios en el descanso, aunque en principio buscaban una prolongación de ese plan inicial, no salieron bien.

- Cuando un 1-0 en contra es casi un punto...

Temporada 2005-2006. Rayo Vallecano A – Rayo Majadahonda A de Primera División Autonómica Cadete. Jornada 5. Ambos conjuntos llegaban al choque en las primeras posiciones de la tabla, a pesar de que el Majadahonda era un recién ascendido que estaba puntuando por encima de sus posibilidades, mientras que el Rayo tenía, objetivamente, mejor plantilla. El equipo visitante salió al terreno de juego con su habitual planteamiento de repliegue intensivo, procurando cerrar todos los espacios al rival y esperando alguna salida al contraataque.

El Rayo dominó el partido y dispuso de varias oportunidades de gol, pero el Majadahonda se defendió con uñas y dientes, y sólo concedió un tanto, en el minuto 23. La segunda parte comenzó con el marcador de 1-0.

El cuerpo técnico sopesó qué decisiones debía adoptar. Podía realizar cambios ofensivos en el segundo período, en busca del empate, pero optó por mantener el mismo planteamiento de repliegue y de salida al contraataque. La apuesta consistió en conservar un 1-0 que le sostenía en el partido, ante un contrario que se estaba mostrando superior. Si lograban que la cuenta de tantos local no pasara de uno, confiaban en que sus delanteros encontraran el gol en alguna acción puntual. La opción de abrir el encuentro yendo a por el empate no pareció buena, puesto que podía ser el camino más corto hacia el 2-0 con el que el choque quedaría decidido.

La apuesta salió bien. El planteamiento visitante enfrió el partido y el Rayo Vallecano no fue capaz de ampliar su cuenta. Además, en los últimos minutos, cuando el marcador seguía siendo de 1-0, una falta lejana y dividida, botada por el Majadahonda, creó confusión el área local y terminó dentro de la portería. El empate era un hecho. El Rayo había sido mejor, pero el Majadahonda había arañado un punto apurando sus opciones y exprimiendo sus cualidades.

- Tocar la tecla clave (de 3-1 a 3-4)

Temporada 2008-2009. Juvenil Liga Nacional. Atlético de Madrid B – Rayo Majadahonada B en el Cerro del Espino. Jornada 10. Frente al habitual 1-4-1-4-1 del Atlético (también podría ser leído como un 1-4-3-3), el Rayo Majadahonda, que decidió presionarle arriba para intentar ahogar de raíz la salida del balón, dispuso un sistema 1-4-4-1-1, con el fin de hacer más fácil, posicionalmente hablando, el marcaje de los jugadores rivales. El media punta visitante debía ocuparse del medio defensivo local. Renunciaba el Majadahonda de esta forma a situar, como era frecuente en él, dos delanteros.

El planteamiento no salió bien y en la primera parte, a pesar de adelantarse en el marcador, terminó perdiendo 3-1. Al no contar con dos puntas, la presión no era lo suficientemente agresiva y el Atlético sacaba el balón jugado sin las complicaciones deseadas. Además, en ataque, el equipo apenas tenía opciones, debido a la falta de efectivos arriba, y el juego era muy directo.

Con el resultado en contra, en el descanso se varió el sistema de juego y se dio entrada a otro punta, pasando a jugar 1-4-4-2, manteniendo la presión arriba y apostando por un juego más elaborado, basado en la mayor movilidad de los delanteros. Ahora sí, el planteamiento funcionó y el Atlético se vio ahogado por un equipo que no le dejaba tener la pelota. Esta superioridad en el campo se tradujo al marcador y el Majadahonda terminó venciendo 3-4.

En esta oportunidad, el mal planteamiento inicial pudo ser rectificado a tiempo y el cambio de sistema salvó los tres puntos.

- El error de 'sujetar' a los jugadores

Temporada 2008-2009. Juvenil Liga Nacional. Rayo Majadahonda B – Atlético de Pinto A. Ya se ha comentado este partido en un capítulo anterior. Se aludió entonces a la falla en la motivación de los jugadores locales tras el parón navideño, pero hubo además un factor táctico que influyó decisivamente en el bajo rendimiento de los futbolistas y en el marcador final de 0-1.

El Atlético de Pinto se hallaba inmerso en las últimas posiciones de la tabla y, por lo que sabíamos de él, era un equipo habituado a jugar directo como forma de ataque. Ante este panorama, el planteamiento fue de repliegue medio, con el fin de no descuidar nuestra espalda cuando el rival tuviera el balón.

Sin embargo, el Pinto sorprendió tocando la pelota más y mejor de lo que estaba previsto. Nuestros jugadores hubieran visto con buenos ojos salir a presionar arriba a un rival al que consideraban inferior. Sin embargo, se vieron 'atados' por una táctica de repliegue que permitió al Pinto tener el balón y ganar una confianza que tal vez de otro modo no hubieran adquirido.

El cuerpo técnico no fue capaz de ver la situación y de variar a tiempo el planteamiento, y la situación no hizo sino empeorar. Finalmente, el equipo consumó su peor partido de la temporada y terminó perdiendo los tres puntos.

- **Una plantilla ofensiva invita a respuestas valientes**

Temporada 2004-2005. Cadete Preferente. Rayo Majadahonda A – Avance. A. En la tercera jornada de la segunda vuelta, los locales andaban inmersos en la lucha por los puestos de ascenso, por lo que la victoria era importante. La primera parte finalizó con 1-0, pero el Majadahonda comenzaría la segunda con diez, debido a una expulsión. ¿Qué sistema de juego y qué planteamiento adoptaría el equipo con este resultado y con estas circunstancias?

Es importante señalar que se trataba de una generación, la de 1989, que contaba con muy buenos futbolistas, la mayoría con un carácter netamente ofensivo. Por este motivo, el cuerpo técnico decidió apostar por mantener una actitud agresiva en campo contrario y valiente de cara a la portería visitante. El sistema escogido fue el 1-4-2-3, en el que los jugadores de banda replegarían en defensa (1-4-4-1), pero teniendo en cuenta que se trataba de dos extremos natos, que no siempre serían disciplinados en la transición ataque-defensa.

La respuesta de los chavales ante esta invitación consistió en envalentonarse. Los jugadores redoblaron sus esfuerzos en la segunda mitad y el encuentro fue muy abierto y disputado. Se abrió la puerta a un partido de ida y vuelta, a pesar de que los locales contaban con una pieza menos. El éxito del planteamiento se basaba en que el equipo ganara en el intercambio de golpes.

Salió bien. El Majadahonda anotó dos veces, por una del Avance (3-1) y, a pesar de competir con 10, los locales jugaron mejor al fútbol y suplieron con entrega la inferioridad numérica.

3.4.1. Repartir roles entre el cuerpo técnico

La toma de decisiones tácticas en los partidos, así como las conclusiones que extraemos de ellos, dependen, entre otros muchos factores, de la información que podamos recabar y manejar. En otras palabras, del número de ojos que vean el encuentro y de lo mucho o poco que sean capaces de abarcar.

Si en nuestro cuerpo técnico estamos solos, no habrá mucho que hacer. Pero si contamos con un entrenador, un segundo entrenador, un ayudante, un preparador físico... ¿es normal que todos vean el partido desde el banquillo, que todos estén atentos a las mismas cosas y que todas las decisiones estén sólo en manos del técnico principal?

Parece mucho más lógico aprovechar el número de personas de que disponemos para optimizar la información que recibimos. Algunas sugerencias de las muchas que se pueden imaginar en función de las necesidades y de las preferencias del entrenador son:

- Enviar a alguno de los colaboradores a la grada, para obtener una perspectiva y una visión diferentes. Podremos contactar con esa persona en el descanso o en el transcurso del juego por teléfono móvil o mediante notas escritas que nos hará llegar cuando tenga algo interesante que comunicarnos.

- Encargar a uno de ellos que se ocupe de organizar la colocación en las jugadas de estrategia, conforme se realizan los cambios. El entrenador no puede estar atento a estos detalles, pero es evidente que un equipo pierde la colocación de nombres en las jugadas a balón parado (ofensivas y defensivas) que se había dado en el vestuario, cuando se van cambiando las piezas. Una persona que controle este asunto podrá ahorrar indeseables malos entendidos sobre el césped si a cada futbolista que ingresa en el terreno de juego le indica las modificaciones en la estrategia que su entrada implica.

- Aunque no sea un preparador físico específico, será positivo que algún colaborador se encargue de dirigir el calentamiento de los jugadores suplentes.

- La contabilidad de una estadística sencilla es una buena herramienta para conocer detalles interesantes sobre nuestro juego. El encargado puede ser algún miembro del cuerpo técnico o un jugador suplente (aunque esto último hay que manejarlo con tacto).

- Como ya se señaló en un capítulo anterior, un integrante del equipo de entrenadores puede ocuparse de la interesante y productiva tarea de poner una mayor atención en el contrario para anotar los futbolistas interesantes que posee, de cara al futuro, y su evolución como colectivo, con vistas al encuentro de la segunda vuelta o, simplemente, para aportar una información adicional al técnico, que estará más centrado en diseccionar a su propio equipo.

En definitiva, se trata de analizar qué necesidades de información podemos tener y de repartir las tareas, confiando en los colaboradores, trabajando de verdad en equipo y optimizando, también en los partidos, los recursos de los que disponemos.

3.4.2. LA INTERVENCIÓN DEL ENTRENADOR EN EL DESCANSO DE LOS PARTIDOS

En este punto, nos remitimos al profesor José María Buceta, que cita como básicos las siguientes pautas en referencia a la actividad del entrenador:

- Debe organizar rutinas que determinen el funcionamiento del equipo en el tiempo del descanso.

- Debe centrarse en mejorar el rendimiento en la segunda parte, aplazando para otro momento cualquier otro comentario sobre lo ocurrido en la primera mitad.

- Antes de hablar con los jugadores, debe tomarse unos minutos para decidir los objetivos y la estrategia de su charla; si dispone de entrenadores ayudantes, es el momento de escucharles e intercambiar opiniones con ellos.

- Sus instrucciones deben ser pocas, precisas, muy claras y centradas en las conductas concretas que los jugadores deben realizar en la segunda parte; además, la información que transmite debe estar ordenada (por ejemplo: primero aspectos de la defensa, después aspectos del ataque) para que los futbolistas puedan asimilarla mejor.

- En esta línea, debe reforzar las conductas apropiadas de la primera parte que conviene repetir en la segunda, corregir las conductas que deben cambiarse y especificar las conductas nuevas si las hubiera.

- Debe valorar la posible influencia de lo sucedido en la primera parte en el estado psicológico de los jugadores; y utilizar las estrategias más adecuadas para propiciar el estado psicológico que considere más conveniente para afrontar la segunda parte.

- Cuando las cosas vayan mal, deberá valorar si es realista optar a un buen resultado o, por el contrario, debe cambiar esta expectativa por otra más apropiada; en ambos casos, debe utilizar estrategias adecuadas.

- Cuando las cosas vayan bien, debe resaltar las conductas de esfuerzo, concentración, control y cooperación que hayan producido este resultado, señalar la importancia de continuar en esta línea y prevenir posibles dificultades en el segundo tiempo, alertando y preparando a los jugadores para que, en caso de presentarse tales dificultades, sepan actuar correctamente y no 'pierdan los papeles'.

- Cuando exista el riesgo de un exceso de confianza, debe aplicar estrategias apropiadas para prevenir este problema.

- En cualquier caso, debe finalizar su charla especificando objetivos prioritarios de realización para la segunda parte (es decir, objetivos centrados en las conductas que los jugadores tienen que realizar) y transmitiendo un mensaje optimista que complemente sus comentarios anteriores.

3.5. LA IMPORTANCIA DEL ÚLTIMO TRAMO DE LA COMPETICIÓN. MOMENTO PARA SUBIR NOTA.

En muchas ocasiones, equipos que tienen como objetivo principal la permanencia o una clasificación en la mitad de la tabla llegan a las últimas jornadas del campeonato con los deberes hechos. En esa zona intermedia, suele siempre haber un amplio número de conjuntos que compiten en las últimas fechas sin jugarse realmente nada. Si el nuestro es uno de ellos, no debemos dejar pasar la oportunidad, pues se trata de una gran ocasión para ganar puestos en la clasificación y subir nuestra nota final del curso, de aprobado a notable, o incluso a sobresaliente.

Hay que tener en cuenta que muchos de estos clubes que ya no están exigidos por los números se encomendarán a la inercia, por lo que si conseguimos mentalizar debidamente a nuestra plantilla y logramos encadenar buenos resultados, tendremos muchas opciones de alcanzar puestos más nobles en la tabla.

- Quince puntos que valieron seis puestos

En la temporada 2003-2004, el Juvenil B del Vecindario Norte selló virtualmente su permanencia en la categoría a falta de cinco jornadas para el final. En ese momento, ocupaba la duodécima plaza en un grupo de 16 equipos (era el conjunto que marcaba el corte para no descender) y el azar quiso que todos sus rivales en las últimas fechas fueran los conjuntos situados en las posiciones inmediatamente anteriores a la suya. Dependiendo del número de partidos ganados, el equipo podría conquistar hasta la quinta plaza. La octava, sin embargo, era un objetivo más que factible y más que satisfactorio.

Los jugadores habían sudado la permanencia y, advirtiendo el riesgo de que, ahora que se había logrado, bajaran el ritmo, el cuerpo técnico decidió inyectar una dosis extra de motivación, prometiendo un premio importante, proporcional a la plaza que finalmente se lograra, siempre a partir de la octava posición.

La plantilla acogió con entusiasmo el reto y, en lugar de dejarse llevar en la recta final, multiplicaron su esfuerzo y su ilusión. El equipo ganó todos los encuentros que restaban (frente a conjuntos que en cierto modo ya habían bajado los brazos) y conquistó no el octavo, sino el sexto puesto (e incluso aspiró al quinto hasta última hora).

De terminar duodécimo, a una plaza del descenso, el Juvenil B finalizó sexto, a sólo un punto del ascenso a División de Honor. La calificación de la temporada había pasado de un simple aprobado a un sobresaliente alto. Y la subida de nota se debió a una buena gestión del último tramo de la liga.

3.6. CONOCIMIENTO DE LA LEGISLACIÓN

Por lo general, los reglamentos que rigen las competiciones de fútbol son complejos y las sanciones, en ocasiones, severas. No hablamos del reglamento dentro del terreno de juego, que por supuesto es importante conocer, sino de la legislación que determina desde el procedimiento para inscribir a un jugador, hasta la normativa para confeccionar las alineaciones cuando contamos con futbolistas de otros equipos del club, pasando por el código relativo a las sanciones o a la renovación de los reconocimientos médicos.

Se trata de reglas estrictas, por lo general, cuyo conocimiento puede generar una ventaja para quien las maneje adecuadamente y su desconocimiento, sanciones y pérdida de puntos. Desgraciadamente, será difícil que otra persona distinta del entrenador pueda controlar esta legislación en el fútbol aficionado, por lo que el técnico debe dedicar tiempo a saber qué puede hacer y qué no, en los distintos ámbitos de la competición.

Un entrenador que no cuide este aspecto podrá encontrarse con la desagradable situación de haber prestado toda su atención y tiempo para preparar un encuentro determinado y, tras haberlo ganado en el terreno de juego, ver cómo algún error burocrático (que no deja de encontrarse en el ámbito de su responsabilidad) acarrea la pérdida de los puntos. No hay nada más difícil que explicar en un vestuario que, por culpa de un fallo de papeles, una trabajada victoria queda automáticamente anulada.

> La pérdida de puntos por haber descuidado alguna cuestión burocrática no es una realidad de otro planeta. En el C.F. Oeste, el Juvenil A de División de Honor cedió tres importantes puntos frente a la U.D. Centro por alinear a un futbolista que estaba sancionado, pensando que el castigo debía cumplirse en un partido diferente. En el mismo club, el Juvenil C perdió un encuentro que había ganado claramente sobre el césped por culpa de un reconocimiento médico caducado.

3.7. ASPECTOS QUE MEJORAR EL AÑO SIGUIENTE

Por último, y como conclusión general a todos los capítulos anteriores, el entrenador debe ser reflexivo y aprender de sus errores y experiencias acumulados. Es una buena práctica que, conforme los vaya percibiendo, anote todos los aspectos que cree que debería mejorar la temporada siguiente.

De esta forma, sentará las bases para que cada año supere en calidad de trabajo al anterior y, sobre todo, evitará reproducir los mismos problemas que haya tenido que afrontar.

3.8. GOLPES DE TIMÓN

A diferencia de lo que ocurre en la mayoría de las actividades humanas, en el fútbol, el trabajo bien hecho, incluso si es ejecutado por un buen cuerpo técnico y por una abnegada y capaz plantilla de jugadores, nunca garantiza unos resultados positivos. A pesar de cuidar todos los detalles, en ocasiones las cosas se tuercen o, simplemente, hay tanta competitividad en una categoría que no todos los equipos pueden cumplir sus objetivos y ascender o alcanzar la permanencia.

Dentro de los recursos que maneja un secretario técnico y de su capacidad para influir sobre los resultados de un grupo, el cambio de entrenador es uno de los resortes más potentes de los que dispone. Tal vez el técnico no sea la causa principal de los males que aquejan al equipo, pero es innegable que se trata de un golpe de timón capaz de generar un efecto revulsivo lo suficientemente fuerte como para justificarlo como una medida excepcional válida.

El entrenador puede vivir una situación de este tipo desde las dos orillas de un despido: con el agua al cuello, porque es su proyecto el cuestionado y el necesitado de buenos marcadores; o como el recién aterrizado en la nave, sustituyendo a un compañero y con la misión de tapar las vías de agua que están hundiendo el barco.

3.8.1. Con el agua al cuello (cambiar antes de que nos cambien)

El paso de una simple mala racha de resultados a una situación de extrema necesidad, en la que el entrenador comienza a verle las orejas al lobo, se detecta súbitamente. Al margen de que desde arriba aprieten las tuercas o no, el técnico, que confiaba plenamente en sus métodos y en sus jugadores, comprende de repente (normalmente tras un mal resultado que constituye la gota que colma el vaso) que su tiempo se agota y que, dada la situación, el equipo necesita un revulsivo y un cambio. O lo proporciona él (todavía está a tiempo) o el club tomará una decisión drástica en breve, cuando decida que al entrenador se le han acabado los recursos.

Lo más difícil en este tipo de situaciones es precisamente reconocerlas y asimilarlas. Porque, en cierto modo, eso implica asumir que los métodos utilizados hasta ese momento no han tenido éxito e incluso que han fracasado. Se trata de sustituirnos a nosotros mismos, apartándonos de nuestro plan inicial, antes de que nos cambien de verdad, de forma literal. Y eso, con permiso de nuestro ego, no siempre es fácil.

A partir de esa toma de conciencia, el técnico debe, por una parte, seguir analizando, como lo habrá hecho hasta la fecha, qué está fallando en el equipo (desde todos los puntos de vista) para realizar las modificaciones que estime oportunas, y, por otra y sobre todo, introducir cambios drásticos adicionales en la rutina del grupo que permitan al jugador sentir y palpar de verdad que algo ha cambiado, que se ha producido realmente un punto de inflexión a partir del cual el colectivo puede salir adelante.

Desde un cambio de sistema, pasando por una propuesta de fútbol distinta a aquélla que no ha reportado los resultados esperados, o dar la titularidad a chavales que habían contado menos, hasta cambiar el tipo de calentamiento que se realiza, abandonar los ejercicios más manidos a lo largo del año o variar el tradicional ritual pre-partido, todos los pequeños y grandes cambios, sin abusar, serán bien recibidos por la plantilla si son presentados como los síntomas de una segunda oportunidad que recibe el equipo.

Nunca hay que olvidar que el factor psicológico es el más decisivo en las horas bajas, por lo que simplemente conseguir que el futbolista afronte el siguiente partido pensando realmente que todo va a cambiar y que el grupo de verdad tiene posibilidades de alcanzar sus objetivos ya es un gran paso adelante. Las claves aportadas en el capítulo 3.2.1 (Nivel de activación) completarían la faceta estrictamente psicológica de estas situaciones.

- Objetivo: generar un punto de inflexión

  A pesar de haber completado los dos primeros tercios de la liga con buenos resultados, cuatro derrotas consecutivas propiciaron que el Juvenil de Liga Nacional del Vecindario Norte de la temporada 2007-2008 afrontara las últimas seis jornadas a un solo puesto y cinco puntos del descenso. La luz de alarma se encendió con la tercera de esas cuatro derrotas, cuando el último clasificado, que no había sumado ni una sola victoria hasta la fecha, venció por 2-4 y sembró serias dudas sobre las posibilidades del grupo.

  El 1-4-4-2 que se había manejado hasta entonces propiciaba un fútbol plano de un equipo que parecía haber entrado en un estado de depresión en todos los sentidos y de falta de autoestima. No sólo no jugaba nada bien en la faceta ofensiva, sino que la seguridad defensiva que había mostrado durante gran parte de la temporada se había esfumado y, en el plano psicológico, el vestuario sufría cierto vértigo, ya que después de haber vivido alejado de los puestos peligrosos durante toda la temporada, veía cómo justo en el momento de la verdad las cosas se habían puesto feas.

Tras el mencionado 2-4, el cuerpo técnico, que recibió una leve llamada de atención desde arriba, entendió la necesidad de realizar cambios en la rutina del equipo para generar un punto de inflexión que reportara los tres o cuatro puntos que faltaban para sellar la permanencia virtual.

El siguiente rival era el C.F. Oeste, un conjunto lanzado hacia el ascenso a División de Honor, que pondría las cosas muy difíciles en su campo. Para neutralizar la debilidad defensiva del grupo (ocho goles en dos partidos), se propuso un sistema de juego diferente, un 1-5-2-1-2 que implicaba además dar entrada a caras nuevas y colocar a otras en posiciones diferentes. Se trataba de enviar un mensaje de renovación, de dar a los futbolistas armas nuevas para competir, ya que parecían haberse bloqueado en el uso de las antiguas. Además, el cambio de sistema de juego propició que la rutina de los entrenamientos cambiara por completo. Había que asimilar un nuevo esquema y eso conllevaba ejercicios y retos diferentes.

El grupo realmente vivió una semana distinta de las demás y creyó en sus posibilidades para dar la sorpresa el domingo. En definitiva, la dolorosa derrota del sábado anterior fue superada más rápidamente y mejor porque, para bien o para mal, se propuso un nuevo camino, distinto del que había fallado en las últimas fechas.

El Vecindario Norte dio una buena imagen y no mereció perder, pero el resultado fue desfavorable por 2-0. La igualdad se rompió a balón parado, mientras que el segundo tanto llegó en un contraataque corto.

A pesar de la mejoría, la cuarta derrota consecutiva tuvo como consecuencia un nuevo aviso al cuerpo técnico por parte de la dirección deportiva. Esta vez, la llamada de atención fue mucho más seria: había que sumar los siguientes tres puntos en liza, en casa frente al Barrio Alto. De lo contrario, podría plantearse un relevo en el banquillo.

Los entrenadores volvieron a enfocar la semana de trabajo como una situación excepcional, en la que había que seguir convenciendo a los jugadores de que el equipo aún tenía recursos para salir de la espiral negativa en la que se encontraba.

Con este fin, nuevamente se optó por alterar lo más posible la rutina del grupo: se modificaron los ejercicios de calentamiento, el orden de los contenidos, se suprimieron los ejercicios más repetidos a lo largo del año, se cambió la dinámica de las reuniones colectivas y de la charla pre-partido... Además, dos jugadores del Juvenil A, que tenían ficha B, reforzaron circunstancialmente al equipo. Se trataba de dos chavales carismáticos, que el año anterior habían compartido vestuario con muchos de los actuales futbolistas del Juvenil B. Su integración, por lo tanto, fue sencilla y, además del plus que aportaron en el aspecto puramente deportivo, reforzaron la moral del grupo y el simple hecho de que se les hubiera convocado en esta ocasión contribuyó a concienciar a los jugadores de que éste era un partido especialmente importante, que merecía incluso una medida de este tipo. En definitiva, su incorporación fue una buena terapia de choque.

En el plano psicológico, el cuerpo técnico consideró que no era necesario rebajar el nivel de estrés. En realidad, la plantilla era plenamente consciente de lo que se jugaba, asumía su responsabilidad y tenía unas ganas tremendas de que llegara el partido frente al Barrio Alto para conseguir los tres puntos y finiquitar la temporada de una vez. Por lo tanto, el trabajo psicológico fue encaminado hacia dar continuidad a ese buen punto de partida y hacia propiciar una dinámica de grupo adecuada, en la que el plantel lograra la mayor unidad posible.

Y en lo relativo al sistema de juego, una vez que el grupo había recuperado, al menos de forma parcial, la confianza, se optó de nuevo por el 1-4-4-2 (con presión arriba) que, además, se adaptaba mejor al esquema y al tipo de fútbol del rival.

Llegó la hora de la verdad y el Vecindario Norte saltó al campo muy motivado, sabiendo lo que se jugaba, dispuesto a dar la cara y suficientemente reparado en el aspecto anímico y de autoconfianza. En una buena primera parte, dejó encarrilado el encuentro con dos goles. En la segunda, el marcador no varió y el descenso se alejó a ocho puntos cuando quedaban quince en juego, lo que suponía una distancia casi definitiva.

3.8.2. Al rescate (relevando a un compañero)

Los reemplazos en el banquillo en el fútbol aficionado son más bien esporádicos, si lo comparamos con el profesional. En la parte de arriba de la clasificación, raramente se despide a un compañero por distanciarse del objetivo (los clubes suelen exigir sólo la permanencia) y, por abajo, la paciencia es mayor que en las competiciones de élite.

Sin embargo, si las circunstancias deportivas nos sitúan al frente de un grupo con la temporada ya avanzada, nos encontraremos con un panorama totalmente especial: la plantilla ya confeccionada, la pretemporada concluida, una serie de hábitos (distintos de los nuestros) adquiridos, un vestuario normalmente en horas bajas y un margen de apenas unos días hasta el siguiente encuentro, con tres puntos (seguramente vitales) en juego.

Generalizando, porque cada situación concreta requerirá acciones totalmente diferentes, el entrenador deberá, en primer lugar, recabar una mínima información sobre las costumbres de trabajo y de juego del mandato anterior. Habrá quien prefiera no saber nada de lo acontecido hasta la fecha para no verse influenciado y partir así realmente de cero. Sin embargo, contar con un registro mínimo de lo que se venía haciendo hasta ahora será imprescindible si queremos tomar las medidas adecuadas.

Sólo de esta forma tendremos la oportunidad de detectar los puntos flacos que, siempre bajo nuestro criterio (que es el que cuenta), han conducido al equipo a la situación actual y, sobre todo, veremos claramente qué de nuevo y bueno podemos aportar al grupo, para concentrarnos con fuerza en esos conceptos.

Independientemente de este análisis, que contrapone las debilidades pasadas con nuestras propias fortalezas, también será necesario, como en el punto 3.8.1, que alteremos la dinámica del equipo todo lo que sea posible. Habremos de observar qué hacía el entrenador anterior para no repetirlo, no porque estuviera mal, sino con el objetivo de que el jugador interiorice y sienta por todos los medios que la etapa pasada ha finalizado y que comienza una nueva, en la que la ilusión se renueva. Cualquier aspecto de continuidad, aunque sea casual, no será positivo.

Además, deberemos sopesar la conveniencia de realizar cambios más profundos. Por ejemplo, si creemos que la plantilla ostenta un nivel inferior al necesario para alcanzar sus objetivos, tal vez sea imprescindible reforzarla con nuevos jugadores.

Por último, el entrenador debe irrumpir en el vestuario con un mensaje realista pero optimista, trabajando para compensar las deficiencias que detecte en el nivel de activación de unos jugadores que, normalmente, responderán al relevo en el banquillo con un plus de esfuerzo y de trabajo durante los primeros días, algo que el técnico tiene que intentar aprovechar y prolongar todo lo posible.

- Cambio de técnico a dos puntos del descenso

    En la temporada 2009-2010, el Juvenil C de la U.D. Centro (Juvenil Preferente) cambió de entrenador a falta de trece jornadas para el final de la competición. El equipo, íntegro de primer año, había coqueteado con los puestos de descenso durante todo el año y en ese momento se encontraba sólo dos puntos por encima de la zona roja, con 5 victorias y 20 puntos conseguidos en 20 partidos.

    Los problemas principales de los que adolecía la plantilla y que le habían situado en esa situación (por debajo de la calidad objetiva de los jugadores) eran, principalmente, los siguientes:

- El planteamiento táctico propiciaba encuentros en los que el intercambio de goles era muy elevado y pocas veces favorable. En el momento del cambio, sumaba 51 goles a favor en 20 partidos (2,55 de media) y 53 en contra (2,65 de media).
- Los jugadores continuaban siendo cadetes. No se habían adaptado a la competición y seguían pagando la novatada frente a rivales uno o dos años mayores. En todo lo referente a 'saber competir', el grupo tenía un amplio margen de mejora.
- La plantilla estaba formada sólo por 16 jugadores, lo que implicaba falta de competencia por el puesto, dificultad para ejecutar los entrenamientos y la incómoda ida y venida de futbolistas para completar las citaciones en caso de que se produjera alguna baja adicional (algo bastante frecuente).
- Además, demarcación por demarcación, el plantel estaba descompensado, con hasta siete chavales que podían ser considerados delanteros y sólo un medio centro nato.
- Como suele ser habitual en este tipo de situaciones, a pesar del trabajo constante de los técnicos, los malos resultados habían minado la autoconfianza de la plantilla y el ambiente del vestuario andaba enrarecido y algo tenso.

En cuanto a las virtudes que poseía el equipo:

- Se trataba de jugadores muy comprometidos y trabajadores.
- Poseía una gran capacidad goleadora. Había delanteros con un gran talento y necesitaban pocas ocasiones para anotar.
- El club estaba dispuesto a respaldar al grupo en lo que necesitara. El objetivo común y perfectamente definido era asegurar la categoría.

Con este panorama, y teniendo en cuenta que el partido del debut era frente a un rival directo por la permanencia, el nuevo cuerpo técnico adoptó las siguientes medidas principales:

- En primer lugar, se realizaron variaciones en las dinámicas habituales de entrenamiento, con el fin de establecer un claro punto de inflexión. El equipo tenía que reaccionar de forma inmediata y el cambio debía ser evidente desde el punto de vista formal.
- Puesto que el grupo contaba con un potencial ofensivo importante, la prioridad fue optimizar el sistema defensivo proponiendo un planteamiento de repliegue y de líneas muy juntas, y una mentalidad en la que los jugadores multiplicaran su esfuerzo y su compromiso cuando no tuvieran el balón. Con el factor 'tiempo de entrenamiento' limitado, la parte ofensiva se dejó de lado en las primeras sesiones y sólo cuando el equipo logró apuntalar la vertiente defensiva se prestó atención al ataque.
- Se realizó un gran esfuerzo por inculcar a los jugadores la importancia del resultado. Su desempeño en el campo tenía que estar siempre enfocado

hacia él. No se trataba de jugar peor, sino de que no convirtieran en un hábito el hecho de hacer las cosas bien y no obtener un premio justo. Debían jugar para ganar y tenían que mejorar en su faceta de 'competidores' gestionando mejor los resultados, utilizando las faltas como una herramienta o conteniendo su propensión a las protestas con el árbitro y con los compañeros.

- En lugar de tomar como referencia la clasificación actual y contar los puntos respecto a los equipos de descenso, se determinó un objetivo de puntos finales, 38, que garantizarían la permanencia. Adicionalmente, se elaboró un calendario de los meses restantes, que contenía los entrenamientos, las vacaciones y los partidos de ese período, con el fin de ayudar a los jugadores a entender de forma global el reto al que se enfrentaban.
- La escasez de futbolistas en la plantilla era un problema serio. Se intentó traer nuevos chavales que la reforzaran y, sobre todo, que aumentaran el número de efectivos. No fue posible. En su lugar, se aprovechó la buena gestión del club para cubrir las bajas que se iban produciendo. Por supuesto, ésta no era la solución ideal y hubiera sido muy recomendable la incorporación de tres o cuatro jugadores nuevos, incluido algún medio centro.
- Se ubicó a los futbolistas en las posiciones que se estimaron más naturales para ellos y para el rendimiento del colectivo (a pesar de que algunos actuaron inevitablemente fuera de su sitio idóneo) y se concertaron habituales reuniones individuales y colectivas para cuidar el estado anímico de la plantilla, un aspecto sin duda fundamental en este tipo de situaciones.

Muchas de estas medidas ya estaban siendo desarrolladas por el cuerpo técnico anterior, pero el cambio de entrenador propicia que el jugador se muestre inicialmente más receptivo a cualquier estímulo, por lo que el efecto de la mayoría de las acciones fue muy positivo.

El grupo, al que no le faltaba calidad, reaccionó rápido y bien. Ganó ese primer encuentro frente a un rival directo por 0-1, dejando por segunda vez en toda la temporada la portería a cero.

La buena dinámica inicial tuvo continuidad y la permanencia, que finalmente se cifró en 35 puntos, se alcanzó ocho jornadas después, a falta de seis partidos para el final de la liga, cuando el grupo ostentaba un parcial de cinco victorias, un empate y dos derrotas, con 15 goles a favor (1,87 de media) y 11 en contra (1,37). Muchos defectos continuaban presentes en el juego del equipo, pero la mejoría había sido suficiente como para arrojar resultados positivos.

Parte 2

DEL FÚTBOL AFICIONADO AL FÚTBOL PROFESIONAL

Esta segunda parte de la obra está dedicada a aquellos entrenadores que no sólo contemplan el fútbol como una actividad complementaria a su ocupación laboral, sino que anhelan progresar para convertirse algún día en profesionales del deporte.

Dada la actual estructura del fútbol español, se trata de un reto sumamente complicado que exigirá múltiples sacrificios, sin ninguna garantía (más bien, lo contrario) de éxito. Para quien decida intentarlo, los consejos aquí recogidos le serán de utilidad. El mensaje común de todos ellos es que progresar en el mundo del entrenador de fútbol requiere mucho más que realizar un trabajo productivo y cosechar unos buenos resultados.

Es necesario, además, enfocar nuestra actividad con una visión estratégica (un plan) a largo plazo, cuidar las relaciones personales con la gente del mundo del fútbol, dar una especial importancia a las cuestiones burocráticas dentro de nuestro club, estar al día de la realidad cambiante de las condiciones de trabajo en la profesión, crear y mantener una imagen que caracterice y diferencie en todos los aspectos a nuestros equipos de los demás, sopesar la posibilidad de 'externalizar' la gestión de nuestra carrera poniéndola en manos de un representante, ejercer como aprendices de compañeros con más experiencia y no dejar nunca de instruirnos y de reciclarnos en una ciencia, la del fútbol, que no deja de evolucionar.

1. TERMINAR "LA CARRERA"

Puesto que los cursos de entrenador españoles capacitan de forma gradual para formar y entrenar en las distintas competiciones que existen, parece lógico obtener los diferentes títulos a medida que vamos ascendiendo peldaños en cuanto a edad de los jugadores y la categoría en la que compiten. Esta fórmula nos permitirá reciclarnos de forma constante y sacar la titulación necesaria, conforme la vamos necesitando, adquiriendo los conocimientos más actualizados justo antes de enfrentarnos a una nueva etapa: ¿para qué quiere el responsable de un equipo cadete ser Entrenador Nacional, si éste es un título reservado para los técnicos de Tercera División en adelante?

Si en algo se parece nuestro pensamiento a lo anterior, debemos intentar cambiar el chip. La práctica demuestra que los tres cursos de entrenador son concebidos popularmente en el mundo del fútbol como una carrera, compuesta por tres años y que tiene un tremendo valor cuando se ha concluido por completo, aunque se ejerza la profesión de forma exclusiva en el fútbol base.

En efecto, con el Nivel-1 podemos tomar las riendas de cualquier equipo en todas las categorías de formación y con el Nivel-2 llegamos hasta la Regional Preferente. Sin embargo, la lectura en la práctica es que, aunque se aspire a entrenar a un Juvenil de Primera División Autonómica, para el que la legislación sólo requiere el título Juvenil, el hecho de que no contemos con el título Nacional será siempre un punto negro a la hora de que nos valoren. La formación del técnico que no haya concluido los tres niveles, aunque pase toda su carrera entrenando a cadetes, será siempre percibida como incompleta.

El preliminar e imprescindible requisito para hacerse un nombre en el mundo del fútbol consiste por lo tanto en tomarse los cursos de entrenador como una diplomatura de tres años y afrontarlos uno detrás de otro (lo más seguido que nos permitan las convocatorias) para escribir lo antes posible en nuestro currículum, en el apartado de formación deportiva: 'Entrenador Nacional de Fútbol'.

2. VISIÓN ESTRATÉGICA, PLAN AMBICIOSO Y ELIMINAR RESISTENCIAS A HACER LA MALETA

Como en todas las facetas de la vida, para progresar en el mundo del fútbol es básico actuar de acuerdo con una visión estratégica a medio y largo plazo. Esto significa evitar 'entrenar por entrenar', centrándonos sólo en los méritos que alcanzamos a corto plazo.

La vida útil del entrenador aficionado puede ser realmente corta. Son muchos los sacrificios (familiares, laborales, personales...) que requiere un desempeño de alta calidad y nunca se sabe cuándo aparecerá un factor limitante en nuestras vidas que ponga fin a esa etapa que estamos dedicando a intentar labrarnos un futuro en el mundo del fútbol (una oferta de trabajo irrenunciable e incompatible con los entrenamientos, una relación de pareja estable que dificulte la conciliación de horarios, hijos...).

Normalmente, la conclusión de ese período de vida útil llegará sin previo aviso, por lo que es esencial aprovechar el tiempo disponible al máximo. Debemos contar con un plan: tenemos que marcarnos unos objetivos a medio plazo y saber dónde querremos y deberemos estar en los plazos de tiempo que establezcamos si queremos alcanzar nuestro objetivo final. Aquí incluiremos también los propósitos que alberguemos para obtener los diferentes títulos oficiales de entrenador (requisito imprescindible para aspirar a algo).

Dentro de ese plan estratégico, es muy importante estar abierto al cambio de aires y de clubes. En ocasiones, los entrenadores se centran en progresar sólo dentro de su entidad. Se trata de una buena opción, pero el plantea miento a largo plazo debe ser ambicioso y, en este sentido, ha de contemplar todas las opciones posibles antes del inicio de cada temporada, incluyendo las que puedan provenir de fuera.

Además, es bien sabido que, para bien o para mal, las incorporaciones procedentes del exterior de un club suelen ser más valoradas que el personal que ya está dentro, por lo que moverse por diferentes equipos, si se hace con buen criterio, con habilidad y con fortuna, puede constituir una gran oportunidad para saltar algunos escalones más difíciles de superar en una misma entidad. Por último, de cara al aprendizaje y a la experiencia personal, conocer el funcionamiento de distintos lugares de trabajo resultará ciertamente enriquecedor.

3. LA IMPORTANCIA DE LAS RELACIONES PERSONALES (CONTACTOS)

En el mundo del fútbol, para progresar como entrenador, no basta con realizar un gran trabajo y con obtener excelentes resultados. Es necesario dar a conocer nuestros éxitos, saber venderlos, y, sobre todo, mantener unas buenas relaciones personales con todas las personas que consideremos importantes para nuestros objetivos (secretarios técnicos, presidentes, colegas entrenadores, jugadores, representantes...). Hay que visitar varios campos cada fin de semana, intercambiando información con estas personas.

Todos sabemos cuál es la diferencia entre cuidar las relaciones con tacto y con elegancia, y caer en la adulación gratuita para, en definitiva, ser 'pelotas', algo totalmente contraproducente.

En cualquier caso, el técnico introvertido que no sea partidario de este tipo de actos y rituales más sociales que deportivos y que prefiera encomendarse a su trabajo y a sus resultados tendrá las cosas muy difíciles para progresar. El mundo del fútbol funciona así. Pensemos qué haríamos nosotros si fuéramos secretarios técnicos. Sin duda, contrataríamos antes a un entrenador al que conozcamos y con el que tengamos confianza, del que sepamos cómo piensa y cómo actúa (para bien, claro), antes que a otro del que, a pesar de que los números le avalan, no tenemos tantas referencias. Y si creemos que algún cazatalentos va a venir a vernos para comprobar in situ lo bien que trabajamos, podemos esperar sentados.

Esta estrategia social de irremediable necesidad constituye el momento idóneo para mostrar nuestra personalidad y nuestra forma de entender el fútbol. Si somos serios y metódicos, o si optamos por un fútbol alegre y por un vestuario con mucha libertad, si somos partidarios del diálogo con los jugadores o si lo somos del mando directo... Seamos como seamos, es importante que tengamos claro que es el momento de enseñarlo. La imagen y la impresión que demos será la que nos catalogue, para bien o para mal, ante las personas que, al fin y al cabo, tienen el poder de decisión.

4. CUIDAR LA BUROCRACIA Y LAS RELACIONES DENTRO DEL CLUB

Mientras esperamos una mejor oferta fuera del club donde estemos (como se ha dicho, siempre hay que estar atento y dispuesto para el cambio de aires), hay que poner los cinco sentidos en el que nos ha dado su confianza y en el que, en la actualidad, estamos desempeñando nuestra labor. En este sentido, una vez más, no podemos centrarnos sólo en la parcela deportiva si queremos progresar.

Los resultados y los conocimientos futbolísticos que demostremos en una entidad constituirán un porcentaje altísimo de las posibilidades de promoción interna que tengamos en ella. Sin embargo, los aspectos extradeportivos son también muy importantes y pueden llegar a ser un factor limitante a la hora de evolucionar.

Las normas internas del club, en cuanto a la elaboración y entrega de informes, a la disciplina en vestimenta, puntualidad, trato a los padres y a los jugadores, a la relación con otros equipos de la entidad, a la asistencia a reuniones, etcétera, deben ser cumplidas con el máximo rigor para que nuestra labor deportiva brille sin ningún elemento que le haga sombra.

Digamos que cumplir con la burocracia y las normas dentro del club es la base indispensable a partir de la cual empiezan a tenerse en cuenta los resultados deportivos que obtengamos.

No sería la primera vez que un entrenador con excelentes números ve cortada su progresión, o al menos ralentizada, por ser una persona conflictiva dentro de la entidad, que crea un 'coto privado' alrededor de sus equipos y los gestiona de una forma demasiado independiente. Aunque logre extraordinarios resultados, el club le mirará con desconfianza y muy probablemente no confiará en él para encargarle empresas de mayor envergadura. Además, si los resultados dejan de acompañar en algún momento, todo el recelo acumulado podría manifestarse de golpe.

En este sentido, un técnico debe procurar no comprometer ni su relación con el personal del club (sobre todo con los encargados de las teclas clave en un equipo de fútbol) ni con los mecanismos de funcionamientos del mismo, por dar prioridad a criterios deportivos. Por ejemplo, si el encargado del material (una de las personas con más poder dentro de un club y con las que mejor hay que intentar llevarse) trata de recortar los gastos en esta partida escatimando el suministro y se comporta de forma intransigente, será mejor ceder y no crear una confrontación. A corto término, tal vez podremos llevarnos el gato al agua, pero en el largo plazo no será una buena inversión haber declarado una guerra porque la otra parte maneja recursos que vamos a seguir necesitando constantemente.

Cuidar las formas, no crear conflictos y ser un entrenador de club nos reportará beneficios en el futuro e incluso a corto plazo porque el que cede una vez está en mejores condiciones de exigir la siguiente (es más, si nos ganamos a esas teclas clave dentro de la entidad, como pueden ser el administrativo que gestiona las licencias de los jugadores, el médico, el fisioterapeuta, etcétera, acabaremos recibiendo sin haber pedido, puesto que la relación será buena y saldrá de estas personas cuidarnos de forma especial, ya que nosotros les dispensamos el mismo trato).

5. CONOCER BIEN LA REALIDAD ACTUAL (CAMBIANTE) DE LA PROFESIÓN

Un entrenador que quiere progresar en el mundo del fútbol no puede vivir en una burbuja, ajeno a lo que se cuece en otros clubes. Lo que cobramos y las condiciones que tenemos o que nos ofrecen en una entidad determinada ¿son buenas? Pues dependerá de la comparación con la realidad del sector.

Por este motivo, es necesario que el técnico siempre esté al día de cómo está evolucionando el contexto laboral en el mundo del entrenador de fútbol. Los salarios, la forma de pago, el contrato, los horarios, las facilidades de conciliación de las vidas deportiva, laboral y familiar, los medios de trabajo de que disponemos, la composición del cuerpo técnico... Todo se encuentra en constante evolución y tal vez una temporada concreta seamos plenamente conscientes de la situación. Pero en un año las cosas habrán cambiado y es necesario que no dejemos nunca de informarnos y de comparar, con el fin de que podamos valorar realmente si lo que tenemos o nos ofrecen merece la pena o no.

6. CREAR UNA IMAGEN ÚNICA DE MIS EQUIPOS

A la hora de vender nuestro trabajo, los resultados deportivos serán muy importantes. Pero hay muchos, muchísimos, colegas entrenadores que pueden presumir de ascensos y de grandes temporadas. Necesitamos, a ser posible, un elemento diferencial, algo que haga a nuestros equipos distintos del resto y que permita reconocer el sello personal que hemos impreso en todos.

En nuestra concepción del fútbol, en la manera que tenemos de entrenar, de llevar al grupo y de plantear los partidos, debemos identificar en qué somos distintos del resto. Se trata sobre todo de características deportivas, pero también extradeportivas, como la imagen y el comportamiento de los jugadores fuera del campo.

Tal vez topemos con secretarios técnicos o presidentes que choquen frontalmente con estos elementos diferenciales. Mejor así, porque es preferible no empezar a trabajar con alguien con quien no compartimos las ideas. Pero siempre aparecerá quien sea afín a ellas y valorará positivamente que nuestro perfil encaje nítidamente en aquello que está buscando.

Sin medias tintas, porque sobran los entrenadores indefinidos, que no se sabe a lo que juegan. Si optamos por nuestra filosofía de fútbol y la asumimos como seña de identidad, tendremos más opciones de que la fortuna llame a la puerta.

7. CELEBRAR LOS OBJETIVOS CUMPLIDOS

En conexión con el punto anterior, es importante que seamos los primeros en dar importancia a los objetivos que se habían establecido al principio de la temporada y que se han cumplido.

No es raro ver cómo equipos diseñados para no descender, por el hecho de haber mejorado las expectativas iniciales y de haberse metido por méritos propios en la lucha por los puestos altos, no dan demasiada importancia al momento en el que alcanzan matemáticamente la salvación. Al final, si no consiguen el ascenso, o aquello por lo que estuvieran peleando, podría parecer incluso que no han hecho una buena temporada.

Hay que celebrar los logros y comunicarlos. Es fundamental para poner en valor nuestro trabajo y el de nuestros futbolistas.

8. REPRESENTANTES

Muchos de los puntos mencionados hasta ahora (los relacionados con moverse en el mercado e ir completando etapas y promocionando como premio a nuestro buen trabajo) requieren mucho tiempo, esfuerzo y habilidad en las relaciones personales y de negociación.

Surge entonces la posibilidad de contratar a un especialista para que gestione nuestra carrera: un representante. En principio, ésta debería ser una buena elección, puesto que optamos por un profesional para que realice, mejor que nosotros, una labor engorrosa y en la que muchas veces no sabremos ni por dónde empezar.

Ahora bien, existen dos obstáculos principales para que la jugada de firmar un contrato de este tipo salga bien:

En primer lugar, como ya se dijo en el capítulo dedicado a los representantes de los futbolistas, hay agentes de una excepcional calidad profesional y humana, pero también abundan, y mucho, las personas opacas y con las que es mejor no tratar.

Por este motivo, es necesario andar con cien ojos en el proceso de selección de nuestro representante. No se puede confiar en todos y será mejor que comparemos opciones y conozcamos mínimamente a la persona o que contemos con referencias fiables antes de firmar un contrato legal.

En segundo lugar, existe el problema de que sea el representante el que no quiera firmar con nosotros. En el fútbol aficionado, los agentes suelen dedicarse, casi al 100%, a la representación de jugadores, no de técnicos. Hay varios motivos, pero el principal es que meter en el mismo saco a futbolistas y a entrenadores puede generar un conflicto de intereses si la situación no es convenientemente manejada. En cualquier caso, la realidad es que no será fácil que encontremos a un representante que quiera apostar por nosotros.

Como información adicional, diremos que los contratos de este tipo suelen durar dos años y los agentes cobran un 10% del bruto anual que percibe el entrenador.

9. RECICLAJE CONSTANTE

El fútbol es un ser vivo que evoluciona sin excepción todas las temporadas. Cada verano, cambia el reglamento, surgen nuevas teorías sobre la psicología y la dirección de los equipos, se consolidan como válidos ciertos métodos de entrenamiento que algunos colegas habían experimentado en años anteriores y triunfan o fracasan diferentes filosofías futbolísticas.

El entrenador que quiere progresar y hacer carrera en esta profesión no puede ser ajeno a estas modificaciones. De lo contrario, se irá descolgando y, aunque sus métodos sean válidos, pronto estará desfasado respecto a nuevas tendencias que otros compañeros sí aplicarán. No se trata de aceptar todo lo nuevo que llega, sino simplemente de conocerlo y de asimilarlo o rechazarlo según nuestro criterio, pero no por ignorancia.

Gracias a Internet y a los canales de comunicación tradicionales, el entrenador cuenta con numerosas vías para ese llevar a cabo ese reciclaje constante que necesita. Revistas especializadas, páginas de Internet, cursos gratuitos de las federaciones de fútbol, charlar con colegas o verles entrenar... Hay muchas formas de acceder al conocimiento que nos permitirá mantenernos siempre cerca de la mejor versión posible de nosotros mismos.

10. APRENDICES DE MAESTROS Y PADRINOS

Si un técnico desarrolla su carrera de forma estrictamente individual y aislada, recorrerá con seguridad un camino mucho más inclinado y serpenteante que si tiene la fortuna de crecer bajo la tutela de un entrenador con más experiencia, que ejercerá por un lado de maestro, transmitiéndole sus conocimientos, y por otro de padrino, abriéndole las puertas de oportunidades laborales que, de otro modo, muy probablemente hubieran permanecido cerradas.

Siempre que el tiempo disponible lo permita y mientras sea posible obviar la faceta económica de esta actividad de aprendices (los cargos de segundo entrenador suelen estar muy mal pagados), resulta sumamente interesante formar parte del cuerpo técnico de un compañero experimentado y del que podamos aprender. Incluso en el peor de los casos (que nos decepcione y sea un entrenador, a nuestro juicio, deficiente), siempre extraeremos enseñanzas muy provechosas (en este caso, qué no debemos hacer).

Se trata de una experiencia potencialmente tan interesante que, en caso de falta de tiempo para compatibilizar un equipo como entrenador titular y otro de superior categoría como segundo, puede llegar a ser preferible esta última opción, no sólo por lo provechosa que resultará en términos de formación, sino también por las grandes oportunidades que ir de la mano de ese entrenador puede generar.

El aspirante a profesional debe pues preocuparse de igual forma por encontrar buenos destinos como técnico titular y como aprendiz de un buen maestro y padrino. Después, obviamente, tendrá que aprovechar la ocasión, empapándose de lo bueno y lo malo que le enseñe, y propiciando la generación de opciones positivas para el futuro de ambos.

APÉNDICES

1. ¿QUÉ ES JUGAR BIEN?

Posesión de balón, juego combinativo, dos toques como máximo, paredes, juego por las bandas, goles por la escuadra, victorias por goleada... ¿qué es jugar bien? ¿Hay una sola definición, una sola idea de juego que pueda recibir un calificativo tan global y definitivo?

El triunfo de la Selección Española en el Mundial de Sudáfrica apostando por un estilo de juego basado en la mayor posesión de balón y el ciclo de victorias del Fútbol Club Barcelona, apoyado igualmente en tiempos muy prolongados de posesión parecen cerrar el debate: ¿qué mejor fórmula puede haber que ganar partidos y títulos jugando de semejante modo?

Sin embargo, estos dos estilos de juego responden a la correcta gestión de una plantilla de futbolistas con unas cualidades muy determinadas. No siempre contaremos con jugadores de ese mismo corte y eso no significará que no podamos aspirar a recibir una buena nota por el juego del equipo. Busquemos por lo tanto conceptos globales que permitan responder a la cuestión de qué es jugar bien en un campo de fútbol:

En primer lugar, podemos determinar los objetivos mínimos que debemos alcanzar para que cualquier estilo de juego sea solvente y reciba el aprobado de la grada (el sobresaliente puede costar un poco más): conseguir que el equipo lo dé todo en la cancha, generar frecuentes oportunidades de gol y que la victoria caiga asiduamente de nuestro lado. Son preceptos casi sagrados.

En segundo lugar, como terapia preliminar, hay que romper prejuicios y reconocer que, a lo largo de la historia del fútbol, hemos disfrutado mucho con diferentes estilos de juego: juego elaborado, juego más vertical, equipos que achuchaban al contrario bien arriba buscando recuperaciones rápidas y llevar la iniciativa en todo momento, otros que se encomendaban al contraataque pero que lo ejecutaban de maravilla... Además, hay que separar dos conceptos: estilo de juego y sistema de juego (el 1-4-4-2, el 1-4-3-3 y demás). Aquí hablaremos sólo de lo primero, que es lo realmente importante para definir a qué juega un equipo (el sistema de juego es secundario).

A partir de esas acotaciones iniciales y de esa mentalidad abierta, como norma general, la primera idea que debemos tener en cuenta es que el estilo de juego para un partido concreto o para la temporada entera debe adaptarse a las características y al nivel de los jugadores (en comparación con la competición y los rivales) y no al revés. El técnico ha de dar con la tecla correcta: tiene que detectar cuáles son las posibilidades reales, las fortalezas y las debilidades de su plantilla y no dar cabezazos contra la pared intentando jugar a algo para lo que no está preparada.

Como adición a lo anterior, es ineludible tener en cuenta la tradición de fútbol del club en cuestión. Hay aficiones que demandan un estilo de juego determinado y los equipos y los entrenadores estarán siempre sujetos a esa premisa inicial, al menos como un marco amplio en el que luego introducir pequeñas modificaciones.

Fijado un estilo de juego que atienda a la tradición del club y a las características de los jugadores, entraremos en detalles más precisos:

Partiendo de la voluntad por desarrollar lo más fielmente posible el estilo de juego que hemos propuesto, jugar bien significa en realidad hacer lo que hay que hacer en cada momento. Es decir, un equipo no puede ser ajeno a las circunstancias del juego, del campo, del marcador, del ambiente... Y tampoco puede permitir que los conceptos que definen su estilo de juego sean contraproducentes en lugar de positivos (por ejemplo, encajando goles a raíz de pérdidas de balón en la zaga, al tener prohibidos los defensas despejar en largo, a pesar de la presión) porque entonces, precisamente, estaría jugando mal al fútbol. ¡Nuestras señas de identidad siempre tienen que ayudarnos a ganar, no al revés! Y si hay que cambiar sobre la marcha, pues se cambia.

Yo consideraría que mi equipo ha jugado bien, por ejemplo, cuando ha sabido encontrar soluciones ofensivas a una presión muy arriba del contrario. Puede que nuestro estilo de juego pretendido fuera salir tocando y elaborando las jugadas desde atrás, pero si el rival nos ha sorprendido con un fuerte pressing y lo hemos solventado jugando con acierto y éxito a la espalda de su adelantada defensa, habremos jugado bien al fútbol.

Lo mismo ocurrirá si, a pesar de que nuestra idea era replegarnos, defender bien y salir rápidamente al contraataque, asumimos con éxito la labor de llevar la iniciativa del juego porque nuestro contrario no quiere ni oír hablar de la pelota y se conforma con un empate que a nosotros no nos vale.

Por supuesto, un equipo también juega bien o mal en función de cómo defiende. Y no es una faceta menor, sino todo lo contrario. Jugar bien también implica frenar en seco al contrario cuando no tenemos la pelota, y, al igual que en la parcela ofensiva, todo comienza con un plan inicial (presión arriba, repliegue intensivo, pressing colectivo tras pérdida...) y continúa con una interpretación de la realidad y una adaptación que optimice nuestro rendimiento.

Jugar bien es en definitiva llevar a cabo con éxito lo siguiente: ejecutar el planteamiento inicial (ofensivo y defensivo), pero pensando dentro del campo, interpretando lo que está ocurriendo dentro de él y realizando las modificaciones necesarias sobre el modelo inicialmente propuesto, con un único fin: ser mejores que el rival. Es tener muy claro a lo que se quiere jugar y, a partir de ahí, ser flexibles e inteligentes, explotando las fortalezas que nos brinda el contexto del partido y anulando conscientemente las debilidades que podamos presentar.

La expresión jugar bien es utilizada en muchas ocasiones como un sinónimo de espectáculo. ¿Se reabriría entonces el debate, ahora sobre qué es espectáculo? Creo que no. Yo, personalmente, cuando voy a un estadio, espero ver espectáculo y por espectáculo entiendo ver a dos equipos que jueguen bien al fútbol.

2. MODELO DE CALENTAMIENTO ADAPTADO AL SISTEMA Y AL ESTILO DE JUEGO

La innovadora y crecientemente generalizada tendencia de adaptar todos y cada uno de los contenidos de los entrenamientos al sistema y al estilo de juego del equipo es a la vez una propuesta muy interesante y un reto considerable.

Centrando la atención en el comienzo de la sesión, en el calentamiento, este artículo expone una idea estándar de organización, a partir de la cual cada técnico puede personalizar el contenido y adaptarlo a su sistema y a su estilo de juego.

Dividiríamos el calentamiento (25') en tres partes principales:

1. Flexibilidad - 5'
2. Movilidad articular – Juego ofensivo - 15'
3. Activación superior – Juego defensivo - 5'

1. Flexibilidad - 5'

Sobre el terreno de juego o dentro del vestuario, los jugadores realizan ejercicios de flexibilidad, guiados o individualmente.

Puesto que se trata de un contenido fundamental dentro del calentamiento del futbolista, que requiere su plena atención, la propuesta es llevar a cabo esta parte de forma específica y estática. Sin embargo, hasta los 13 años no es desaconsejable optar por alguna de las dos opciones siguientes:

a) Integrar estos ejercicios con tareas técnicas, como conducciones, control-pase, etcétera. En este caso, organizaríamos filas enfrentadas y, como excepción a la norma habitual, las poblaríamos en exceso, de forma que los tiempos de espera sean prolongados y los jugadores tengan tiempo suficiente para estirar.

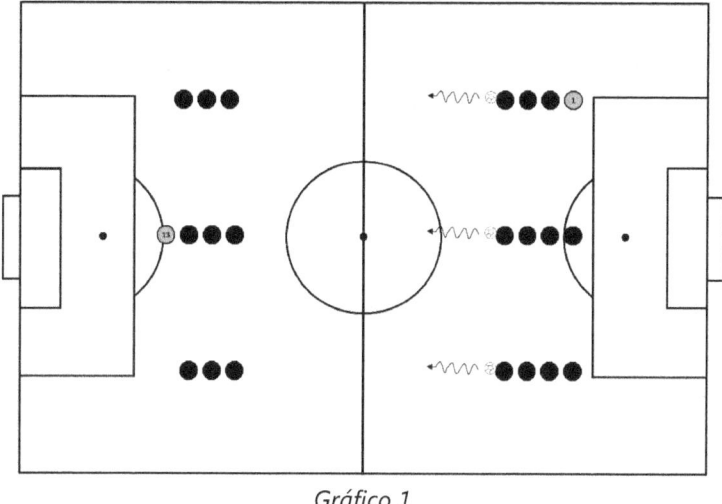

Gráfico 1

b) Adelantando el contenido del punto siguiente, la parte de flexibilidad se introduce alternándola con tareas técnicas, pero partiendo ya de las posiciones del sistema de juego del equipo. Tomamos como base la organización propuesta en los gráficos 3 y 4. En cada demarcación habría un balón. El jugador con balón realizaría alguna acción técnica en el recorrido correspondiente, mientras que el compañero sin balón desarrollaría los ejercicios de flexibilidad. Es importante señalar que esta opción presenta el inconveniente del tiempo: al contar como norma con dos futbolistas por puesto, para que cada jugador se estire durante 5 minutos, la duración total debería ser de 10 (o no alterar el tiempo total, pero siendo conscientes de que el jugador sólo dedica la mitad a la flexibilidad).

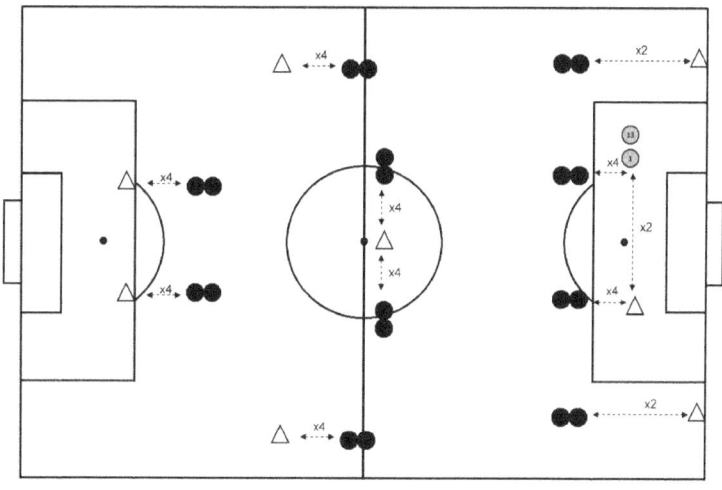

Gráfico 2

2. Movilidad articular – Juego ofensivo - 15'

En esta segunda fase del calentamiento, los jugadores se situarán sobre el campo ajustándose a las posiciones del sistema de juego del equipo. Tomaremos como ejemplo un sistema 1-4-4-2 en una plantilla de 2 futbolistas para cada demarcación.

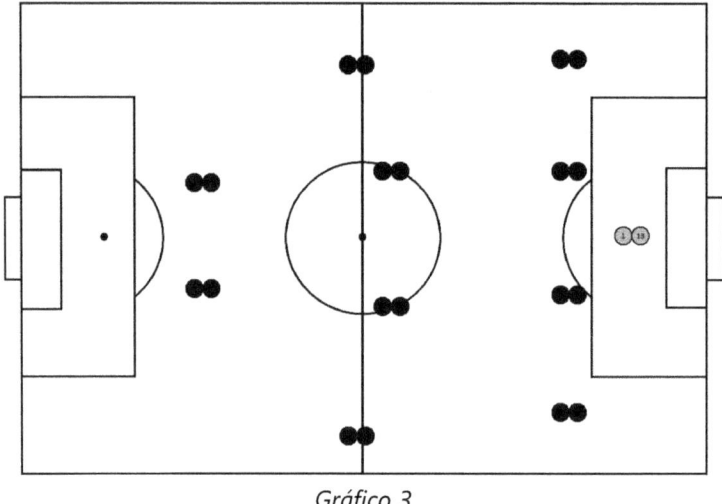

Gráfico 3

Cada posición tendrá asignado un recorrido de ida y vuelta en el que realizará los ejercicios de movilidad articular o las tareas técnicas.

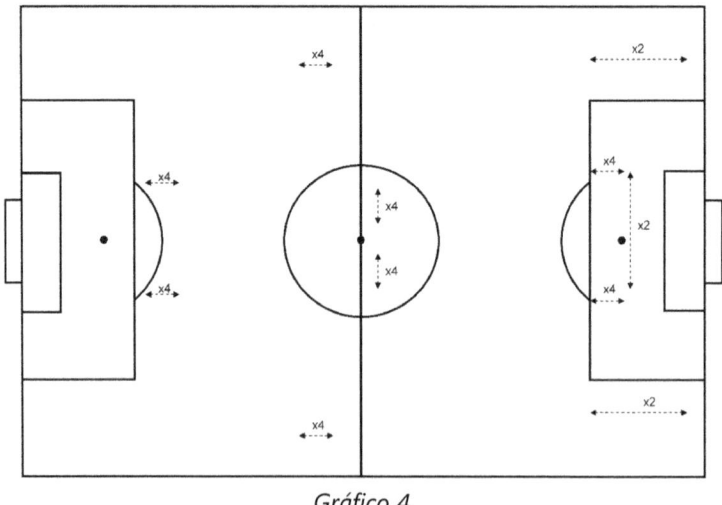

Gráfico 4

Esta segunda fase del calentamiento alterna ejercicios de movilidad articular (o tareas técnicas), realizadas en los recorridos descritos en el gráfico 4, y acciones combinadas ofensivas:

a) Ejercicios de movilidad articular (o tareas técnicas). El cuerpo técnico definirá 20 ejercicios de movilidad articular o de tareas técnicas (en este caso, habría que prever la colocación de un balón en cada posición) que los jugadores memorizarán (explicaremos posteriormente cuándo) y desarrollarán en orden y de forma individual e independiente.

b) Acciones combinadas ofensivas. A partir del sistema de juego que el cuerpo técnico determine, en cada sesión propondrá (y habrá explicado previamente en el vestuario) 2 acciones combinadas ofensivas distintas. Cada una se repetirá 2 veces desde el perfil derecho y otras 2 desde el perfil izquierdo (8 repeticiones en total).

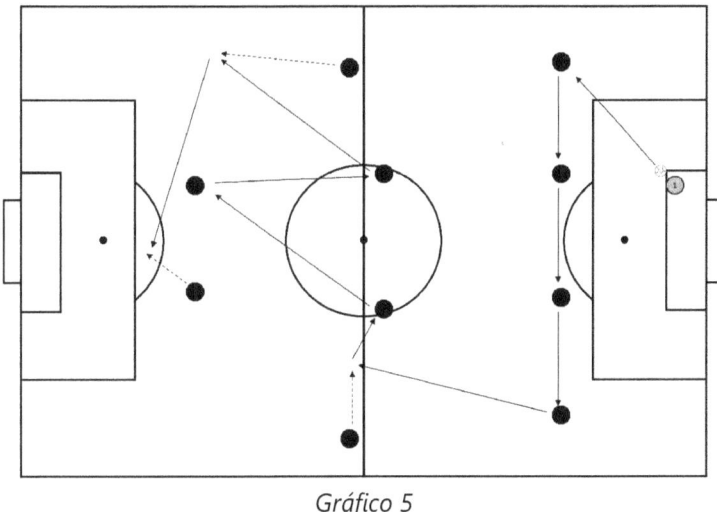

Gráfico 5

La dinámica de esta segunda fase del calentamiento es la siguiente:

Mientras el primer grupo de jugadores (los primeros de cada fila) realizan dos ejercicios (uno a la ida y otro a la vuelta) de movilidad articular o tareas técnicas en los recorridos previstos, el segundo grupo (los segundos de cada fila) ejecuta la acción combinada. Cuando el primer grupo termina su recorrido, empieza con la acción combinada, mientras que el segundo comienza los 2 primeros ejercicios de los 20 previstos.

En total, entre los dos grupos, serán 16 acciones combinadas (2 acciones x 2 repeticiones x 2 lados x 2 grupos) y 32 ejercicios (8 ida + 8 vuelta x 2 grupos). Cada jugador entrenará 7 minutos de movilidad articular o de tareas técnicas y 7 minutos de acciones combinadas ofensivas.

Los cuatro ejercicios de movilidad articular o técnicos que no hemos usado serán el 'comodín' que guardaremos para utilizarlo cuando queramos alargar el calentamiento o repetir alguna de las acciones combinadas.

3. Activación superior – Juego defensivo - 5'

La tercera y última parte del calentamiento está dedicada a ensayar los movimientos defensivos del equipo, realizando acciones de presión y repliegue a una alta intensidad, lo que terminará de completar la puesta a punto de los jugadores.

Partiendo de la colocación del gráfico 3, todos los futbolistas a la vez (los 2 por posición al mismo tiempo) atenderán a las señales del entrenador ensayando de forma coordinada los movimientos de presión y de repliegue propios del equipo. Los futbolistas pueden atender a la señal del silbato, al movimiento de un balón en poder del cuerpo técnico u otras fórmulas que permitan desarrollar el ejercicio.

Ejemplo:

Pitido 1: presión arriba sobre la banda derecha.

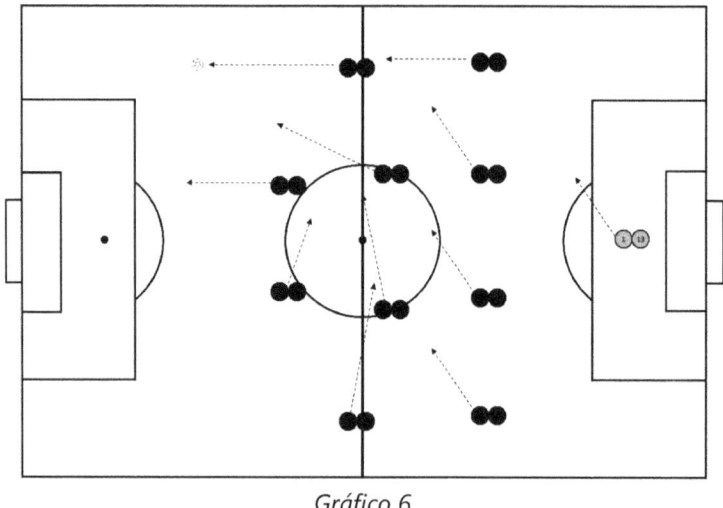

Gráfico 6

Pitido 2: repliegue coordinado a la posición inicial, manteniendo de forma coordinada las distancias.

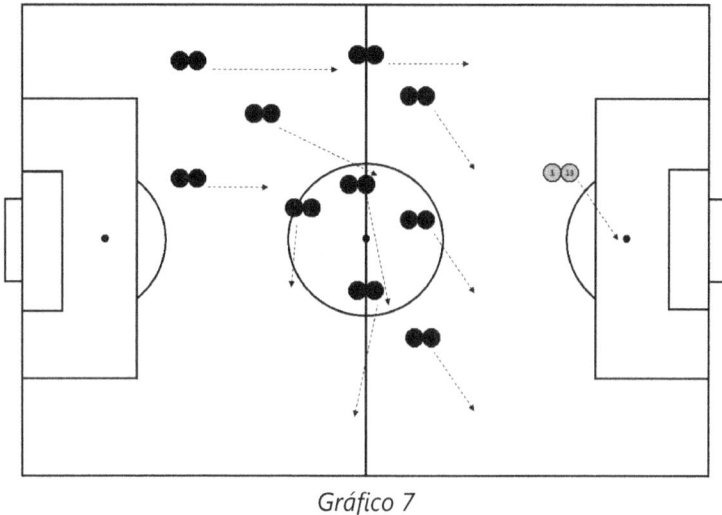

Gráfico 7

Esta parte del calentamiento también es un buen momento para entrenar, de forma repasada, las posiciones de rechace de los jugadores en función del compañero que disputa un balón dividido:

Ejemplo:

Pitido 1: los laterales derechos simulan una disputa aérea de balón (salto de competición y salida de 5 metros hacia delante y otros cinco de espaldas a su posición inicial), mientras que los otros diez jugadores (en realidad, los dos por puesto) ocupan las posiciones teóricas de rechace.

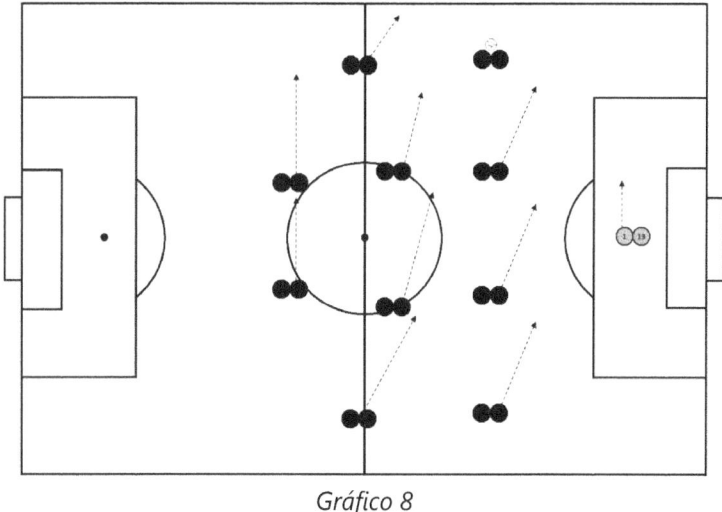

Gráfico 8

Pitidos 2, 3, 4, etc.: seguiríamos la misma dinámica en las otras nueve posiciones de los jugadores de campo.

OBJETIVOS PRINCIPALES CONSEGUIDOS CON ESTA PROPUESTA:

1. Calentamiento físico
2. Calentamiento técnico
3. Calentamiento específico por posiciones si los ejercicios físicos y técnicos propuestos son específicos del puesto
4. Calentamiento psicológico
5. Entrenamiento de conceptos de táctica ofensiva
6. Entrenamiento de conceptos de táctica defensiva
7. Calentamiento específico de los porteros

ASPECTOS IMPORTANTES QUE TENER EN CUENTA:

- Todas las acciones tácticas, desde el comienzo, movimientos con y sin balón, deben ser ejecutadas a la máxima intensidad. Si no, estaremos 'desentrenando'. Si queremos evitar gestos violentos en los inicios del calentamiento, podemos planear la primera de las dos acciones combinadas sin pases largos o sin tiros a puerta, por ejemplo.
- La labor activa del técnico en la planificación de los contenidos tácticos es fundamental en cada sesión, aprovechando estos espacios para proponer siempre contenidos aplicables al juego real, evitando la rutina generada por repetir de forma sistemática las mismas acciones combinadas, por falta de dedicación.
- Podemos aprovechar estos cortos espacios diarios para, por ejemplo:
  - Repasar de forma periódica conceptos fundamentales del sistema y estilo de juego del equipo.
  - Introducir conceptos tácticos específicos, como soluciones a errores cometidos en el último partido o alguna característica del próximo rival.
  - Ensayar sistemas de juego alternativos al principal, como un sistema de diez jugadores o una variante ofensiva o defensiva.
  - Introducir a un jugador en una demarcación diferente a la habitual.

PROBLEMAS FRECUENTES Y SOLUCIONES:

- La plantilla no es simétrica (no hay dos jugadores exactos para cada puesto). Los problemas derivados del número de efectivos sólo afectan a las acciones combinadas (no a los movimientos defensivos). La solución es reubicar a los jugadores necesarios en otras demarcaciones. Si el problema se presenta todos los días, se puede establecer un turno de rotación y aprovechar la ocasión para entrenar la polivalencia de los futbolistas implicados.

- Jugadores de menos. Por ejemplo, tenemos dos equipos de 9 jugadores. Planificaremos acciones combinadas en las que haya algunas posiciones que no intervengan, pero los compañeros actuarán como si estuvieran (dejando un hueco). Todo, siempre y cuando no queramos aprovechar la ocasión para ensayar un sistema de juego en el que hemos sufrido alguna expulsión.

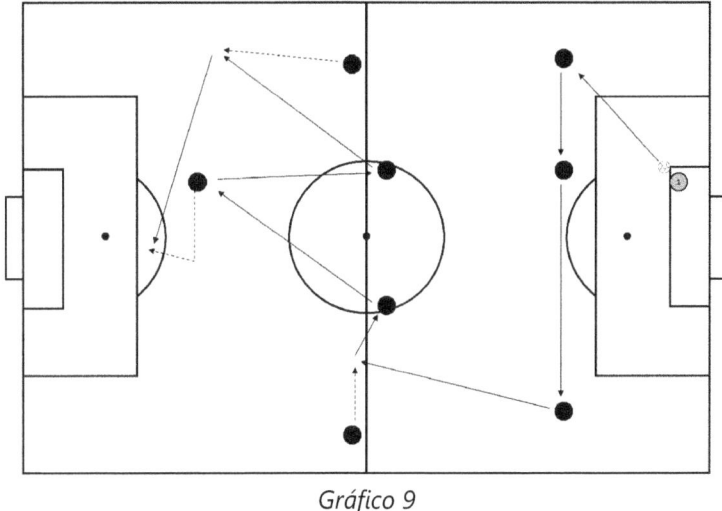

Gráfico 9

- Jugadores de más. Por ejemplo, tenemos dos equipos de 12 jugadores (son 24 en total). Nuevamente, el problema estará en las acciones combinadas ofensivas, cuando el balón pase por esa demarcación. En las posiciones en las que se produzca la duplicidad, de forma alternativa, uno intervendrá de forma real jugando el balón, mientras que el compañero simulará a la vez el gesto técnico, sin balón (pero se perfilará y marcará los tiempos correctamente).

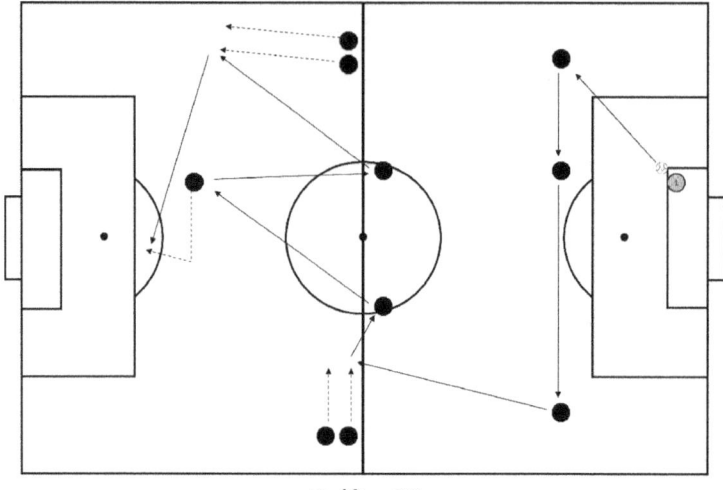

Gráfico 10

- No disponemos de un campo entero de fútbol-11. Será lo más habitual en la mayoría de los equipos. En función del contenido, tendremos que optar por adaptar los ejercicios, a escala, en el ancho o en largo del terreno del que disponemos.

Metodología de aprendizaje por parte de los jugadores:

Implantar esta dinámica de calentamiento desde el primer día en un equipo de cualquier categoría es imposible e innecesario. Ésta es la propuesta metodológica para facilitar el aprendizaje por parte de los jugadores:

Aprendizaje de los 20 ejercicios:

> › En las primeras sesiones de la pretemporada, los calentamientos serían clásicos, en flecha o en filas, por ejemplo. El objetivo, además de la propia puesta a punto de los jugadores, es que éstos memoricen el orden y la correcta ejecución de los 20 ejercicios que luego desarrollarán de forma autónoma.
> › Al cabo de unas dos semanas, los 20 ejercicios pueden ser introducidos en ejercicios técnicos, como ruedas de pase, en los que los jugadores aprovecharán el desplazamiento para completarlos de forma secuencial.

Aprendizaje de la dinámica de entrenamiento de las acciones combinadas y los ejercicios defensivos:

> › Desde el inicio de la pretemporada, estos ejercicios serían introducidos como contenidos específicos e independientes. Sería el momento de introducir todas las marcas de posición necesarias

> (por ejemplo, la posición del contrario en el ensayo de los movimientos defensivos), ya que la idea es no utilizarlas en los calentamientos (para no sembrar el terreno de setas y conos).
> Los jugadores se familiarizarán durante alrededor de un mes con la dinámica de estos ejercicios.

Aprendizaje de la estructura global del calentamiento:

> Una semana antes del inicio de la competición, los jugadores ya conocerían por separado los 20 ejercicios de calentamiento y estarían familiarizados con el funcionamiento de las acciones combinadas ofensivas y del entrenamiento de movimientos defensivos. Sería el momento de explicar el resto de detalles del calentamiento (orden y duración de los contenidos, organización de la parte de flexibilidad, recorridos de calentamiento en cada posición...).

> En la sesión en la que se estrene la propuesta es recomendable planificarla como un contenido específico, es decir, después de un calentamiento clásico, para poder detener esa primera prueba para corregir y resolver dudas sin el problema de pensar que no estamos calentando bien. Además, los contenidos tácticos serán repetidos, para que los jugadores sólo deban centrarse en asimilar el nuevo mecanismo de trabajo.

3. ¡QUE JUEGUEN LOS MEJORES!

Por norma general, los entrenadores, presionados y necesitados de buenos resultados, somos cagones a la hora de hacer las alineaciones. Sufrimos además de los esporádicos pero demasiado frecuentes 'ataques de entrenador' que nos llevan a intentar ser más protagonistas que los propios jugadores y a idear pócimas mágicas capaces de poner a un equipo patas arriba.

Sea cual sea nuestro sistema de juego, nuestro estilo de juego y la entidad del rival de turno, los técnicos tendremos siempre en nuestra cabeza un mismo doble fin a la hora de hacer la criba: optimizar y exprimir las posibilidades del equipo cuando tenga el balón y cuando no lo tenga; en otras palabras, ser los mejores al defender y al atacar.

Lápiz en mano, empezamos a ponderar las cualidades de los futbolistas. Y nos encontramos con el bajito y rápido, con el fuerte y torpe, con talentoso y vago... Como tenemos que alcanzar la matrícula de honor al atacar y al defender, el concepto 'equilibrio' suele aparecer en la escena: "si juego con tres muy ofensivos en el medio, al menos tendré que colocar a uno más que, aunque no tenga muy buena relación con el balón, sea disciplinado, inteligente y habilidoso al defender, y que sepa tapar los huecos que dejen sus compañeros".

Al cabo de un rato emborronando el papel, las once posiciones están cubiertas, e incluso las cinco o las siete de suplentes. El equipo inicial queda equilibrado y el banquillo, en condiciones de enmendar lo que sea menester. Pero, normalmente, ese equilibrio ha requerido que jugadores de más talento ofensivo sean reservados y cedan sus puestos de titulares a compañeros más virtuosos en otras facetas del juego.

¡Pongamos a los mejores! A los que más talento ofensivo tienen. Porque a defender, los buenos entrenadores pueden enseñar a todo el mundo, pero el que no tiene talento ofensivo nunca lo tendrá.

Si disponemos de ellos, pongamos en las bandas a los que desequilibran, en el medio centro a los que generan fútbol y tienen visión de juego, en el centro de la defensa a los que tienen una buena salida de balón, y en los laterales, a los que doblan y centran bien.

Respetando las máximas no escritas de no alejar de la portería a aquél que tiene el gol en la sangre y de fortalecer las bandas sólo después de haber asegurado la zona central, retrasemos la posición de algún futbolista (de delantero a medio y de medio a defensa) si el equipo sale realmente ganando ofensivamente con ese movimiento. Y luego, a trabajar y a motivar al bloque para ser los mejores defendiendo. A trabajar muchísimo.

Porque, tal vez, poner a los buenos, y motivarles y enseñarles a defender, a trabajar y a sufrir como colectivo sea el camino más corto y recto para alcanzar ese objetivo de obtener la máxima nota posible del equipo en defensa y, por supuesto, en ataque.

BIBLIOGRAFÍA

- Bahr, Roald y Maehlum, Sverre (2004). *Lesiones deportivas: diagnóstico, tratamiento y rehabilitación.* Editorial Panamericana.
- Buceta, José María (2008). *Psicología. Alto rendimiento deportivo. Curso Nivel-3. Entrenador Nacional de Fútbol. Técnico Deportivo Superior.* Madrid, Real Federación Española de Fútbol.
- Carrascosa, José (2004). *Saber competir: claves para soportar y superar la presión.* Madrid, Gymnos.
- Eiff, M. (1994). Early Mobilization versus inmobilization in treatment of the lateral ankle sprains. *Journal of sports medicine, 22,* 462-6.
- Fraile Sánchez, Alfonso y Agudo Frisa, Fernando (2010). *Jugadas a balón parado en el fútbol.* Madrid, Gráficas Vela.
- González, I. (1991). Tobillo y deporte, su recuperación tras la lesión ligamentosa. *Archivos de medicina del deporte,* 139-149.
- Jackson, Phil y Delehanty, Hugh (2003). *Canastas sagradas.* Barcelona, Paidotribo.
- López López, Javier (2004). *Fútbol: modelos tácticos y sistemas de juego.* Sevilla, Wanceulen Editorial Deportiva.
- Martín, Carmelo (1994). *Valdano: sueños de fútbol.* Madrid, El País Aguilar.
- Serrano Niño, Miguel Ángel (2009). *Cómo dirigir un partido de fútbol.* Madrid, Biocorp Europa.

www.ingramcontent.com/pod-product-compliance
Lightning Source LLC
Chambersburg PA
CBHW080424230426
43662CB00015B/2203